图 3-1　大韩航空公司制服照

图 3-2　韩亚航空公司制服照

图 3-3　阿联酋航空公司制服照

图 3-4　阿提哈德航空公司
　　　　制服照

图 3-5　新加坡航空公司
　　　　制服照

图 3-6　印度尼西亚鹰航空公司制服照

图 3-7　汉莎航空公司女装制服照

图 3-8　汉莎航空公司男装制服照

图 3-9　北欧航空公司制服照

中国国际航空
中国国际航空
上海航空
首都航空
天津航空
重庆航空
春秋航空
昆明航空
吉祥航空
东方航空
南方航空
华信航空
华夏航空
翡翠航空
中货航
奥凯航空
深圳航空
祥鹏航空
厦门航空
金鹏航空
海南航空
山东航空
西部航空
四川航空
成都航空
河北航空
西藏航空
中国邮政航空
中国联航
胜安航空
江西航空
国泰航空
港龙航空
香港航空
澳门航空
东海航空
中华航空
长荣航空
瑞丽航空
立荣航空
大韩航空
韩亚航空
日本航空
全日空航空
马来西亚航空
蒙古航空
越南航空
泰国航空
马尔代夫美佳航空
亚洲航空
卡塔尔航空
埃塞俄比亚航空
环巴西航空
墨西哥国际航空
联邦快递航空
美国航空
青岛航空
美联合航空
ABC航空
捷星航空
加拿大航空
TNT快递航空
北欧航空
芬兰航空
法国航空
意大利航空
汉莎航空
英国航空
荷兰皇家航空
奥地利航空
捷克航空
国际空运协会

图 4-3　各大航空公司标志

图 4-10　蓝底彩色照片

图 4-11　全身制服照片

图 5-2　女性妆容

图 5-3　女性盘发侧面照

图 5-4　女性盘发正面照

图 5-5　法式盘发侧面照

图 5-6　女性职业装

图 5-7　女性服装色彩搭配

图 5-8　女性面试服装搭配

图 5-9　甜美的微笑

图 5-10　优雅端庄的坐姿

图 5-11　挺拔的站姿

图 5-12　高低式蹲姿

"十三五"全国高等院校民航服务专业规划教材

空乘人员求职应聘面试指南

主　编　◎　李　勤　　安　萍
副主编　◎　刘文珺　　刘　超　　王　姝　　李霏雨
参　编　◎　郭雅萌　　朱茫茫　　王玉娟　　张贺滕
　　　　　　倪欣雨　　王永霞

Guidebook of Interview Knowledge to Flight Attendant

清华大学出版社
北京

内 容 简 介

求职应聘类课程是空乘专业的必修课程，能为走向社会、进入航空服务行业的学生打下较好的基础。本书主要针对各类院校航空服务类专业学生应掌握的求职面试相关知识而编写，既能为社会上广大应聘者提供有效的帮助，同时也是适合于各类院校航空服务类专业新生面试以及航空公司各类服务人才面试的专业参考用书。

全书共七章，根据中外航空公司特殊的用人理念和选拔标准，围绕求职人员普遍关心的问题，从对航空公司的了解到行业的认知，从求职前的准备到应聘面试的全过程，多角度地分析了空乘人员求职应聘的特定规律和相关面试技巧。书中内容涵盖了海外航空公司和国内各大航空公司的介绍、面试流程、中英文面试常见提问问题与参考答案，详细阐述了应聘面试前的准备工作、面试的职业妆扮技巧、中英文面试的相关内容、有声语言和无声语言的运用技巧、专业展示时和回答问题时的注意事项、面试之后总结和反思的方法。每章之后设有思考题、训练题和案例分析题，方便学习者理论联系实际，有效掌握相关知识。同时，书后分享了部分面试成功者的经验以供读者参考，为求职应聘发挥真正意义上的指导作用，提高空乘人员面试成功的概率。

本书封面贴有清华大学出版社防伪标签，无标签者不得销售。
版权所有，侵权必究。举报：010-62782989，beiqinquan@tup.tsinghua.edu.cn。

图书在版编目（CIP）数据

空乘人员求职应聘面试指南 / 李勤，安萍主编. —北京：清华大学出版社，2020.1（2025.2重印）
"十三五"全国高等院校民航服务专业规划教材
ISBN 978-7-302-54744-0

Ⅰ. ①空… Ⅱ. ①李… ②安… Ⅲ. ①民用航空-乘务人员-职业选择-高等学校-教材 Ⅳ. ①F560.9

中国版本图书馆CIP数据核字（2020）第009947号

责任编辑：杜春杰
封面设计：刘　超
版式设计：文森时代
责任校对：马军令
责任印制：沈　露

出版发行：清华大学出版社
网　　址：https://www.tup.com.cn，https://www.wqxuetang.com
地　　址：北京清华大学学研大厦A座　　邮　编：100084
社 总 机：010-83470000　　邮　购：010-62786544
投稿与读者服务：010-62776969，c-service@tup.tsinghua.edu.cn
质量反馈：010-62772015，zhiliang@tup.tsinghua.edu.cn

印 装 者：北京同文印刷有限责任公司
经　　销：全国新华书店
开　　本：185mm×260mm　　印　张：13.75　　插　页：2　　字　数：315千字
版　　次：2020年3月第1版　　印　次：2025年2月第9次印刷
定　　价：49.80元

产品编号：074726-01

"十三五"全国高等院校民航服务专业规划教材丛书主编及专家指导委员会

丛 书 总 主 编　刘　永（北京中航未来科技集团有限公司董事长兼总裁）
丛 书 副 总 主 编　马晓伟（北京中航未来科技集团有限公司常务副总裁）
丛 书 副 总 主 编　郑大地（北京中航未来科技集团有限公司教学副总裁）
丛 书 总 主 审　朱益民（原海南航空公司总裁、原中国货运航空公司总裁、原上海航空公司总裁）
丛 书 英 语 总 主 审　王　朔（美国雪城大学、纽约市立大学巴鲁克学院双硕士）
丛 书 总 顾 问　沈泽江（原中国民用航空华东管理局局长）
丛 书 总 执 行 主 编　王益友［江苏民航职业技术学院（筹）院长、教授］
丛 书 艺 术 总 顾 问　万峻池（美术评论家、著名美术品收藏家）
丛书总航空法律顾问　程　颖（荷兰莱顿大学国际法研究生、全国高职高专"十二五"规划教材《航空法规》主审、中国东方航空股份有限公司法律顾问）

丛书专家指导委员会主任

关云飞（长沙航空职业技术学院教授）
张树生（国务院津贴获得者，山东交通学院教授）
刘岩松（沈阳航空航天大学教授）
宋兆宽（河北传媒学院教授）
姚　宝（上海外国语大学教授）
李剑峰（山东大学教授）
孙福万（国家开放大学教授）
张　威（沈阳师范大学教授）
成积春（曲阜师范大学教授）

"十三五"全国高等院校民航服务专业规划教材编委会

主　任　高　宏（沈阳航空航天大学教授）　　　杨　静（中原工学院教授）
　　　　　李　勤（南昌航空大学教授）　　　　　李广春（郑州航空工业管理学院教授）
　　　　　安　萍（沈阳师范大学）　　　　　　　彭圣文（长沙航空职业技术学院）
　　　　　陈文华（上海民航职业技术学院）

副主任　兰　琳（长沙航空职业技术学院）　　　庞庆国（中国成人教育协会航空服务教育培训专业委员会）
　　　　　郑　越（长沙航空职业技术学院）　　　郑大莉（中原工学院信息商务学院）
　　　　　徐爱梅（山东大学）　　　　　　　　　黄　敏（南昌航空大学）
　　　　　韩　黎［江苏民航职业技术学院（筹）］　曹娅丽（南京旅游职业学院）
　　　　　胡明良（江南影视艺术职业学院）　　　李楠楠（江南影视艺术职业学院）
　　　　　王昌沛（曲阜师范大学）　　　　　　　何蔓莉（湖南艺术职业学院）
　　　　　孙东海（江苏新东方艺先锋传媒学校）　戴春华（原同济大学）
　　　　　施　进（盐城航空服务职业学校）　　　孙　梅（上海建桥学院）
　　　　　张号全（武汉商贸职业学院）　　　　　周孟华（上海东海学院）

委　员（排名不分先后）
　　　　　于海亮（沈阳师范大学）　　　　　　　于晓风（山东大学）
　　　　　王丽蓉（南昌航空大学）　　　　　　　王玉娟（南昌航空大学）
　　　　　王　莹（沈阳师范大学）　　　　　　　王建惠（陕西职业技术学院）
　　　　　王　姝（北京外航服务公司）　　　　　王　晶（沈阳航空航天大学）
　　　　　邓丽君（西安航空职业技术学院）　　　车树国（沈阳师范大学）
　　　　　龙美华（岳阳市湘北女子职业学校）　　石　慧（南昌航空大学）
　　　　　付砚然（湖北襄阳汽车职业技术学院，原海南航空公司乘务员）
　　　　　朱茫茫（潍坊职业学院）　　　　　　　田　宇（沈阳航空航天大学）
　　　　　刘　洋（濮阳工学院）　　　　　　　　刘　超（华侨大学）
　　　　　许　赟（南京旅游职业学院）　　　　　刘　舒（江西青年职业学院）
　　　　　杨志慧（长沙航空职业技术学院）　　　吴立杰（沈阳航空航天大学）
　　　　　李长亮（张家界航空工业职业技术学院）杨　莲（马鞍山职业技术学院）
　　　　　李雯艳（沈阳师范大学）　　　　　　　李芙蓉（长沙航空职业技术学院）
　　　　　李　仟（天津中德应用技术大学，原中国南方航空公司乘务员）
　　　　　李霏雨（原中国国际航空公司乘务员）　李　姝（沈阳师范大学）
　　　　　邹　昊（南昌航空大学）　　　　　　　狄　娟（上海民航职业技术学院）
　　　　　宋晓宁（湖南艺术职业学院）　　　　　邹　莎（湖南信息学院）
　　　　　张　进（三峡旅游职业技术学院）　　　张　驰（沈阳航空航天大学）
　　　　　张　琳（北京中航未来科技集团有限公司）张　利（北京中航未来科技集团有限公司）
　　　　　张媛媛（山东信息职业技术学院）　　　张程垚（湖南民族职业学院）
　　　　　陈烜华（上海民航职业技术学院）　　　陈　卓（长沙航空职业技术学院）
　　　　　周佳楠（上海应用技术大学）　　　　　金　恒（西安航空职业技术学院）
　　　　　郑菲菲（南京旅游职业学院）　　　　　周茗慧（山东外事翻译职业学院）
　　　　　胥佳明（大连海事大学）　　　　　　　赵红倩（上饶职业技术学院）
　　　　　柳　武（湖南流通创软科技有限公司）　胡　妮（南昌航空大学）
　　　　　柴　郁（江西航空职业技术学院）　　　钟　科（长沙航空职业技术学院）
　　　　　唐　珉（桂林航天工业学院）　　　　　倪欣雨（斯里兰卡航空公司空中翻译，原印度尼西亚鹰航乘务员）
　　　　　高　青（山西旅游职业学院）　　　　　高　熔（原沈阳航空航天大学继续教育学院）
　　　　　郭雅萌（江西青年职业学院）　　　　　高　琳（济宁职业技术学院）
　　　　　黄　晨（天津交通职业学院）　　　　　黄春新（沈阳航空航天大学）
　　　　　黄紫葳（抚州职业技术学院）　　　　　黄婵芸（原中国东方航空公司乘务员）
　　　　　崔祥建（沈阳航空航天大学）　　　　　曹璐璐（中原工学院）
　　　　　梁向兵（上海民航职业技术学院）　　　崔　媛（张家界航空工业职业技术学院）
　　　　　彭志雄（湖南艺术职业学院）　　　　　梁　燕（郴州技师学院）
　　　　　操小霞（重庆财经职业学院）　　　　　蒋焕新（长沙航空职业技术学院）
　　　　　庞　敏（上海民航职业技术学院）　　　李艳伟（沈阳航空航天大学）
　　　　　史秋实（中国成人教育协会航空服务教育培训专业委员会）
　　　　　刘文珺（南昌航空大学）　　　　　　　张贺滕（山东外事职业大学）
　　　　　王永霞（潍坊职业学院）

出 版 说 明

随着经济的稳步发展，我国已经进入经济新常态的阶段，特别是十九大指出：当前中国社会的主要矛盾已经转化为人民日益增长的美好生活需要和不平衡不充分的发展之间的矛盾，这客观上要求社会服务系统要完善升级。作为公共交通运输的主要组成部分，民航运输在满足人们对美好生活的追求和促进国民经济发展中扮演着重要的角色，具有广阔的发展空间。特别是"十三五"期间，国家高度重视民航业的发展，将民航业作为推动我国经济社会发展的重要战略产业，预示着我国民航业将会有更好、更快的发展。从国产化飞机C919的试飞，到宽体飞机规划的出台，以及民航发展战略的实施，标志着我国民航业已经步入崭新的发展阶段，这一阶段的特点是以人才为核心，而这一发展模式必将进一步对民航人才质量提出更高的要求。面对民航业发展对人才培养提出的挑战，培养服务于民航业发展的高质量人才，不仅需要转变人才培养观念，创新教育模式，更需要加强人才培养过程中基本环节的建设，而教材建设就是其首要的任务。

我国民航服务专业的学历教育，经过18年的探索与发展，其在办学水平、办学结构、办学规模、办学条件和师资队伍等方面都发生了巨大的变化，专业建设水平稳步提高，适应民航发展的人才培养体系初步形成。但我们应该清醒地看到，目前我国民航服务类专业的人才培养仍存在着诸多问题，特别是专业人才培养质量仍不能适应民航发展对人才的需求，人才培养的规模与高质量人才短缺的矛盾仍很突出。而目前相关专业教材的开发还处于探索阶段，缺乏系统性与规范性。已出版的民航服务类专业教材，在吸收民航服务类专业研究成果方面做出了有益的尝试，涌现出不同层次的系列教材，推动了民航服务的专业建设与人才培养，但从总体来看，民航服务类教材的建设仍落后于民航业对专业人才培养的实践要求，教材建设已成为相关人才培养的瓶颈。这就需要我们以引领和服务专业发展为宗旨，系统总结民航服务实践经验与教学研究成果，开发全面反映民航服务职业特点、符合人才培养规律和满足教学需要的系统性专业教材，积极有效地推进民航服务专业人才的培养工作。

基于上述思考，编委会经过两年多的实际调研与反复论证，在广泛征询民航业内专家的意见与建议、总结我国民航服务类专业教育的研究成果后，结合我国民航服务业的发展趋势，致力于编写出一套系统的、具有一定权威性和实用性的民航服务类系列教材，为推进我国民航服务人才的培养尽微薄之力。

本系列教材由沈阳航空航天大学、南昌航空大学、郑州航空工业管理学院、上海民航职业技术学院、长沙航空职业技术学院、西安航空职业技术学院、中原工学院、上海外国语大学、山东大学、大连外国语大学、沈阳师范大学、曲阜师范大学、湖南艺术职业学院、陕西师范大学、兰州大学、云南大学、四川大学、湖南民族职业学院、江西青年职业学院、天津交通职业学院、潍坊职业学院、南京旅游职业学院等多所高校的众多资深专家和学者共同打造，还邀请了多名原中国东方航空公司、原中国南方航空公司、原中国国际航空公司和原海南航空公司中从事多年乘务工作的乘务长和乘务员参与教材的编写。

目前，我国民航服务类的专业教育呈现着多元化、多层次的办学格局，各类学校的办学模式也呈现出个性化的特点，在人才培养体系、课程设置以及课程内容等方面，各学校之间存在着一定的差异，对教材也有不同的需求。为了能够更好地满足不同办学层次、教学模式对教材的需要，本套教材主要突出以下特点。

第一，兼顾本、专科不同培养层次的教学需要。鉴于近些年我国本科层次民航服务专业办学规模的不断扩大，在教材需求方面显得十分迫切，同时，专科层面的办学已经到了规模化的阶段，完善与更新教材体系和内容迫在眉睫，本套教材充分考虑了各类办学层次的需要，本着"求同存异、个性单列、内容升级"的原则，通过教材体系的科学架构和教材内容的层次化，达到兼顾民航服务类本、专科不同层次教学之需要。

第二，将最新实践经验和专业研究成果融入教材。服务类人才培养是系统性问题，具有很强的内在规定性，民航服务的实践经验和专业建设成果是教材的基础，本套教材以丰富理论、培养技能为主，力求夯实服务基础，培养服务职业素质，将实践层面行之有效的经验与民航服务类人才培养规律的研究成果有效融合，以提高教材对人才培养的有效性。

第三，落实素质教育理念，注重服务人才培养。习近平总书记在党的十九大报告中强调，"要全面贯彻党的教育方针，落实立德树人根本任务，发展素质教育，推进教育公平，培养德智体美全面发展的社会主义建设者和接班人"，人才以德为先，以社会主义价值观铸就人的灵魂，才能使人才担当重任，这也是高校人才培养的基本任务。教育实践表明，素质是人才培养的基础，也是人才职业发展的基石，人才的能力与技能附着在精神与灵魂，但在传统的民航服务教材体系中，包含素质教育板块的教材较为少见。根据党的教育方针，本套教材的编写考虑到素质教育与专业能力培养的关系，以及素质对职业生涯的潜在影响，首次在我国民航服务专业教学中提出专业教育与人文素质并重、素质决定能力的培养理念，以独特的视野，精心打造素质教育教材板块，使教材体系更加系统，强化了教材特色。

第四，必要的服务理论与专业能力培养并重。调研分析表明，忽视服务理论与人文素质所培养出的人才很难有宽阔的职业胸怀与职业精神，其未来的职业生涯发展就会乏力。因此，教材不应仅是对单纯技能的阐述与训练指导，更应该在不淡化专业能力培养的同时，强化行业知识、职业情感、服务机理、职业道德等关系到职业发展潜力的要素的培养，以期培养出高层次和高质量的民航服务人才。

第五，架构适合未来发展需要的课程体系与内容。民航服务具有很强的国际化特点，而我国民航服务的思想、模式与方法也正处于不断创新的阶段，紧紧把握未来民航服务的发展趋势，提出面向未来的解决问题的方案，是本套教材的基本出发点和应该承担的责任。我们力图将未来民航服务的发展趋势、服务思想、服务模式创新、服务理论体系以及服务管理等内容重新进行架构，以期能对我国民航服务人才培养，乃至整个民航服务业的发展起到引领作用。

第六，扩大教材的种类，使教材的选择更加宽泛。鉴于我国目前尚缺乏民航服务专业更高层次办学模式的规范，各学校的人才培养方案各具特点，差异明显，为了使教材更适用于办学的需要，本套教材打破了传统教材的格局，通过课程分割、内容优化和课外外延化等方式，增加了教材体系的课程覆盖面，使不同办学层次、关联专业可以通过教材合理组合，以获得完整的专业教材选择机会。

本套教材规划出版品种大约为四十种，分为：① 人文素养类教材，包括《大学语文》《应用文写作》《艺术素养》《跨文化沟通》《民航职业修养》《中国传统文化》等。② 语言类教材，包括《民航客舱服务英语教程》《民航客舱实用英语口语教程》《民航实用英语听力教程》《民航播音训练》《机上广播英语》《民航服务沟通技巧》等。③ 专业类教材，包括《民航概论》《民航服务概论》《中国民航常飞客源国概况》《民航危险品运输》《客舱安全管理与应急处置》《民航安全检查技术》《民航服务心理学》《航空运输地理》《民航服务法律实务与案例教程》等。④ 职业形象类教材，包括《空乘人员形体与仪态》《空乘人员职业形象设计与化妆》《民航体能训练》等。⑤ 专业特色类教材，包括《民航服务手语训练》《空乘服务专业导论》《空乘人员求职应聘面试指南》《民航面试英语教程》等。

为了开发职业能力，编者联合有关 VR 开发公司开发了一些与教材配套的手机移动端 VR 互动资源，学生可以利用这些资源体验真实场景。

本套教材是迄今为止民航服务类专业较为完整的教材系列之一，希望能借此为我国民航服务人才的培养，乃至我国民航服务水平的提高贡献力量。民航发展方兴未艾，民航教育任重道远，为民航服务事业发展培养高质量的人才是各类人才培养部门的共同责任，相信集民航教育的业内学者、专家之共同智慧，凝聚有识之士心血的这套教材的出版，对加速我国民航服务专业建设、完善人才培养模式、优化课程体系、丰富教学内容，以及加强师资队伍建设能起到一定的推动作用。在教材使用的过程中，我们真诚地希望听到业内专家、学者批评的声音，收到广大师生的反馈意见，以利于进一步提高教材的水平。

丛 书 序

《礼记·学记》曰："古之王者，建国君民，教学为先。"教育是兴国安邦之本，决定着人类的今天，也决定着人类的未来。企业发展也大同小异，重视人才是企业的成功之道，别无二选。航空经济是现代经济发展的新趋势，是当今世界经济发展的新引擎。民航是经济全球化的主流形态和主导模式，是区域经济发展和产业升级的驱动力。发展中的中国民航业有巨大的发展潜力，其发展战略的实施必将成为我国未来经济发展的增长点。

"十三五"正值实现我国民航强国战略构想的关键时期，"一带一路"倡议方兴未艾，"空中丝路"越来越宽阔。高速发展的民航运输业需要持续的创新与变革，同时，基于民航运输对安全性和规范性要求比较高的特点，其对人才有着近乎苛刻的要求，只有人才培养先行，夯实人才基础，才能抓住国家战略转型与产业升级的巨大机遇，实现民航运输发展的战略目标。我国民航服务人才发展经历多年的积累，建立了较为完善的民航服务人才培养体系，培养了大量服务民航发展的各类人才，保证了我国民航运输业的高速持续发展。与此同时，我国民航人才培养正面临新的挑战，既要通过教育创新提升人才品质，又需要人才培养过程精细化，把人才培养目标落实到人才培养的过程中，而教材作为专业人才培养的基础，需要先行，以发挥引领作用。教材建设发挥的作用并不局限于专业教育本身，其对行业发展的引领。专业人才培养方向的把握，人才素质、知识、能力结构的塑造以及职业发展潜力的培养具有不可替代的作用。

我国民航运输发展的实践表明，人才培养决定着民航发展的水平，而民航人才的培养需要社会各方面的共同努力。我们惊喜地看到，清华大学出版社秉承"自强不息，厚德载物"的人文精神，发挥品牌优势，投身于民航服务专业系列教材的开发，改变了民航服务教材研发的格局，体现了其对社会责任的担当。

本套教材组织严谨，精心策划，高屋建瓴，深入浅出，具有突出的特色。第一，从民航服务人才培养的全局出发，关注了民航服务产业的未来发展趋势，架构了以培养目标为导向的教材体系与内容结构，比较全面地反映了服务人才培养趋势，起到了良好的统领作用；第二，使教材的本质——适用性得到了回归，体现在每本教材均有独特的视角和编写立意，既有高度的提升、理论的升华，也注重教育要素在课程体系中的细化，具有较强的可用性；第三，引入了职业素质教育的理念，补齐了服务人才素质教育缺少教材的短板，可谓对传统服务人才培养理念的一次冲击；第四，教材编写人员参与面非常广泛，这反映出本套教材充分体现了当今民航服务专业教育的教学成果和编写者的思考，形成了相互交流的良性机制，势必会对全国民航服务类专业的发展起到推动作用。

　　教材建设是专业人才培养的基础，其与教材服务的行业的发展交互作用，共同实现人才培养—社会检验的良性循环，是助推民航服务人才培养的动力。希望这套教材能够在民航服务类专业人才培养的实践中，发挥更积极的作用。相信通过不断总结与完善，这套教材一定会成为具有自身特色的、适应我国民航业发展要求并深受读者喜欢的规范教材。

原海南航空公司总裁、原中国货运航空公司总裁、原上海航空公司总裁

朱益民

2017 年 9 月

前　言

求职应聘，是大学生走出校门进入社会的第一关，每到毕业之际，就业便成为家长操心、学生烦心的核心问题。对于那些从小就仰望天空、梦想自己能像小鸟一样自由飞翔的青年学子而言，多么渴望能够了解自己、认清自己，全面打造和完善自我，并及时知晓各类招聘信息、了解招聘内容和程序，懂得求职面试的技巧，最终成功地通过面试进入航空公司，成为一名合格的空乘人员，实现飞向蓝天的愿望。

为了帮助应聘者在求职应聘前做好充分的准备，在应聘面试过程中做到扬长避短，游刃有余，完美地呈现个人的综合魅力，并顺利通过考核，成为最后的获胜者，编者经过反复酝酿，数易其稿，终于完成了本书的编写任务。

空乘人员求职应聘所要掌握的内容是极其丰富的，因为这个职位既有普遍性，同时又有其行业的特殊要求。因此，国内各大专院校在空乘专业人才的培养过程中，一般都会将与应聘技巧有关的课程作为必修课，以帮助学生提高成功就业的概率。本书的出发点是将理论与实践紧密结合起来，有利于教师在教学过程中对学生进行全面指导。全书共七章，根据航空公司的用人需求和选拔标准，首先，从了解行业背景和工作特性入手，介绍了航空服务业的发展过程，分析了空乘人员与航空公司服务品牌和形象之间的关系，阐述了空乘人员服务工作的重要性，并分别介绍了国内航空公司和境外航空公司的有关信息，有利于读者根据自己的特点和需求，有针对性地进行相关知识的了解和掌握；其次，从专业角度出发，详细介绍了空乘人员应聘面试前的准备工作，面试的职业妆扮技巧、专业展示和用中英文回答问题的技巧以及注意事项等，将知识点与实践训练有机地结合起来，从多个角度进行阐述，充分体现了空乘人员求职应聘面试技巧的完整性、科学性、实用性等特点；最后，每章后设计了思考题、训练题和案例分析题，还选编了一些面试成功的经验作为附录，供读者参考，这适合学习者的学习需求，能发挥真正意义上的指导作用，使本书成为大学毕业生求职应聘的面试指南，同时也为广大应聘者提供有效的帮助。

本书在编写过程中，得到了有关专家学者的指导，以及有关老师和同学们的支持，他们为本书的编写提供了很多珍贵的信息及照片，同时，本书的编写还得到了各学校有关领导以及清华大学出版社编辑人员的大力支持，在此一并表示感谢。

编　者

CONTENTS 目录

第一章 航空服务从业者的基本要求 1

第一节 中外空乘服务业的历史、现状与发展概况 2
第二节 中外空乘服务业的特点及差异概述 9
第三节 空乘服务的就业前景与机会展望 14
第四节 对空乘服务从业者的理解和认识 17
思考与训练 25

第二章 国内航空公司介绍 27

第一节 国内航空公司简介 28
第二节 国内航空公司对从业者的选拔标准与要求 37
思考与训练 39

第三章 境外航空公司介绍 40

第一节 境外航空公司简介 41
第二节 境外航空公司选拔中国籍乘务员的标准 55
第三节 境外航空公司面试介绍 69
第四节 境外航空公司面试题型 75
思考与训练 83

第四章 空乘人员求职应聘前的准备工作 85

第一节 面试心态建设 86

第二节　前期准备工作 …………………………………………………… 94
　　思考与训练 ………………………………………………………………… 106

第五章　空乘人员中文面试技巧 ……………………………………… 107

　　第一节　航空公司面试的基本流程 ……………………………………… 108
　　第二节　面试装扮技巧 …………………………………………………… 117
　　第三节　面试展示技巧 …………………………………………………… 131
　　思考与训练 ………………………………………………………………… 140

第六章　空乘人员英文应聘技巧 ……………………………………… 141

　　第一节　英文语音、语调速成 …………………………………………… 142
　　第二节　英文面试必备单词精选 ………………………………………… 145
　　第三节　英文面试必备广播词精选 ……………………………………… 149
　　第四节　英文面试自我介绍技巧 ………………………………………… 157
　　第五节　英文面试常见问题回答技巧 …………………………………… 162
　　第六节　英文笔试技巧 …………………………………………………… 165
　　思考与训练 ………………………………………………………………… 178

第七章　空乘人员求职应聘后的总结 ………………………………… 179

　　第一节　细节决定成败 …………………………………………………… 180
　　第二节　如何看待面试的成功与失败 …………………………………… 183
　　思考与训练 ………………………………………………………………… 186

参考文献 ………………………………………………………………………… 188

附录　空乘人员面试成功经验分享集锦 …………………………………… 189

第一章
航空服务从业者的基本要求

章前导读

空乘服务作为高品质服务的标志，代表着一个民族的文明与形象，同时，其特殊的技术性又决定了该职业的特点。服务水平和服务质量是一个航空公司形象的重要体现，一名优秀的空乘人员应具有较高的素质，空乘人员的职业素质决定了其服务水平的高低。本章全面地阐述了中外空乘服务业的历史、现状、发展趋势以及就业前景，重点分析了中外空乘服务业的特点及差异，介绍了我国空乘服务业的特点，从社会价值角度分析空乘从业者的基本要求。通过本章的学习，学生需要明确：空乘服务是技术性、思想意识以及亲和力相结合的综合性工作，它对从业者有着很高的要求；空乘服务不是简单的程序化的工作，空乘人员需要掌握一定的服务艺术与技巧。

 学习目标

1. 明确空乘服务的概念与内涵，加深对空乘服务的理解，强化对现代空乘的全面认识。
2. 掌握空乘服务的特点，了解空乘服务的基本要求，明确职业养成的基本问题，建立职业发展的基本思路。
3. 认识服务艺术对空乘服务的重要性，了解中外空乘服务业的差异及特点。
4. 了解国内空乘服务业现状与就业前景，掌握用人单位对应聘者最基本的能力要求。

第一节 中外空乘服务业的历史、现状与发展概况

中外空乘服务历史起源各有原因，现状与发展各有目标和特点，但最终趋于全球化发展。在坚持规范化、标准化、科学化的基础上，建设高标准的客舱文化，才能在激烈的全球市场竞争中立于不败之地。

一、中外空乘服务业的历史

中外空乘服务历史起源不尽相同，不同阶段服务要求也有差异，但经过历史发展，最终服务目标和服务价值趋同，宗旨均为为客户提供优质的客舱服务。

（一）"空中小姐"诞生

1930 年，波音航空公司（联合航空公司的前身）驻旧金山董事史蒂夫·斯廷普森（Steve Stimpson）和护士艾伦·丘奇（Ellen Church）在一次闲聊中，讨论将医学护理服务项目带到飞机上，可以利用护士的技能和女性性格温柔细腻的优势，更好地照顾乘客身体健康，稳定乘客情绪。公司高层认为，这可以将飞机副驾驶员从充当服务员的苦恼中"解救"出来，更有利于飞行安全。就这样，艾伦·丘奇成为历史上第一位空中乘务员。随

后,又有几位护校毕业生也加入"空中小姐"的队伍。彼时,美国对空姐的要求很严格,除了必须拿到护士执照外,还要满足未婚、25 岁以下、体重不超过 50 千克、身高不超过 162 厘米、每月飞行 100 小时等条件。而当时空姐的服务项目包括当今飞机客舱乘务员、勤务、机务、航油等多个岗位的工作,空姐要清扫机舱、擦地板、整理座位、紧急出口管理、为飞机加油、协助飞行员将飞机推入机库等。使用空姐的尝试当时在波音航空公司取得了成功,在此后的 3 年时间里,瑞士、荷兰、德国等国家的航空公司也都效仿波音航空公司,不断录用女性作为乘务员。"空姐"一时成为引人注目的新星,成为"飞向蓝天"的代名词。

(二)中国"空姐"发展历史

1. 第一阶段:不同时势下的规范变更

追溯历史,中国最早的空姐诞生于 1938 年前后。而空姐招聘的条件,也有着鲜明的时代印记。1937 年,中国历史上第一次公开招聘空姐。据上海《申报》记载,欧亚航空公司(中央航空公司的前身)1937 年招聘空姐的条件是:年龄 20~25 岁,体貌端正,身高 150~170 厘米、体重 40~59 千克,能讲普通话、粤语、英语,并能读写中英文。直到中华人民共和国成立前,空姐招聘的条件都大同小异,要求年龄在 25 岁左右、有一定学历、至少熟练使用普通话和英语。

1955 年,中华人民共和国成立后第一批空姐的招收工作在北京进行。与中华人民共和国成立前的"登报招考"不同,这次招收充满了神秘色彩。除了两名来自民航局的工作人员外,余下的 16 名入选者均来自北京各中学,年龄大都在十八九岁,这就是有名的"空中十八姐妹"(扫描下方二维码,见图1-1)。此次空乘招收,政治条件放在了第一位,家庭出身、社会关系必须合格,共青团员尤其受欢迎;其次是本人是否品学兼优,能够吃苦耐劳;至于外貌、体形,则被放在次要的位置上。

2. 第二阶段:变迁中规范新标准

经过几十年,中国民航的发展不断壮大。数据显示,1955 年,中国民航拥有运输飞机 57 架,国内航线 17 条,国际航线 2 条;到 1976 年,中国民航已经拥有运输飞机 144 架,国内航线 123 条,国际航线 8 条;而 2019 年,中国民航运输飞机达到 3 818 架,国内航线 4 096 条,国际航线 849 条。这种变化是显而易见的,从十几个座位的小型飞机、只配备 1 名乘务员,到空中"巨无霸"空客 A380 共 500 多个座位、配备 20 名乘务员,空乘的管理和招聘理念发生了深刻的变革。

20 世纪 30 年代，乘务员有着五花八门的称谓："飞行侍应员""飞行侍应生""随机侍应生""随机服务员"等。这也从侧面说明了空中服务工作尚不规范。1957 年，周恩来总理做出批示：保证安全第一，改善服务工作，争取飞行正常。在此基础上，乘务员的服务理念逐渐成熟，保障客舱安全和提供优质服务成为客舱工作最重要的两项职责。与此相对应，当今空乘的招聘标准与中华人民共和国成立之初相比有了很大变化。以中国南方航空股份有限公司新疆分公司为例，乘务员招聘共包括年龄、身高、视力、体重、健康状况等几十项要求，外表甜美等身体条件成为比较重要的因素。除了对形象气质有要求外，学历、英语水平等因素也成为考核的硬性"指标"，以确保"准乘务员"们能够顺利接受安全、商务礼仪、模拟舱服务等多项培训，有能力担负安全和服务职责。

3. 第三阶段："蓝天梦"大比拼

进入 21 世纪后，国家进行民航体制改革，航空公司朝着规模化、网络化、国际化的方向发展，对空中乘务员的要求也进一步与国际接轨，"空姐"招聘的范围、形式都有了新的变化。除了传统的校园招聘、社会招聘等形式外，有的航空公司把招聘现场搬进了商场；中国南方航空股份有限公司则在 2006 年开创性地启动了"新空姐招募大汇"，在国内首次以电视选拔的形式来挑选空姐。这种全新的招聘方式加深了大众对"空姐"标准的印象：长相姣好、身材高挑、气质优雅、英文流利。"空姐"成为越来越多年轻女孩心目中向往的职业，求职竞争也更加激烈，高学历、留学生、小语种人才纷纷加入应聘的队伍，中国民航的飞机上不再仅仅局限于中国籍的乘务员，韩籍、日籍、澳籍乘务员的身影也频频出现在旅客的身边。

除了"空姐"外，男性乘务员由于遇事沉稳冷静、给人更多的安全感等优点，越来越多地受到航空公司的青睐。在 2012 年中国南方航空股份有限公司新疆招聘 200 名乘务人员的名额中，有 120 个给了男性，其所占比例首次超过了女性，这成为乘务员招聘历史上的一大亮点。

而在选拔操作过程中，航空公司也普遍采取了目测、复试、试装、笔试、体检等更加流程化、专业化的方式，来考查应聘者是否适合这份职业，如是否有亲和力、与旅客的沟通能力、处置突发事件时的应变能力等。

如今，在中国的天空上，每天都有成千名空中乘务员为数十万的旅客提供着专业化的空中服务。"空姐"招聘的历史，见证了中国民航的发展，折射着社会的变化，成为航空史上一道靓丽的风景线。

二、中外空乘服务业的现状与发展概况

中国空乘服务较国外发达国家起步晚，基础设施相对薄弱，但随着中国经济的高速发展、居民消费结构的升级及跨区域经济联系的日益密切，我国航空运输业取得了长足发展，已跻身世界民航的大国行列，在国家经济社会中的战略地位日益凸显。全球空乘服务发展日益趋同，在发展坚持规范化、标准化、科学化的基础上，建立个性化、细微化、差

异化等服务，建设出高标准的客舱文化，才能在激烈的市场竞争中立于不败之地。

（一）中国空乘服务的现状

"十三五"时期，是我国全面建成小康社会的关键时期，是深化改革开放、加快转变经济发展方式的攻坚时期，国内外形势呈现新变化、新特点。我国民航大众化、多样化趋势明显，快速增长仍是阶段性基本特征，民航发展迎来新的历史机遇期。未来较长时期，中国经济仍将保持平稳快速的发展趋势，这将为中国民航的快速发展提供广阔的空间，民航强国将初步成形。到 2030 年，中国将全面建成安全、高效、优质、绿色的现代化民用航空体系，实现从民航大国到民航强国的历史性转变，成为引领世界民航业发展的国家。

据民航局统计，2019 年，我国民航运输机场完成旅客吞吐量 13.52 亿人次，比 2018 年增长 6.9%。截至 2019 年年底，我国共有定期航班航线 5 155 条；民航全行业运输飞机期末在册架数 3 818 架，比 2018 年年底增加 179 架；共有颁证运输机场 238 个。

国际航空运输协会（IATA）的数据显示，2017 年全球航空业旅客总量为 40.8 亿人次，比 2016 年增长约 7%。2018 年，旅客人数增加了 6.9%，达到 44 亿人次。其中，以中国为首的亚太市场是 2018 年乘客增长最强劲的地区，增长率为 9.2%。中国目前是仅次于美国的第二大航空市场，尽管 2018 年中国 6.1 亿人次的客运量，与美国还有差距，但是这种差距正在快速缩小。

东亚航空业的繁荣也体现在机场规模上。北京首都国际机场因 2008 年北京奥运会进行了扩建，如今，它已是世界旅客吞吐量排名第二的机场，仅次于美国亚特兰大机场。在全球 13 家最大的机场榜单中，除了北京外，还包括东京（羽田）、中国香港和上海（浦东）三个东亚机场。在前 50 名中则有 8 个中国机场。

而在按可用座位公里数（ASK）排名的榜单上，美国三大航空公司仍占据前三名的位置，阿联酋航空公司排第四。中国南方航空公司已上升到第六，中国东方航空公司位列第十，中国国际航空公司则排第 12 名。

中国的国际航空市场正呈现强劲的增长势头，虽然往返中国的国际航空运力仍然明显小于国内市场，但其增长的速度正在加快。中国的航空政策让中国航空公司在 2016 年的国际航空运力增加了一倍以上，达到 7 900 万人次，目前往返中国的 49%的国际航班运力由中国航空公司运营。波音公司预计，到 2020 年，中国的出境旅游人数将达到 1 亿人次。中国的航空政策有效促成了国际和国内航空运力占比上的转变。

中国四大航空公司（中国国际航空公司、中国南方航空公司、中国东方航空公司和海南航空公司）的机队在未来五年将迎来 120 架宽体客机，这些订购的飞机多数为 B787（54）和 A350-XWBs（45），飞行距离大约为 9 000 英里，可以帮助公司继续实现更好的国际航空服务。

对中国国际航空服务深入了解后发现，中国航空公司拥有巨大的潜力。中国有 27 个城市的人口超过 300 万人，其中 4 个尚未开通国际航班。中国各航空公司的实力来自于国内市场的规模、超越国界的愿望、本地市场的认识和大量的飞机订单。毫无疑问，美国的大型航空公司主宰了早期的航空业，欧洲和中东的航空公司主导了国际扩张，而中国的这些大型航空公司将创造航空业的未来。

随着人们生活水平的提高，旅游、交通等领域的服务性消费需求快速增长，并伴随由单纯追求数量消费向量质并举、以质为主的趋势发展。以旅游为例，我国拥有世界最大的国内旅游市场，2017年全年，我国国内和入境旅游人数超过51亿人次，旅游总收入超过5.3万亿元，旅游对国民经济和社会就业的综合贡献较2016年超过10%。同时，我国已成为世界第四大入境旅游接待国。航空运输作为多种运输方式中最为快捷的一种，将会形成更为庞大的消费群体和广阔的市场空间。而在这其中，支线航空在满足日益增长的旅游需求方面所发挥的作用是其他运输方式无法替代的，对于促进消费升级和需求释放具有重要意义。

（二）国外空乘服务业的现状

随着全球化进程以及各国间经贸往来的不断加深，航空运输业在全球经济发展与全世界人民生活水平提高的过程中扮演着越来越重要的角色。

国际航协理事长兼首席执行官亚历山大•德•朱尼亚克（Alexandre de Juniac）认为："全球航空运输业迎来了好时机。航空安全持续稳定，我们制定了一个清晰战略，致力于在环保方面取得成果。如今的旅行人数比以往任何时候都多，航空货运需求也达到了十几年以来的最高水平；航空业雇员持续增多，开辟更多航线。航空公司利润实现可持续增长，但行业处境依然艰难。目前，行业仍受到不断上涨的燃油价格、劳动力和基础设施成本的挑战。"

2008年金融危机之后，北美地区以及欧洲的发达国家经济陷入困境，中国、印度等新兴市场经济体虽然受到一定影响，但是依旧维持高于发达国家的增速，其航空运输市场也成为推动全球航空运输业发展的主要驱动力之一。在经济危机之后重返增长轨道，对于其他一些产业来说是很正常的，但对于航空运输业来说就是一个奇迹，因为航空运输业非常敏感，不仅受到经济环境的直接影响，也受到安全、能源等多重因素的直接影响。

2016年，全球经济在不确定性中缓慢恢复，英国脱欧、美国大选、美联储加息以及以中国、印度为代表的发展中国家的全球化进程，都给全球经济带来新机遇和新挑战。2016年全球经济缓慢增长，但是2016年全球航空业则继续分享低油价红利，创造出该行业最赚钱的历史记录。

航空业是资本密集型行业，其经营发展受经济周期波动和资源价格变动影响较大。航油成本一直是航空公司最大的运营成本，一般要占到航空公司整体运营成本的三分之一左右。2017年下半年以来，全球石油价格一直处于低位，从而使得航空公司的燃油成本大幅下降，也使得全球航空业坐享低油价红利。

全球六大区域航空市场因为经济发展阶段不同、资源人口禀性存在差异，其发展速度、盈利能力和行业影响力存在较大差异。北美地区国内航空市场巨大，美国拥有全球最大的国内航空城市，平均每年航空旅客运输量6亿人次左右，2017年占全球国内市场

42.3%的份额。欧洲凭借一体化的天空开放政策，拥有最为强大的国际市场，2017年欧洲国际旅客周转量市场份额高达37.4%。亚太地区凭借人口优势和全球工业加工基地的地位，客运、货运能力都比较强大，而且货运周转量绝对领先。中东以阿联酋航空和迪拜机场为代表的国家航空战略顺利实施并落地生根，使得中东弹丸之地的国际航空客运和货运高速成长，十年保持两位数增长，当前中东的国际客运和国际货运已经全面超过北美。

（三）全球空乘服务业发展趋势

随着经济全球化的发展，全球空乘服务发展求同存异，只有坚持高标准的服务质量，不断创造个性化的服务，建设出高标准的客舱文化，才能在激烈的市场竞争中立于不败之地。

1. 细微化趋势

尽管乘客的需求各不相同，但其都希望服务是无微不至的。社会越进步，经济越发达，客人的层次越高，对服务的细节就会越挑剔，因此，对细微化服务重视与否反映了航空公司的服务理念和管理水平。要让乘客满意，航空公司就必须关注服务中的细节，做到细心、细致、细微地为乘客服务。细微化服务首先要求航空公司转换服务观念，设计服务细节，细化服务标准，通过每一个服务环节、服务接触点来满足乘客需求，创造惊喜服务。

2. 个性化趋势

服务的个性化源于标准化，又高于标准化，它强调服务的灵活性和有的放矢，因人而异，因时而变。个性化服务首先体现在航空公司可以根据乘客的年龄、性别、职业、爱好、饮食习惯、消费特点、乘机次数、乘机时间等为他们提供有针对性的服务。许多航空公司也逐步建立起乘客档案，尤其是高端乘客的档案，旨在为乘客提供超越预期的服务。

个性化服务还体现在为乘客服务的过程中，乘务员所展现出来的个人魅力与情感。这种个人魅力与情感能使乘客感受到具体的、真实的关怀与服务，而不仅仅是程式化的任务式的服务，只有这样才会使乘客感受到一种源自服务者内心的真正的亲切感。这就要求每一名乘务员不断学习，注重文化的广泛积累，发挥个人的智慧，为乘客提出富有建设性的意见。个性化的服务还要求，在展现个人的魅力与关怀的基础上，提升整体服务水平，展现出整个集体的团结性、协作性、凝聚力，在个人基础上形成集体个性。

3. 差异化趋势

很多乘客或许有这样的感觉，即使乘坐过很多次不同航空公司的航班，除了航空公司品牌、标示、空乘人员的服装不同外，自己的飞行体验几乎没有差别，很难说出各个航空公司的差别在哪里，换句话说，也就是航班服务没有特色。

考虑到成本、安全等多方面的因素，航空公司不可能在飞机上提供太多种类的服务供乘客选择，那么差异化首先就可以体现在硬件方面。首先，航空公司可以通过提供能够选择不同电视频道、电影、音乐互动游戏的个人娱乐信息系统，能够提供目的地旅游信息的机上期刊以及免税品和纪念品的销售服务来彰显特色。当然，更可以仿效"Hello Kitty"航班、"皮卡丘"航班、"魔戒"航班、"大长今"航班等推出各种主题航班，让乘客留下深刻的印象，继而成为品牌的忠实客户。其次，差异化对机组成员尤其是乘务员的要求更高，需要乘务员掌握多种技能。看似简单的空乘服务背后其实蕴藏着许多知识与技能，需要乘务员用心学习。除基本技能之外，可能需要乘务员掌握语言、菜点、茶艺、调酒、厨艺、魔术表演、美容化妆等多种技能，这就需要乘务员不断学习新的技能，通过为乘客提供差异化的服务，塑造具有高辨识度的形象。

4. 文化趋势

航空服务不仅仅是让乘客安全、准时地抵达目的地，也不仅仅是给乘客吃什么、喝什么，更重要的是创造一种文化，通过营造出的文化氛围，使乘客对航空公司乃至对中国文化产生认同。我国的各个航空公司应在总结和吸取世界知名航空公司先进经验的基础上，顺应国际化航空服务发展趋势，发展和弘扬具有中国特色和自身特点的文化。例如，航空公司要在服务中弘扬中国文化，可以从飞机装饰，乘务员服饰，机舱内播放的音乐、节目，餐饮服务，茶艺服务等多个方面着手。

从乘务员的角度来看，只有个性化的优质服务，充分体现每一名乘务员的个人素质与关怀的服务，才能形成一种富有特色、富有人文气息的客舱文化，从而给乘客留下深刻的印象及温暖的回忆，进而获得长远的经济效益以及良好的声誉，形成品牌效应。

5. 两极化趋势

未来航空旅客运输发展将出现两极分化，即低成本航空与高品质航空并存。低成本意味着航空公司在各个方面都要降低成本，根据航段、时间、季节、票价等多种因素进行服务的调整，简化甚至取消一些免费的服务；高品质则意味着航空公司在各个方面都要提升，尤其是提升服务品质。

出于成本考虑，简化或者取消一些服务项目并不代表降低服务质量，反而需要乘务员更加用心地去对待每一位乘客，用自己的真诚换取乘客的满意。

高品质除了在硬件方面不断升级和产品的种类更多之外，在服务方面，也要另具特色，更加多样化，更积极地适应头等舱、商务舱等乘客享受飞行的要求。目前，很多航空公司已经推出的茶艺服务、酒水服务、点餐服务等都主要针对两舱乘客，对于头等舱和商务舱的乘客而言，他们需要更为方便、快捷、舒适、尊贵、私密的高端服务以满足他们对于时间、环境等的需求。这就需要乘务员不断积累经验，在为两舱乘客提供服务时，通过沟通、观察了解乘客的心理诉求，提供细节服务和延伸服务，在满足乘客物质需求的同时满足乘客的心理需求，为他们提供个性化的服务。

每位乘客对乘务员提供的服务可能都有自己的衡量标准。航空公司要在产品及服务方面不断推陈出新，除了让乘客满意之外，更重要的是超越乘客的期望值。中国民航的持续飞速发展，带来了许多机遇与挑战，在激烈的竞争中，航空公司只有以人性化服务为导向，提高服务质量，在坚持规范化、标准化、科学化的基础上，发展个性化服务，发挥每一名乘务员的魅力与个性，使其汇合凝聚成团体的个性化服务，以此打造人文化客舱服务空间，最终建设出高标准的客舱文化，这样才能在激烈的市场竞争中立于不败之地。

第二节 中外空乘服务业的特点及差异概述

中外空乘服务业特点及差异主要体现在文化、服务创新和服务水平等方面，另外，从业人员素质和待遇等对服务存在较大影响。

一、中外空乘服务业的特点

随着经济全球化进程的进一步加深，国际航空市场的竞争日趋激烈。当今各家航空公司的竞争越来越转向全方位的服务竞争。在亚洲，新加坡航空公司、日本航空公司是公认的空中服务领域的强者，它们以良好的形象和极强的亲和力赢得了一批忠诚的旅客，而同时，法国航空公司、德国汉莎航空公司、荷兰皇家航空公司也正在积极拓展其在中国航空运输市场上的业务，它们凭借着稳定的服务水平拥有了一大批商务型旅客。

作为权威的全球航空运输研究专业监测咨询机构，Skytrax（一家以英国为基地的顾问公司）每年针对全球最佳机场、航空公司、空服人员等多项分类进行调查评比，其样本数多达近百个国家的数百万人，因此其评比结果在航空业界一向具有公信力与可参照性。英国航空顾问公司 Skytrax 在 2019 年的巴黎航空展上发布了 2019 全球最佳航空公司排行榜，卡塔尔航空公司第五次被评为全球最佳航空公司，新加坡航空公司和全日空名列第二、三位。中国（包括香港、澳门和台湾地区）共有 10 家航空公司进入百强榜，其中，中国台湾长荣航空公司名列第六位，中国海南航空公司名列第七位。

1972 年成立的新加坡航空公司始终坚持以不断创新的空乘体验及高品质的服务吸引消费者，如率先引进了许多飞行体验服务，进行了娱乐创新，并且努力做到行业最佳。新加坡航空公司是第一家推出热餐、免费酒类及非酒类饮料、拥有独特香味的热毛巾、个人娱乐系统以及根据顾客需求提供影视服务的航空公司。虽然其航空服务人员讲的是带口音的英语和不是很标准的普通话，但他们口齿清晰，面对客人的要求始终保持面带微笑，甚至在聆听乘客要求或提供服务时，有些工作人员是跪地服务的，客人的感受非常好。新加坡航空公司还追求硬件"领先一步"。20 世纪 70 年代，新加坡航空公司最早提供耳机给经济舱客人；1996 年，其率先在座位后安置液晶屏小电视；2001 年，新加坡航空公司投巨资改善商务舱睡椅，推出"更大、更好、更舒适"的 Space Bed 睡椅，当客机在飞行时，这个 2 米长、69 厘米宽的睡椅完全伸展平放后的倾斜角度为 8 度，能为客人提供最舒服的享受。如今，即使在 35 000 英尺的高空，依然可以利用宽带上网冲浪和回复邮件，这算是新加坡航空公司的一项特色通信服务。新加坡航空公司一直将创新作为其品牌的一个重要组成部分，创新精神、舒适的客舱氛围及一流的飞行体验是其成功的关键因素。

随着中国经济的高速发展，乘坐飞机已经成为公众出行的新选择，我国民航客货运输量近 10 年年均两位数的增长率证明了这一发展趋势。航空服务业是国民经济的重要基础产业，是综合交通运输体系的有机组成部分，其发达程度体现了国家的综合实力和现代化水平。如今，我国已成为名副其实的民航大国，硬件飞速发展，航空服务质量也将跟进脚步。目前，中国有四家航空公司荣获 Skytrax 五星、四星殊荣，其中海南航空公司为 Skytrax 五星航空公司，中国国际航空公司、中国南方航空公司、天津航空公司为 Skytrax 四星航空公司。

例如，海南航空公司不仅进入了全球最佳航空公司前十名，还是第七次蝉联 Skytrax 五星航空，这样的成果足以让我们为它感到骄傲了。在海南航空公司的 A330 客机上，全舱位 AVOD 自选式视听娱乐系统，配备了专属的个人娱乐屏幕、独具特色的界面风格，多种语言的操作环境，提供了简易快捷的互动体验。海南航空公司为所有过生日的旅客都精心准备了生日贺卡，卡片正面背景为喜庆的大红色，内页背景为祥云，搭配系列的吉祥元素，加上乘务组的签字。海南航空公司最具中国文化特色的就是貔貅骨瓷餐具了，这是海南航空公司在充分考虑实用性和便捷性后的特别设计，采用明亮轻薄的强化骨瓷，搭配抽象的貔貅图案，展现中国文化内涵。

再如，中国东方航空公司为了克服与不同语系的旅客在沟通上的障碍，客舱服务部在不同的航线上配备了相应语种的外籍乘务员利用本土语言与旅客进行沟通，由于具有相同的文化背景，在打破语言障碍的同时又充分地展示了一定的亲和力。他们以出色的服务赢得了中外旅客的一致好评，为中国东方航空公司赢得了较高的社会知名度。中国东方航空公司上海总部编排了一套实用的预防经济舱综合征的"机上健身操"，并在中国东方航空公司的中远程航线中推广使用，旅客反响较好。除此以外，中国东方航空公司为了给旅客和宝宝创建一个愉快、充实的情感交流环境，还在空中将安全文化和情感文化融入客舱服务，精心设计了可共同游戏的"亲子缘"儿童"套餐"服务。

与发达国家民航发展历程相比，我国的民航事业还处于发展时期。尽管经历了近几年民航体制改革的洗礼，新型的民航市场运行机制在逐渐建立，空乘服务不断地向国际化、规范化方向转变，但市场意识与服务意识仍然落后于民航本身发展的需要，面对国际竞争和人们对民航服务的期望，我国的空乘服务仍然有很长的路要走。

二、中外空乘服务业的差异

中外空乘服务业差异主要体现在从业人员要求、服务内容、服务理念、形象仪表、职业待遇和沟通方式等方面。

（一）中外空乘服务人员要求的差异

国内航空公司更看重空姐的外形条件，其基本要求是身材高挑、五官端正、仪表清秀、肤色好。以某些航空公司的招聘标准来说，对空姐的基本要求是五官端正、仪表清秀、身材匀称、肤色好，身高 164～173 厘米，年龄一般为 18～23 岁（也有的航空公司将年龄限制在 22 岁以下），在学历上一般要求大专以上。

国外航空公司招聘中国空姐对外形条件的要求宽松得多，更注重应聘者的综合素质、英语能力、心理素质、亲和力和服务意识等。综合素质在航空业中的具体表现为：应变能力、团队合作能力、解决难题能力、服从能力以及吃苦耐劳的精神。其次才是形象外貌，综合能力在工作中的价值远远高于容貌。许多国外的飞机上四五十岁的女性做起了"空姐"的工作，我们习惯上称他们为"空嫂"。虽然在中国，"空嫂"是很少见的，但对于外国人来说，这些"空嫂"细致耐心的服务却让他们的旅途更加轻松愉快。

国外航空公司招聘首轮大量淘汰的人员是在应变能力和集体配合上有失误的应聘者，而国内首先淘汰的是在个人形象和外在条件上不符合要求的应聘者，这就是很多乘客普遍反映国内的空姐年轻漂亮，但大多缺乏亲和力、耐心不够和表情呆板的原因。国外的乘务员虽然年龄较大，但服务热情、稳重大方，极具亲和力，乘客可以真正感受到安全舒适的服务。这可从新加坡航空公司的招聘过程中体现出来。在新加坡航空公司的招聘中，首先是英文广播词的测试，然后才需交履历表和学历证明；而复试则设置了一些针对生活、工作的问题以及一些特殊的难题，主要测试应聘者的反应、心理承受力和处理事件的综合能力；在第三轮的面试中才需要展示走姿和形体。新加坡航空公司的招聘条件中，能讲标准的普通话和英语、学历在大专以上两项要求成为首选，而招聘年龄则放宽到 20～30 岁，有服务行业或民航业工作经验的，35 岁以下都有可能入职。

虽然国内各航空公司也都在强调综合素质、关注亲和力的评价，但招聘程序中明显重视外貌，回避了其他条件的真正展示，甚至一些航空公司在邮寄的材料中要求应聘者首先提供个人 3 分钟的表演视频。其实，众多乘客的出发点和需求是在服务质量上，这是一个不争的事实，外表的美丽并不能代表优质的服务，而综合素质和亲和力却足以使乘客满足，这也是如阿联酋航空公司、新加坡航空公司被认可为世界航空服务一流企业的原因。

（二）中外空乘服务内容的差异

国内的空乘服务培训内容传统化、程序化，规定了一定的服务原则和服务方式，按照服务步骤进行微笑服务。上级分派任务—员工签到—准备—机组会—旅客登机—供应商品—操作分离器—机上值班—安全检查（保证紧急出口、走廊、厕所无障碍物，小桌子、座椅靠背在正常位置，行李架关好扣牢，厨房内所有物品固定好，拉开隔帘并固定好，系好安全带，禁止吸烟，禁止使用对无线导航设备有影响的电子设备，巡视客舱，清舱，关封等），一个点一个点地完善好。

国外航空公司对"空姐"外形条件的要求宽松得多，主要侧重综合素质、心理素质、亲和力和服务意识等。例如，阿联酋航空公司被称为世界上最关怀乘客的航空公司，他们为孩童提供特殊俱乐部和休息室，为年轻家庭提供特殊协助，为残疾乘客提供世界领先设施。他们为机上旅客提供免费医疗卡，上面记载诸如哮喘、糖尿病、耳聋及少儿多动症等持续症状，这使得机组人员能更好地识别乘客的特殊需求，并为其提供优质服务，如机上会为具有饮食限制的乘客提供特殊餐食，包括糖尿病餐等；甚至在机上配备了盲文和特大字体安全须知卡。

（三）中外空乘服务理念的差异

航空服务最基本的意识：先做好服务工作，解决旅客的实际问题，规定、报酬和责任应该放在服务之后来解决；为旅客服务的目标是让旅客满意，企业的最终追求是企业的利润和发展；信守服务承诺，用心服务并乐于为旅客服务，为他们带来欢乐。服务意识加上服务技能，再加上服务技巧的民航服务才能够实现真正意义上的旅客满意和民航和谐。可见国内外空乘服务的重点和服务意识是密不可分的。

每个国家的航空公司有不同的服务理念与创新意识，国外航空公司服务人员的理念更具创新性和个性。

英国航空公司为了提升客户服务质量，给空乘人员使用最新的 iPad 产品。空乘人员可以通过 iPad 提供的信息提前了解客户的偏好及每位客户以前的旅行安排，从而为客户提供真正个性化的服务。空乘人员可以通过 iPad 掌握很多客户信息，包括他们的座位号、旅行伙伴、会员地位以及任何特别的食品要求；还可以在飞机离港前将问题登记给网络内的地勤人员，从而使问题在飞机航行途中就得到解决。在所有乘客登机后、机舱门关闭前，一般情况下，空乘人员需要核对长长的旅客名单，而在使用了 iPad 之后，空乘人员只需刷新屏幕，就可即时掌握登机乘客信息。

英国航空公司这一举动是信息化、科学化意识的体现，也是空乘服务与科技相结合的一种方式。国内的航空服务可能比较传统化，要求按照一定的服务原则和服务方式执行固定的服务程序，并伴随微笑服务；关于理念方面的更新可能重点在于服务的周到度、用心度等。

（四）中外空乘服务人员形象仪表的差异

形象包括人的容貌、姿态、服饰和个人卫生等方面，它是航空服务人员精神面貌的外观表现。由于人的性格、气质不同，内在修养不同，行为习惯不同，个人以其良好的文化素养、渊博的学识、精深的思维能力为核心，形成一种非凡的气质。国外针对航空服务人员形象，有专门的化妆培训、造型培训，也有专业的化妆师、专业的宗教文化讲师。因为国外的空乘服务比较具有针对性，所以每个国家的服装要求都会有所不同。例如，由于阿联酋是伊斯兰国家，阿联酋航空公司的服装造型相对于其他航空公司保守一些，是经典的小红帽搭配白色头纱，裙装过膝不紧身。

我国航空服务人员都有标准的仪态礼仪训练，蹲姿、走姿、手势都有统一严格的要求。然而，国外的航空礼仪培训可能更加针对于各个国家的文化、习俗，假如乘客是泰国人，可能就要在乎于礼仪方面，因为有些手势、行为在泰国是不受欢迎的，例如，不能随意触碰别人的头部，这样是不礼貌的等。

（五）中外空乘服务人员职业待遇的差异

我国空乘拥有 15 万元人民币左右的年薪：

月薪：6 000~10 000 元人民币，每月飞行 100 小时，每小时 20 元飞行费。

国外航空公司国际空乘拥有 25 万元人民币左右的年薪：

月薪：11 000~15 000 元人民币，每月飞行 50~70 小时，每小时 10~12 美元飞行补贴。奖金：年末奖金为本人一个月的月薪+特别奖。国外停留的额外报销款：公司提供食宿以及日常消费的报销，一天 100~150 美元。

以阿联酋航空公司为例：每月基本工资约为 1 000 美元，无须缴纳个人所得税；驻外补贴则按照停留国家的货币标准由公司支付用餐津贴、宾馆与机场的往返交通费、住宿费；飞行小时费相对较高，每月约为 2 500 美元。

在大韩航空公司，作为空中乘务，基本工资起步是 11 000 元人民币，飞行小时费是每小时 100 元；驻外补贴则按照停留国家的货币标准由公司支付用餐津贴、宾馆与机场的往返交通费、住宿费，而且不用上税。除此之外，在每个财政年度结算后，会根据盈利情况给空乘发放花红。

在泰国航空公司，一个月仅飞 50~60 小时，飞行补助就可达到两万元人民币；日本航空公司，每月飞行 70 小时，其收入为 1.3 万~1.4 万元人民币。除此之外，国外航空公司的各项福利也很完善，例如，阿联酋航空公司乘务员每年享有 30 天的假期、一年一次往返来源国的免费机票；在合同期内，还将根据个人的工作表现晋升加薪。

（六）中外空乘服务人员沟通方式的差异

国内空乘服务人员主要的沟通语言为中文和英语。如今我国与世界各国的交往日益密切，来往中国的外国旅客越来越多，所以国内的语言沟通方式主要以母语加上英语，讲究"一对一"的服务，然后会针对旅客的身体状况或者生活习惯为其提供服务。国内侧重于有亲和力的空乘服务。

国外航空服务人员主要以英语为沟通语言，一般在沟通中会略带手势，而沟通方式侧重于情感之间的沟通，及时了解旅客所需，然后进行"一对多"服务。

现今社会竞争日趋激烈，航空公司对于空乘人员的要求会更加严格，所以空乘服务人员在沟通方面更加具有提升空间。

三、国内航空公司空乘服务与国外的差距

与国外优秀航空公司相比，我国航空公司在客舱服务方面的差距具体体现在以下两方面。

（一）乘务人员综合素质有待提高

随着中国国际化热潮日益升温，无论国内航线还是国际航线，跨国乘客数量逐日增长，在这一国际化趋势下，空姐比的不再仅仅是容貌和身材，更是服务意识、亲和力和外语能力等形成的综合素质。

在客舱服务中，国内四大航空公司在机组人员"与旅客互动""语言技巧""个性化服务"上，其得分平均为 2 分，低于行业平均水平。这说明国内航空公司在培训一线服务人员的沟通能力和服务技能方面仍然存在很大差距。从关键指标的得分上可以看到，个性化服务和服务人员语言技巧的运用方面都有明显的不足。从现阶段来看，个性化服务的提供主要是针对头等舱，国内航空公司在这方面仍处于初步阶段。而语言技巧的运用一直是对服务人员培训的关键项目，各航空公司也都高度关注，但其培训效果和在实际服务中的运

用能力差,这也再次反映出员工的主动服务意识和能力的欠缺。

(二)服务缺乏层次感与整体性

客舱服务是系统服务,需要各个因素之间保持优化配合,这也是为了保证整个系统发挥最有效的性能。如果各因素之间配合不足,就会引起服务滞后、服务效率低和服务一致性差等问题。此外,优秀航空公司在不同舱位等级、长短航线的服务上层次感明确,在个别服务项目能够做到普遍高水平的基础上,又有针对不同产品和服务的适度区分,体现了针对不同旅客的服务需求的产品和服务的差异化、层次性。而国内航空公司则明显缺乏这种适度的层次性。目前,国内航空公司都在提高标准,而非真正地去满足旅客的需要。在更高的层次上打造客舱服务链,有效整合客舱服务过程中各方面的资源,可以帮助客舱服务各系统建立共同的服务理念,执行一致的服务标准。而梳理服务流程、激发员工的主动性和积极性,可以避免服务环节协调不一,从而提高客舱服务的服务效率和一致性,最终达到提高旅客满意度的目的。

第三节 空乘服务的就业前景与机会展望

我国民航业的不断发展壮大,为行业人才带来了多样化的职业机遇,空乘职业机会较多、需求广泛,同时又有供大于求的趋势和存在区域竞争。只有更加专业,才能够抓住机会,在竞争中成长。

一、空乘服务的就业前景

我国正处于从"民航大国"向"民航强国"的转变过程中。据统计,目前我国对空乘专业人才需求接近 50 万。在未来很长一段时间内,我国航空人才都将处于短缺状态。民航业的空前发展,为行业人才带来了多样化的职业机遇。

(一)民航业发展对航空服务专业人才的需求大

根据我国民航发展战略目标,21 世纪前二十年是我国民航发展的关键时期。随着我国在全球领导地位的逐步提升,民航业呈现迅猛发展态势。在今后若干年里,中国将成为全球飞机需求量最大的航空市场,将达到目前美国民航市场的水平。

据统计,一般一架 150 座左右的客机,从空乘人员到地面配套管理、服务人才至少需要 150 人,300 座以上的超大型飞机需要的员工更多,空姐就需要 72 名,加上飞行员、空勤、地面服务、航空机务各类配套岗位 120 余人,整架飞机需 200 余人。空乘服务人员按 70∶1 人机比计算,每年将需要 17 500 人(5 年需 87 500 人)。2019 年,中国民航开辟的定期航班航线总数为 5 155 条,旅客吞吐量达到 13.52 亿人次,运输机场数量达到 238

个。未来几年整个航空服务体系的构建仍需要大量的人力支持。

除了国内航空公司、机场的人才需求，近几年，随着国内民航市场进一步开放，国外各大航空公司纷纷进驻中国，各大外资航空公司、民营航空公司、民航业衍生的航空服务企业等都有人才需求。在大学生找工作难的年代，航空服务专业毕业生就业率连年接近100%。目前，各个学院的各家合作单位每年同时到学校"抢购"毕业生，连一些还没毕业的学生都被几大航空公司、机场集团早早预定。除此之外，大规模社会招聘不断。随着近年来航空业的迅猛发展，加上人才紧缺危机不断袭来，职业学院的毕业生已无法填满人才缺口，民航招聘越来越社会化，中国东方航空公司、上海航空公司等向社会公开招聘空乘的新闻不绝于耳。更多的专业航空服务公司，如主营国际国内航空票务、商务旅行及航空数据服务的商务公司或者飞机维修公司等，都有常年的招聘计划。面向社会人士的职位招聘，以航空项目经理，航空类翻译、票务、票务主管、旅行咨询顾问，航空运价政策数据分析员、业务出纳、票务结算等居多。

鉴于以上客观事实，培养高素质的空中乘务、地面服务、民航客运、民航运输业人才是民航业发展的迫切需要，也是航空旅游业发展的需要，更是民航运输企业深化体制改革，适应未来发展的需要。国内外航空业、旅游业的持续稳定发展，必将为航空专业的毕业生提供更加广阔的就业空间。

（二）空乘服务人才待遇高，前景好

据了解，国内航空公司的薪酬待遇虽没有统一标准，但通常来讲，有经验的空乘月收入在 8 000 元左右；机务维修、航务签派的月收入则在 4 000 元左右；即便是高校应届毕业生，薪酬待遇也在 3 000 元左右。国内某航空公司在招聘机长时，甚至提出了年薪 80 万元人民币外加汽车、花园别墅的天价待遇。而且某些公司给空乘人员缴纳六金，福利相当好，几年以后薪酬就可以超过普通白领。由于行业人才缺乏，很多民营航空公司以高薪挖墙脚，国内航空公司为了留住人才不得不调高薪水，导致整个行业薪酬水涨船高。近年来，民航局对外航开辟中国航线的政策逐渐放宽，许多外国航空公司开辟了中国航线，中国空姐、空保也变得抢手，其月薪福利自然不菲。

空中乘务人员是民航业发展最快、需求最大的职位。美丽潇洒的"空姐"一直头顶着令人羡慕的光环，从近年来的发展看，行业人才需求热度不减。而想当"空姐"仅靠漂亮的容貌已经很难过关。企业在招聘时，对视力、身高、体型等都严格要求。体能测试、心理测试、外语测试、专业服务技能等"门槛"也很难跨越。此外，有责任心、认真、投入都是现在用人单位更加看重的。此外，空乘职业非常辛苦，从业人员必须具有吃苦耐劳的品质。英语能力是空乘晋升的最大瓶颈。一般国内航线英语要求较低，录取中职学历的毕业生即可。而国际航班对空乘员工的英语要求很高，要求会机上礼仪、服务用语、广播词，能与客户进行无障碍的英语对话，一般只有高职、大专或者本科生，或者拥有多年工作经验的人才能进入。一些国际航空公司，如德国汉莎航空公司则对空乘人员的学历、职业技能方面的要求更高。要纠正的一点观念是，"空姐"并不是吃青春饭的职业，它有很大的职业发展和晋升空间。毕业生入职以后，经过数年的奋斗，可以从国内航线的普通舱晋升到头等舱，再进入国际航线，从短途飞行到长途飞行；从职务角度看，也可以从乘务员入手，逐步晋升到乘务长、主任乘务长等，直到48岁退休。

（三）民航业人才需求广泛

民航业人才紧缺的岗位多达数十种，对各类服务人才、技术人才、营销人才、管理人才都有需求。仅航空公司和机场，就需要空中乘务、国际客运、国内客运、航空物流、飞机维修、安检、航空服务、载重平衡、生产调度、市场营销等，各类岗位分得极细，仅技术商务类岗位就多达70几种。说起热门职位，在未来几年内，民航业对民航运输、空中乘务、飞机机电、航空服务管理专业人才需求扩大，安检、机务人才也非常紧缺。其中，空中乘务、航空运输安全管理人员、安检以及维修人员四类职位需求最大。

航空服务、航空运输服务人员从事航空服务管理，面向候机楼各类服务、民航宾馆服务、安全检查以及民航运输、民航商务等各个岗位，涉及面非常广泛。他们需要掌握民航管理、旅客服务心理、载重平衡、国际结算等方面的知识技能，是在机场、航空公司从事企业运营管理工作和服务工作的中等专业技术人员。航空公司及机场、航空服务公司有众多岗位需要服务管理人员，市场现有人才只能满足其1/3的需求。

安检人员是在机场、航空公司从事客货运安全检查和管理的中等专业人员。随着国际反恐形势加剧以及国家对民航安全的日益重视，全国各大机场、飞机的安全工作是中国民航的重中之重。安检人员主要加强机场安全检查，实行地面安检制度。该岗位对人才的技术含量要求很高，为中国的稀有人才。他需要懂得安检法规、犯罪心理、防火防爆、安检英语、X光图像识别、民航安全管理、安检设备管理维护等专业技能。

从以上各类岗位需求中可以看出，民航业对体能素质、专业技术要求非常高。大量岗位是体能型的服务类岗位，如票务代理、配餐、理货、货运、货检等，大多要求年轻、身体素质好且责任心强的人员担当。

二、空乘服务的就业机会展望

虽然民航业的不断发展带来多样化的职业机遇，但民航业人才日益供大于求是发展趋势，区域竞争明显。只有更加专业，才能在竞争中把握住机会。

（一）机会与竞争并存

1. 供大于求的发展趋势

中国正处于民航大国向民航强国转变的过程中，未来5年至少新增80 000名空服人员的工作岗位，空乘人员的队伍将超过30万人，规模将是目前的5倍以上。伴随着我国民航事业的迅猛发展，我国民航人才的需求规模也开始同步扩大。目前，国际民航机组人员平均人机比是100：1，而我国民航业机组人员平均人机比是200：1。这意味着，以国际民航水平计算，未来 20 年我国至少需要民航类人才 24 万人。从近年空乘队伍大扩招到扩招数量超过公司需求，民航招聘出现了供大于求的状况。

2. 集中区域竞争

空乘专业毕业生对就业地区选择"极化"现象严重，区域性人才供给矛盾突出。高达 91.4% 的毕业生期望去东南沿海发达地区就业，1.4% 的毕业生选择到东南沿海不发达地区工作，也就是说，有 92.8% 的毕业生会选择去东部沿海地区工作。这导致的直接结果可能是东部地区人才供给相对过剩，竞争压力加大，而对于急需大量人才的广大中部，特别是西部地区来说，人力资源供给严重不足，毕业生选择去中部、西部工作的比例分别为 4.7% 和 2.4%，比例非常低。

（二）高质量、专业化服务人才紧缺

当今世界，国际竞争是综合实力的竞争，根本上是高技术、高素质人才的竞争，本质上是科技和教育的竞争。依托教育机构，开展多层次的通用航空技术人才培养，鼓励社会力量开展飞行、机务、乘务、运营服务等职业培训。民航业对服务从业人员要求的主要指标排序为：外形条件符合行业要求、良好的职业素养、英语口语和表达能力好、扎实的职业技能等；需要更多高素质、全技能的复合型航空界从业人员；掌握必要的法律知识、沟通交际方面的基本知识、基本的公文写作知识，航空客运、货运空中服务等主要一线服务部门的业务内容、服务流程、服务规范等相关知识。高质量的航空服务人才将受到企业的欢迎。建立规范的、高标准的人才培养目标已经是航空服务专业教育发展的一个重要阶段和发展趋势。

第四节 对空乘服务从业者的理解和认识

"服务"一词在《现代汉语词典》中的解释是：为集体（或别人）的利益或为某种事业而工作。而英文 service（服务）一词除了字面的意思外还有另一种理解：service 第一个字母 s，即 smile（微笑），是指员工要对每一位宾客提供微笑服务；第二个字母 e，即 excellent（出色），是指员工要将每一项微小的服务工作都做得很出色；第三个字母 r，即 ready（准备好），是指员工要随时准备好为乘客服务；第四个字母 v，即 viewing（看待），是指员工要把每一位宾客都看作贵宾；第五个字母 i，即 inviting（邀请），是指在每一次服务结束时，要邀请宾客下次再光临；第六个字母 c，即 creating（创造），是指员工要精心创造出使乘客能享受其热情服务的气氛；第七个字母 e，即 eye（眼光），是指每一位员工始终要用热情好客的眼光关注乘客，预测乘客需求，并及时提供服务，使乘客时刻感受到服务员在关心自己。服务在本质上是一种人际交往关系，这种关系由服务者、被服务者和服务环境三个元素组成。其中，服务者是影响服务质量的最主动、最积极的因素，其能力和素质的高低对服务水平具有决定作用。具有良好素质和能力的服务者可以在服务

过程中营造出令人愉快的氛围，使构成服务关系的三个元素间的关系达到和谐统一，这种和谐统一的服务就是优质服务。

一、乘务人员的个人品质

乘务员主要指能在航空公司从事空中服务工作的专业人员，要求有一定的英语或其他语种的听说能力，具备一定的社交礼仪，了解空防与安全、气象、医疗与急救、客舱服务、民航旅客运输等方面的知识。

空乘服务是以客舱为服务场所，以个人的影响力与展示性为特征，将有形的技术服务与无形的情感传递融为一体的综合性活动。要想成为一名优秀的航空服务人员，需要具备七种个人品质：责任心、爱心、信心、诚心、耐心、细心和包容心。空乘服务作为服务行业的标志，与其他服务行业相比，其服务环境、服务内容与服务对象的特殊性，揭示着空乘服务追求更高的服务境界。

（一）责任心

责任心就是一个人自觉地把分内的事情做好。乘务工作既是服务工作，也是安全工作，关系航空公司服务水平的高低，更关系旅客生命和国家财产安全，责任重大，需要乘务员以高度的责任心认真对待。可以说，责任心是一名优秀乘务员应该具备的最基本条件。同时，乘务组的构成和乘务服务工作的特点也要求乘务员必须具有高度的责任心。目前，大部分航空公司的乘务组都是临时组成的，乘务员们相互之间的了解有限，再加上工作中号位的限制，乘务长在监管中并不能做到完善，这就要求乘务员们有自觉履行工作职责的责任心，做好分内工作，做好相互之间的配合。另外，乘务工作的灵活性等特点也要求乘务员有强烈的责任心。做好服务规范只是一项很基本的工作，真正优秀的乘务员还应该发挥主观能动性，尽量满足顾客的需求，要做到这些，需要具备高度的责任心。

（二）爱心

乘务员的爱心首先体现在对自身工作的热爱上。熟悉空中乘务工作的人都明白，这份看似轻松悠闲的工作其实是非常枯燥和令人劳累的，在乘务员美丽的外表后是经过严格训练的自我调节和控制能力。如果乘务员本身对这份工作没有热爱，便难以长久地保持工作热情。通俗地说，对这份工作的热爱就是甘于平凡、谨小慎微，能够从枯燥的检查中认识到自身简单的动作对于国家财产和乘客生命的重要性；从年复一年的工作中理解人与人之间的互相尊重，从而真正理解自己工作的意义。这样才能激起乘务员积极探索的好奇心，使其克服工作中遇到的一个又一个的困难。

其次，乘务员的爱心体现在对乘客的友善上。服务的本质是人际交往，优质的服务是一种让人愉悦的交往，能够让人与人之间产生共鸣。乘务员作为构成服务关系的三个元素中的主动者，一直掌握着服务的主动权，因此，乘务员对乘客的爱心是营造优质服务氛围的重要保证。一名优秀的服务员应该是一个充满爱心的人，只依靠服务技巧和服务技能的乘务员是不可能真正地让顾客满意的，也不能帮航空公司留住顾客，当然不能算作优秀的乘务员。

爱心还表现在对同事的体贴上。这份工作不仅需要一名优秀的乘务员，还需要一个优秀的团体互相配合，只有良好的配合才能产生完美的服务。乘务员之间也需要互相照顾、及时沟通。古语有云，予人方便，予己方便。相信优秀的乘务员对此深有体会。

（三）信心

从事航空服务工作，遭受旅客带来的"不公"是避免不了的事，航空服务从业人员必须给自己信心去勇敢面对这些"不公"，并将其转化为顺理成章的理由，这样才能被自己真正接受，才可以始终如一地坚持对这份工作的理解和热爱。时常给自己信心不仅可以化解航空服务工作和生活中的负面情绪，而且会使自己在任何时候都快乐而积极地为旅客服务，这是航空服务人员的职业需要，同时也是航空服务人员自我保护的需要。

（四）诚心

对航空服务工作的诚心就是全心全意为乘客解决问题，乐于助人。对服务工作本身的真诚热爱是航空服务人员搞好优质服务的原动力，因为诚心是美好情感的基础。一名优秀的空中服务员，他首先应该是一个与人为善、充满诚意的人，以诚心为基础的服务才可能是高品质的服务。没有诚心的航空服务人员也不可能成为一名优秀的航空服务人员。

（五）耐心

要使旅客在旅途中愉快、自然地配合航空服务人员的工作，就需要航空服务人员不厌其烦地关注和满足旅客的合理需求，及时化解出现的问题和矛盾，努力营造一种积极解决问题的氛围来感染旅客。尤其是在航班飞行不正常、旅客情绪激动的情况下，更需要航空服务人员以极大的耐心来安慰旅客。

耐心也是使航空服务人员把"职业要求"转化成为"职业素质"的一种力量。从乘务学员到职业乘务员，再到优秀乘务员，每个人都有一段距离需要跨越，这期间必然有这样或那样的困难和阻力，只有耐得住辛苦、委屈、压抑、枯燥和诱惑的人才能够坚持到成功。因此，要想成为一名优秀的航空服务人员，乘务员本人必须在日常的工作、生活和学习中持之以恒地磨炼自己，反复地总结思考、不断地努力，才能最终达到"千磨万击还坚劲，任尔东西南北风"的至高境界——一名优秀乘务员的真正境界。

（六）细心

细心是每名服务人员应具备的基本素质，其在航空服务中显得尤为重要。没有细心这个基本素质就不会发现旅客的需求，旅客的一个动作、一个眼神都可能是请求帮助的信号，如果不够细心就很难理解其意思，自然就达不到旅客所期望的满意程度。服务工作面对的旅客来自天南海北，他们有着不同的背景和经历，当聚集在客舱这个特殊的空间里，他们会有各种不同的心理感受。一般来说，初次乘机的旅客希望得到航空服务人员不动声色的及时指点，以化解紧张的情绪和茫然的感觉；生病的旅客需要特意的关照和问候来克服病痛和不安；无人陪伴的儿童旅客需要更多的陪伴来抵御陌生环境下的孤独感；老年旅客需要及时的帮助以避免手脚不便造成的困难和尴尬……细心的航空服务人员能够从旅客的言谈举止中敏锐地察觉到其困难和需求，及时提供细心的、周到的、有针对性的服务。在服务实践中，有很多例子证明：更心细的空乘人员能够更好地展示优质服务的魅力，从而使服务工作达到令人"动心"的效果。

（七）包容心

优秀的乘务员必定有着一颗强大的包容心，它可以包容顾客的过失。服务者与被服务者是一种特殊的人际关系。从被服务者角度来看，他们的言行只需要向法律法规负责，向社会道德负责，而服务者除此之外，还需要对职业道德、公司规定甚至被服务者的感受负责，因此，这种关系毫无公平可言。被服务者可以在法律法规、在自己的道德水准上宣泄自己的情绪、提出自身的需求。这种宣泄和需求可能会超出正常人的承受范围，带给别人伤害，而服务者必须能够包容这些普通人不能理解的言行。曾经有位被服务者对向他瞪眼的乘务员说："你个性太强，不适合做这行。"仔细想想，虽然这位顾客可能有错，但他的话也有一定的道理，个性鲜明就会棱角分明，这样就难以包容。没有一个强大的包容心是不可能成为一名优秀的乘务员的。

在乘务员的职业需求中，包容心是乘务员自我保护的基础。当然，包容并不意味着一味地容忍，而是理解、包涵。包容心可以让服务者和被服务者之间的不快化解，还可以帮助乘务员化解生活中遇到的负面情绪，使其始终保持良好的心态，更好地为顾客服务。

二、空乘人员的职业特点

空乘人员直接面对乘客，代表企业形象，需要具备较强的综合素质和综合技能，这样才能在特殊的工作环境里做好工作。

（一）空乘人员代表着航空公司的形象

在航空服务中，树立良好的形象是最高目标，必须以乘客为本，以乘客的利益为最高利益。航空服务人员通过细心的服务，让乘客在旅途中享受愉快，让航空公司形象树立在乘客心间。航空服务人员因为是第一线接触乘客的人员，所以对航空公司形象的塑造非常重要，其得体的语言、真诚的微笑、优质的服务会使旅客产生宾至如归的感觉，对树立一个航空公司的形象起到至关重要的作用，体现了航空公司的服务水平，代表了航空公司的形象。

（二）空乘人员担负着飞行安全的保障工作

使乘客安全抵达目的地是机组成员的基本任务。飞行安全是衡量航空公司工作好坏的重要标志，航空服务人员的主要职责是，在民航飞机上确保乘客旅途中的安全和舒适（例如，为乘客供应飞机餐等），热情周到地为乘客提供各种机内服务，指导乘客使用机上安全设备以及在紧急情况下组织乘客逃离飞机，等等。正常情况下，乘务人员首先就是安全防范员，担负着观察、发现、处理各种安全隐患的任务，担负着维持客舱秩序、消除各种危机事件对飞行与客舱安全影响的任务，特别是在紧急状态下，空乘人员作为机组重要组成部分，担负着面对乘客、应对危机的责任。因此，参与飞行安全管理是空乘服务人员的基本任务，安全责任的重大性远远超过其他服务行业。

（三）空乘服务环境特殊

空乘人员要在狭小的客舱中面对形形色色的旅客，设施环境特殊、人员密集，而且客舱环境既受到飞行状态的影响，又受到乘客心理的影响，绝大部分的工作都是在运动状态下开展，服务过程又要受到飞行状态和各种规范的制约，所以其服务行为既有机动性，又必须符合规范的要求。旅客们可能来自不同国家和地区，有不同的职业、年龄、习惯，这就需要乘务员提高自己的文化修养、掌握不同旅客的心理特点，与乘务团队人员密切配合，这样才能做好服务工作。

（四）空乘服务技术性强，服务内容繁杂

飞行器在飞行中的不同阶段有着不同的特性，这要求服务过程符合技术规范的要求，不允许有随意性；客舱中的各种设备、设施都与安全密切相关，操作过程严谨、规范；服务涉及的范围广泛，每个过程与环节均有技术规范要求。

（五）空乘服务个性化呵护特征明显

乘坐飞机旅行是心理状态不断调整的过程。由于在飞行过程中，不同阶段、不同气象条件使乘客有不同的心理感觉和身体反应，甚至很多乘客处于紧张状态，存在着恐惧心理，所以需要服务人员采取积极措施，进行个性化服务，消除乘客的紧张情绪，稳定乘客的心理，并协助乘客缓解和消除飞行反应。

（六）空乘人员综合素质要求高

由于飞行环境、服务对象以及服务过程具有特殊性，所以服务过程中会出现复杂多变的各种情况和突发事件，这就要求乘务人员具有稳定的心理素质，临危不惧，果敢坚定；善于发现问题，果断处理问题；具有灵活的沟通能力和应变能力，有效地与不同乘客进行沟通；具有很强的亲和力和超越自我情感的职业情感，能提供充满爱心的服务；等等。这些能力超过了通常的服务范畴，需要空乘人员具备良好的综合素质。

三、空乘服务人员职业素质的基本要求

（一）空乘服务人员职业素质的基本能力要求

一般来说，用人单位对求职应聘者的基本能力有着共同的要求，这些能力主要体现在

以下八个方面。

1. 勤于思考，思维能力强

思维能力指的是人脑对客观事物间接的、概括性的认识。思维能力是人的能力构架的核心，也是最基本、最重要的一种能力，一个人的思维能力不仅取决于他的智力水平，更大程度上取决于他的思维方式，而思维方式的正确与否决定一个人事业的成败，可见其重要程度。因此，应聘者要勤于思考，培养科学的思维方式。

2. 善于沟通，表达能力强

表达能力指的是运用语言或文字阐述观点、表达意见和看法，抒发自己的思想感情的能力。用人单位要求应聘者无论是在口头表达还是文字表达时，都做到清晰、准确、简洁、流畅、鲜明、生动，因此，应聘者要多学习、多锻炼，努力提高自己的表达能力，做一个善于沟通的人。

3. 乐于动手，实践能力强

动手能力也就是实际操作能力，是专业工作者必须具备的一种实践能力。空乘专业的学生一定要多参加学校社团活动，积极参与专业实习和社会实践，提升动手能力。

4. 能屈能伸，适应能力强

适应社会，是为了担当社会赋予人们的职责和使命。有时实际工作和现实生活会超出人的预想，所以应聘者要培养自己的适应能力，在工作和生活中做到能屈能伸，这样才能缩短自己的适应期，充分发挥自己的聪明才智，满足用人单位的要求，得到较为理想的工作。

5. 善于合作，人际交往能力强

人际交往能力实际上就是与他人友好相处的能力。美国著名教育家卡耐基经过大量的调查研究得出的结论是：一个人事业的成功，一方面要靠他的专业技术，另一方面要靠他的人际关系和处世技巧。可见，应聘者不仅要掌握专业技术，还要具备良好的个性，善于与他人交往合作。

6. 自我约束，组织管理能力强

无论在什么岗位工作，或多或少都需要具备一定的自我管理以及管理他人的能力，不仅领导干部、管理人员应该具备组织管理能力，其他专业技术人员也应具备这种能力，这就是毕业生在求职应聘时，党员、学生干部、优秀毕业生普遍受到用人单位欢迎的主要原因。

7. 迅速果断，决策能力强

决策能力是指对未来行为目标的决断和选择的能力。工作中有时会遇到突发事件，需要迅速反应、及时处理，而人的一生中也往往会碰到各种需要自己当机立断、痛下决心的事情，因此，应聘者训练和培养自己的决策能力是十分必要的。

8. 勇于探索，创新能力强

创新能力是人的各种智力因素和能力因素在新的层面上融为一体、相互支撑所形成的一种合力。创新能力包括多方面的内容，例如，强烈的好奇心和求知欲，细微的观察力和洞察力，大胆探索和勇于创新的精神以及发现问题、提出问题、研究问题、解决问题的能力等。创新能力强的人是最受用人单位欢迎的，也是最具发展潜力的。

（二）空乘服务人员职业素质的基本素养要求

空乘服务业是较为特殊的行业，从业者不仅要具备上述基本能力，还必须具备该行业特别需要的一些基本素养，这样才能为旅客做出高质量的服务。空乘人员需要具备的基本素养主要有以下几种。

1. 强烈的服务意识

民航企业竞争激烈，其服务质量的高低决定了企业是否能够生存下去，航空服务要求从业人员有较强的服务理念和服务意识。没有强烈服务意识的服务，在激烈的市场竞争中很难赢得更多的回头客。

2. 良好的思想品质

良好的思想品质看似抽象，其实就蕴含在乘务员对服务工作的那一份深深的热爱中。由于空中乘务工作是一个劳动强度大、工作时间没有规律而对服务质量要求又很高的职业，所以空乘人员承担了很多人们想象不到的辛苦，如果他们没有良好的思想品质和吃苦耐劳的精神就很难做到时刻为旅客着想。

3. 良好的身体素质与形象

航空服务人员应具有良好的身体素质与形象，身体状况可以满足空中服务工作的需要，这也是一家航空公司乃至一个国家的形象及服务水平的外在体现。航空服务人员外表上要相貌端庄、举止得体大方，具有亲和力；不应有先天性或后天获得性异常疾病和活动的、潜在的、急性或慢性的疾病以及创伤、损伤或手术后遗症；女性身高一般要求在163～172 厘米、男性身高要求在 173～184 厘米，双眼裸眼视力 0.6 以上，身体无明显疤痕；色觉、嗅觉正常，口齿清楚，中、英文发音准确，听力正常。

特殊条件的要求更为严格，包含对神经系统、呼吸系统、循环系统、消化系统、泌尿生殖系统、造血系统、免疫系统、内分泌系统、运动系统等的全面检查，同时还有对皮肤及其附属器、眼及其附属器、耳鼻咽喉及口腔的全面检查。

4. 较强的应变控制能力

飞行的过程中，航空服务人员要与形形色色的旅客打交道，也可能遇到各种各样的麻烦，工作中随时可能遇到突发性特殊情况，如飞机劫持、发动机停车、起落架卡阻、座舱失密、无线电失效等，此时，情绪控制能力就显得尤为重要。航空服务人员既要组织正常飞行，又要有妥善处置特殊情况的能力，不因循守旧，具体情况具体对待，要有变通性、创造性,能在短时间内建立立体思维。无论什么情况下,航空服务人员都要保持冷静平和的情绪,情绪激动和消极都会直接影响飞行安全。

5. **有效的沟通协调能力**

与旅客的交流与沟通是航空服务从业者的必修课,更是其最本职的工作。航空服务人员良好的沟通协调能力,可以使旅客获得一段愉快满意的旅程,这直接反映出一家航空公司的整体素质。航空服务从业者要善于和旅客沟通交流,特别是要具备良好的语言表达能力,语言本身代表每一个人的属性,作为一名航空服务从业者更要学会说话的艺术。通过不同的服务语言往往会得到不同的服务结果,应当主动、积极、热情地问候乘客,语言得体、简约,举止得当,规范服务,能够针对不同乘客进行有效的沟通,在拒绝时正确、巧妙、婉转地表达否定的语言。

6. **综合素质**

良好的沟通来自于丰富的内涵和良好的素质。作为一名空乘人员,必须掌握各种机型的特点、紧急处置办法、医学救护知识、地理常识、风土人情、社交礼仪、心理学知识、航空机械常识、民法等,尤其要熟练掌握不同的语言及其运用技巧。空乘人员在把知识和智慧传递给旅客的同时,也向他们展示了自己的魅力,人们会认同、熟知并记住这份与众不同的魅力。所以,空乘工作应该是集服务员、播音员、导游、安全员、厨师、民航形象代言人等多种职能于一体的特殊职业,它要求从业人员具备多种能力,既要"出得厅堂",又要"入得厨房"。

四、空乘服务从业者的职业生涯与待遇

空乘人员的工作可分为四个阶段:普通舱乘务员、两舱乘务员、区域乘务长、主任乘务长。一般学员在完成相应的业务培训后,可担当普通舱乘务员。随着飞行小时数的增加、个人资历的提升,通过相应的考核可提升为两舱/头等舱乘务员。头等舱乘务员考核期满后,可担当区域乘务长,成绩优秀的区域乘务长经过考评委员会严格的考评后,可担当主任乘务长,并可以独立带班执行国际航班以及首长专机任务。

乘务员进入航空公司后,基本工资为 3 000 元左右,飞行小时费为 20~80 元不等。普通乘务员月收入 6 000 元左右,见习乘务长月收入 8 000 元左右,乘务长月收入 10 000 余元,主任乘务长收入约为 15~20 万元/年。乘务员的收入除了基本工资外,主要取决于飞行小时费,各种补贴或津贴以及以下几项。

(一)健康疗养

航空公司乘务员每年享有健康疗养的待遇,疗养费用全部由公司承担。

(二)住房补贴及保险

乘务员入职后,一定时期内由公司免费提供设施齐全的集体公寓。此后,可享受优厚

的住房补贴。同时，乘务员享受多于其他工种的养老保险等各种全面保障性的保险。

（三）职工机票

乘务员在公司工作满 1 年后，可享受一定数量的全免优惠机票（任意国内或国际航班），该机票可由乘务员本人或其直系亲属，以及其爱人或其爱人的直系亲属使用；如果全免机票使用完，乘务员本人可在公司内部任意航线上享受不限次数的 2.5 折优惠机票；亲属可以使用有限次数的 2.5 折优惠机票。

思考与训练

一、思考题
1. 空乘人员应具备哪些素质和修养？如何提高这些素质和修养？
2. 中外航空服务的差异有哪些？外国航空服务有哪些优点是值得我们学习的？
3. 当今航空服务的发展趋势是怎样的？空乘就业前景如何？

二、训练题
一名旅客在用餐时发现餐食中有异味，十分生气，说要投诉。乘务员及时诚恳地向旅客致歉，并立即更换餐盒，但旅客还是不太满意。
如果你是乘务员，遇到这种情况怎么应对？还有其他什么方法能让旅客更加满意？请与同伴模拟该情境。

三、案例分析题
案例 1-1：
在一次执行航班任务时，因为在外站长时间地延误，很多随机物品发放完毕又没有及时补充，发生了以下事情：头等舱的一名外籍人士向乘务员索要拖鞋，乘务员回答没有了；接着又提出"有没有扑克牌？"因发放完了，乘务员只能委婉地笑着回答说没有了；旅客十分无奈地又问有没有英文报，因没及时补充……乘务员连续回答了三次"没有"之后，乘务长都有些不好意思，毕竟这些是头等舱应该享受到的服务项目。最后旅客有些愠怒地问道："那你们可以为我提供什么？"乘务长一时也感到头脑发懵，可又不忍心再拒绝这位旅客了，只能硬着头皮，微笑着说："我们尽全力为您提供一份小纪念品，好吗？"真是"巧妇难为无米之炊"，回到服务台，乘务组一起合计着怎样能给旅客带来惊喜，他们想到机组餐食中有一个造型别致的巧克力，又考虑到外籍旅客一般喜欢吃甜食，就送给了旅客，旅客果然很高兴，随即美滋滋地吃了起来。同时乘务组自制了一张简单而精美的明信片，并用英文在纸片上写道："虽然今天我们的航班上没能为您提供拖鞋、扑克牌、英文报纸，但请您将我们真诚的笑容带回家。祝您旅途愉快，一生平安！"当乘务组将卡片作为礼物呈送给旅客时，旅客怅然后惊异："What a surprise! I will keep it forever!"（太惊喜了，我将永远保存！）然后，将卡片放在衬衣的贴身口袋里。

分析在此案例中高标准的服务特点体现在哪些方面？

案例 1-2：

某次航班上，一名年轻的乘务员不小心把水洒在了旅客的身上，旅客脸色马上变得阴沉，她很慌张，手忙脚乱地想给旅客擦拭一下，又唯恐遭到旅客呵斥，于是只是干巴巴地道歉："先生，对不起。"结果旅客更加生气了。另外一名乘务员看到后，马上过来俯身说："先生，真对不起，把您的衣服弄脏了，都是我们工作的失误，我先帮您擦一下可以吗？"之后，她回头对惹祸的小乘务员说："你去帮我拿块热毛巾，好吗？"年轻的乘务员如释重负，转身离去。而这时旅客的脸色略微好转，毕竟他不能对着一个代人受过的乘务员发脾气，他也明白眼前这个殷勤的乘务员并无过错，而是要替她的同事解决问题。乘务长得知此事后，在旅客下飞机时没有像从前一样和旅客道别，而是在看到这位旅客时鞠躬说："很抱歉，今天给您的旅途添麻烦了。"旅客笑着说："没事，已经擦干净了，谢谢。"一件看上去很棘手的事情，经过乘务组的配合就圆满解决了。

如果你是这名年轻的乘务员，你会如何提高自己解决问题的能力？

第二章
国内航空公司介绍

章前导读

常言道：知己知彼，百战不殆。在求职面试之前，应聘者需要对面试单位的相关情况进行必要的了解。通常，在面试过程中经常会发生这样的情况，当考官询问面试者为什么要面试他们公司或询问是否了解该公司基本概况时，总是有些面试者一问三不知，甚至连面试的航空公司全称都说不出来，这样的面试者给考官的印象非常不好，面试成功的概率很小。

本章按照目前中国国内民航体系关系划分，以四大航系及其他航空公司为主线，分别介绍各个航空公司的基本信息与选人标准。

 学习目标

1．掌握国内主要航空公司的基本信息。
2．了解国内航空公司的 IATA 代码。
3．了解国内航空公司面试的基本要求与选拔标准。

第一节　国内航空公司简介

一、中国国际航空股份有限公司及其相关航空公司

（一）中国国际航空股份有限公司

英文名称：Air China
成立时间：1988 年
总部地点：北京首都国际机场
IATA 代码：CA

中国国际航空股份有限公司（以下简称"国航"）是中国唯一载国旗飞行的民用航空公司以及世界最大的航空联盟——星空联盟成员、2008 年北京奥运会航空客运合作伙伴，具有国内航空公司第一的品牌价值（世界品牌实验室 2013 年评测其为 765.68 亿元），在航空客运、货运及相关服务诸方面，均处于国内领先地位。

国航承担着中国国家领导人出国访问的专机任务，也承担许多外国元首和政府首脑在国内的专包机任务，这是国航独有的国家载旗航的尊贵地位。国航总部设在北京，辖有西南、浙江、重庆、内蒙古、天津、上海、湖北、贵州、西藏分公司，华南基地以及工程技术分公司等。国航主要控股子公司有中国国际货运航空有限公司、澳门航空股份有限公司、深圳航空有限责任公司、大连航空有限责任公司、北京航空有限责任公司等，合营公司主要有北京飞机维修工程有限公司（Ameco），另外，国航还参股山东航空等公司，是山东航空集团有限公司的最大股东。

截至 2018 年 12 月 31 日，国航（含控股公司）共拥有以波音、空中客车为主的各型飞机 684 架，平均机龄 6.73 年；经营客运航线已达 754 条，其中国际航线 138 条，地区航线 27 条，国内航线 589 条；通航国家（地区）42 个，通航城市 184 个，其中国际 66 个，地区 3 个，国内 115 个；通过与星空联盟成员等航空公司的合作，将服务进一步拓展到 193 个国家的 1 317 个目的地。

国航的愿景和定位是"具有国际知名度的航空公司"，其内涵是实现"竞争实力世界前列、发展能力持续增强、客户体验美好独特、相关利益稳步提升"的四大战略目标；企业精神强调"爱心服务世界、创新导航未来"，企业使命是"满足顾客需求，创造共有价值"；企业价值观是"服务至高境界、公众普遍认同"；服务理念是"放心、顺心、舒心、动心"。国航乘务员的形象是端庄大方、恬静秀美，如图 2-1 所示。

图 2-1　国航乘务员

（二）深圳航空有限责任公司

英文名称：Shenzhen Airlines

成立时间：1992 年

总部地点：广东省深圳市

IATA 代码：ZH

深圳航空有限责任公司（以下简称"深航"）股东为中国国际航空股份有限公司、深国际全程物流（深圳）有限公司，主要经营航空客、货、邮运输业务。截至 2017 年年底，深航主体共拥有波音 737，空客 330、320、319 等各类型客机 200 余架，经营国内、国际航线 200 余条。作为与特区共同成长起来的航空企业，深航扎根深圳，服务大众，搭建起一条条深圳对外经贸往来和文化交流的"空中走廊"。2012 年 11 月，深航正式加入了星空联盟，融入国际航空市场，以崭新的面貌和姿态开启国际化建设进程。深航不仅注重企业自身发展，还自觉履行社会责任、感恩回报社会，被誉为深圳的一张靓丽名片。

（三）山东航空集团有限公司

英文名称：Shandong Airlines

成立时间：1999 年

总部地点：山东省济南市

IATA 代码：SC

被誉为"齐鲁之翼"的山东航空集团有限公司（以下简称"山航集团"）是由中国国际航空股份有限公司、山东省财金投资集团有限公司等九家股东合资组成的从事航空运输相关产业经营的企业集团公司。二十多年来，山航集团始终把"确保安全，狠抓效益，力求正点，优质服务"放在首位。截至 2019 年，其拥有波音 B737 系列飞机 124 架；在济南、青岛、烟台、厦门、重庆、北京、乌鲁木齐、贵阳等地设有分公司和飞行基地。目前经营国内、国际、地区航线共 230 多条，每周 3 800 多个航班飞往全国 90 多个大中城市，并开通了中国台湾、中国香港等国内航线和韩国、日本、泰国、柬埔寨、印度等国际航线。

山航集团连续保持了 24 年的安全飞行记录，先后四次获得民航总局安全最高荣誉奖"金雁杯"和"金鹰杯"，2017 年 8 月荣获中国民航"飞行安全三星奖"。多次被评为国家级"用户满意服务单位""全国质量效益型企业"，公司彩虹乘务队、市场部济南营业部被团中央、民航总局命名为"全国青年文明号"。2015—2017 年，山航集团（本部）连续 3 年被评为"全国文明单位"。2017 年，山航集团荣获"全国质量奖"，成为中国民航首次获奖的航空公司。

（四）西藏航空有限公司

英文名称：Tibet Airlines

成立时间：2010 年

运营基地：西藏自治区拉萨市，四川省成都市

IATA 代码：TV

西藏航空有限公司（以下简称"藏航"）是中国民航局批准成立的国内首家高原航空公司，主运行基地位于拉萨贡嘎国际机场，公司于 2011 年 7 月 26 日正式首航，首航航线为拉萨—阿里。藏航主要从事国内航空客货运输业务，是世界首家以高原为基地运行的航空公司。经过谨慎探索和实地试飞，藏航已经顺利实现了拉萨停放飞机过夜和拉萨贡嘎机场夜航常态化。

（五）大连航空有限责任公司

英文名称：Dalian Airlines

成立时间：2011 年

总部地点：辽宁省大连市

IATA 代码：CA

大连航空有限责任公司（以下简称"大连航空"）始终大力提倡"美丽大连航空，让

您快乐到家"的优质服务理念。在提高服务品质上下功夫，不断完善服务流程，不断满足旅客需求并超越旅客需求，以创新的服务内容带动服务品质持续提升。运营两年的大连航空两舱休息室积极营造了功能齐全、温馨舒适的休息环境，客舱服务推出了自主研发的"旭日东升""日出"等鸡尾饮料以及具有大连地方特色的四季养生餐。大连航空以"激情、热情、真情、动情"的"四情"服务，为旅客营造出了"放心、顺心、舒心、动心"的空中旅途。

（六）国航系其他公司概况（见表2-1）

表2-1　国航系其他公司概况

公司名称	英文名称	总部地点	成立时间	IATA代码
青岛航空股份有限公司	Qingdao Airlines	山东青岛	2013年	QW
昆明航空有限公司	Kunming Airlines	云南昆明	2009年	KY

二、中国东方航空集团有限公司及其相关航空公司

（一）中国东方航空集团有限公司

英文名称：China Eastern Airlines

成立时间：1988年

总部地点：上海市

IATA代码：MU

中国东方航空集团有限公司（以下简称"东航"）总部位于上海，作为中国国有三大航空公司之一，其前身可追溯到1957年1月原民航上海管理处成立的第一支飞行中队。在经历一系列发展沿革后，1988年中国东方航空公司正式成立，1997年分别在纽约、中国香港、上海证券交易所成功挂牌上市，是中国民航首家三地上市的航空公司。东航旗下航空公司包括上海航空等。

公司运营着超过650架、平均机龄5.39年的全球最年轻大型机队，拥有中国规模最大、商业和技术模式领先的75架互联网宽体机队，在中国民航首次开放手机等便携式设备的使用。

东航致力于以精致、精准、精细的服务为全球旅客创造精彩旅行体验，近年来荣获中国民航飞行安全最高奖——"飞行安全钻石奖"，连续7年获评全球品牌传播集团WPP（世界上最大的传播集团之一）"最具价值中国品牌"前50强，连续3年入选品牌评级机构Brand Finance（品牌财经）"全球品牌价值500强"，在运营品质、服务体验、社会责任等领域屡获国际、国内殊荣。

（二）上海航空股份有限公司

英文名称：Shanghai Airlines

成立时间：1985年

总部地点：上海市

IATA 代码：FM

上海航空股份有限公司（以下简称"上航"）成立于 1985 年 12 月，是中国第一家多元化投资的商业性质的有限责任航空公司。2010 年 1 月 28 日，以东航换股吸收合并上航的联合重组顺利完成，上航成为新东航的成员企业。2010 年 5 月 28 日，作为东航全资子公司的上海航空有限公司正式挂牌运营。

上航拥有以波音及空客为主的先进机队 97 余架，开辟国内航线百余条，还通达了日本、韩国、泰国、澳大利亚、新加坡、吉隆坡、莫斯科、中国香港、澳门、台北等 17 条中远程国际及国内航线，年运输旅客 1 239.54 万人次。上航于 2010 年 11 月 1 日正式退出星空联盟，同时宣布随同母公司中国东方航空集团有限公司一同加入天合联盟。

（三）中国联合航空有限公司

英文名称：China United Airlines

成立时间：1984 年

总部地点：北京市

IATA 代码：KN

中国联合航空有限公司（以下简称"中联航"）是东航旗下一家全资子公司。中联航以北京南苑机场为主运营基地，以"实惠、便捷、舒心"为品牌定位，积极打造责任心强、技术精湛、经验丰富的飞行、机务、乘务、运控等专业队伍。自开航以来，中联航一直保持着良好的安全飞行纪录。2014 年，中联航安全运送旅客超过 600 万人次；2014 年 7 月，中联航宣布向低成本航空公司转型，中联航转型工作的全面开启标志着国有大型企业首次进入低成本航空市场。截至 2019 年 1 月底，中联航拥有 49 架波音 737NG 系列全经济舱机队，通达全国 75 个城市，执行 80 条航线，其中国际航线 2 条（烟台—静冈、烟台—福冈）。

三、中国南方航空股份有限公司及其相关航空公司

（一）中国南方航空股份有限公司

英文名称：China Southern Airlines

成立时间：1995 年

总部地点：广东省广州市

IATA 代码：CZ

中国南方航空股份有限公司（以下简称"南航"）以蓝色垂直尾翼镶红色木棉花为公司标志，是中国运输飞机最多、航线网络最发达、年客运量最大的航空公司。南航年客运量居亚洲第一、世界第三，机队规模居亚洲第一、世界第四，是全球第一家同时运营空客 A380 和波音 787 的航空公司，是中国航班最多、航线网络最密集、年客运量最大的民用

航空公司。

公司坚持"安全第一"的核心价值观，先后联合重组、控股参股多家国内航空公司，加入国际性航空联盟，与中国国际航空股份有限公司和中国东方航空集团有限公司合称中国三大民航集团。

2018年，南航旅客运输量达1.4亿人次。截至2019年1月，南航运营的波音787、777、737系列，空客A380、A330、A320系列等型号客货运输飞机超过840架，是全球首批运营空客A380的航空公司，机队规模居亚洲第一、世界第三。

（二）厦门航空有限公司

英文名称：Xiamen Airlines

成立时间：1984年

总部地点：福建省厦门市

IATA代码：MF

厦门航空有限公司（以下简称"厦航"）是由民航局与福建省合作创办的中国首家按现代企业制度运营的航空公司，现股东为中国南方航空股份有限公司（55%）、厦门建发集团有限公司（34%）和福建省投资开发集团有限责任公司（11%），企业标志为"蓝天白鹭"。

厦航是中国唯一使用全波音系列飞机的航空公司，截至2019年8月，机队规模达到206架，平均机龄5年，是世界上最年轻的机队之一。厦航是中国民航业保持盈利时间最长的航空公司，是中国唯一连续32年盈利的航空公司，在全球航空公司金融评级中，名列中国航空公司之首。厦航现拥有总资产近500亿元，净资产超过200亿元，资产负债率为56%。在国际航协成员240多家航空公司中，厦航的利润总额名列前20位，收入利润率更是进入前10位，是全球首家荣获"IOSA杰出成就奖"的航空公司。

（三）南航系其他公司概况（见表2-2）

表2-2 南航系其他公司概况

公司名称	英文名称	总部地点	成立时间	IATA代码
重庆航空有限责任公司	Chongqing Airlines	重庆	2007年	OQ
河北航空有限公司	Hebei Airlines	河北石家庄	2010年	NS
江西航空投资有限公司	Jiangxi Air	江西南昌	2014年	RY

四、海南航空控股股份有限公司及其相关航空公司

（一）海南航空控股股份有限公司

英文名称：Hainan Airlines

成立时间：1993年

总部地点：海南省海口市

IATA代码：HU

海南航空控股股份有限公司（以下简称"海南航空"）是中国发展最快、最有活力的航空公司之一，其致力于为旅客提供全方位、无缝隙的航空服务。海航系旗下有大新华航空、天津航空等。

1993 年至今，海南航空连续安全运营 26 年，拥有波音 737、787 系列和空客 330、350 系列为主的年轻豪华机队。截至 2019 年上半年，海南航空及其旗下控股子公司共运营国内外航线 1 800 余条，航线覆盖亚洲，辐射欧洲、北美洲和大洋洲。海南航空专注打造国际国内高效互动的、品质型、规模化的卓越型世界级航空网络，紧密配合国家"民航强国"发展战略，在北京、广州、海口、深圳等 24 个城市建立航空营运基地/分公司。自 2011 年起，海南航空凭借高品质的服务及持续多年的创新，已连续九年荣膺 Skytrax"世界五星航空公司"称号，并于 2019 年跻身"全球最佳航空公司 TOP10"榜单第 7 位，成为中国内地唯一入围并蝉联该项荣誉的航空公司。

海南航空追求"热情、诚信、业绩、创新"的企业管理理念，凭借"内修中华传统文化精粹，外融西方先进科学技术"的中西合璧企业文化创造了一个新锐的航空公司。海南航空秉承"东方待客之道"，倡导"以客为尊"的服务理念。从满足客户深层次需求出发，创造全新飞行体验，立志成为中华民族的世界级航空企业和世界级航空品牌。以"民航强国"战略为主导，加速国际化布局，倾力打造规模和运营能力居世界前列的航空公司。

（二）海航系其他公司概况（见表 2-3）

表 2-3　海航系其他公司概况

公 司 名 称	英 文 名 称	总 部 地 点	成 立 时 间	IATA 代码
天津航空有限责任公司	Tianjin Airlines	天津	2009 年	GS
西部航空有限责任公司	West Air	重庆	2006 年	PN
云南祥鹏航空有限责任公司	Lucky Air	云南昆明	2004 年	8L
北京首都航空有限公司	Capital Airlines	北京	2010 年	JD
福州航空有限责任公司	Fuzhou Airlines	福建福州	2014 年	FU
长安航空有限责任公司	Air Changan	陕西西安	2016 年	9H
金鹏航空股份有限公司	Suparna Airlines	上海	2002 年	Y8
乌鲁木齐航空有限责任公司	Urumqi Air	乌鲁木齐	2014 年	UQ
广西北部湾航空有限责任公司	Guangxi Beibu Gulf Airlines	广西南宁	2015 年	GX
桂林航空有限公司	Air Guilin	广西桂林	2015 年	GT

五、其他国内航空公司

（一）四川航空股份有限公司

英文名称：Sichuan Airlines

成立时间：1986 年

总部地点：四川省成都市

IATA 代码：3U

四川航空股份有限公司（以下简称"川航"）的航徽是一只海燕，它奋力翱翔、志存高远的气质与川航人"咬定青山"的企业精神紧密契合。圆圈代表地球，四条波浪纹寓意百川赴海，奔流涌进，上善若水，厚德载物，同时对应川航"真、善、美、爱"的核心价值观，象征着川航从内陆起飞，萃取陆地文明的稳定持重与海洋文明的外向开拓，以"东成西就，南北纵横，上山出海，网络搭台"的战略布局，架起一座座贯通南北、联通中外的空中金桥。

随着机队规模壮大和自身实力增强，川航加快了网络化转型和国际化步伐。成都总部以外，川航已设有重庆分公司、云南分公司，以及哈尔滨、北京、杭州、西安、三亚、天津、乌鲁木齐、西昌等基地，并已开通温哥华、墨尔本、悉尼、莫斯科、迪拜、东京、大阪、新加坡、布拉格、洛杉矶、奥克兰等国际航线，每年为超过 2 400 万旅客提供深具"中国元素·四川味道"的航空服务，服务质量及航班正常率位居中国民航前列，获评"服务最佳航空公司"，蝉联"中国质量奖提名奖"。

（二）春秋航空股份有限公司

英文名称：Spring Airlines

成立时间：2004 年

总部地点：上海市

IATA 代码：9C

春秋航空股份有限公司（以下简称"春秋航空"）是首个中国民营资本独资经营的航空公司专线，也是首家由旅行社起家的低成本航空公司。其 2011 年净利润逾 4.7 亿元，成为当前国内最成功的低成本航空公司。春秋航空总部在上海，其在上海虹桥机场、上海浦东机场、石家庄正定机场、沈阳桃仙机场、扬州泰州国际机场设有基地。春秋航空自 2004 年 5 月 26 日得到当时的中国民航总局（现交通部中国民用航空局）批准后开始筹建，由春秋旅行社创办，注册资本 8 000 万元人民币，约一年左右后成功开航。首航班机于 2005 年 7 月 18 日上午由上海虹桥机场起飞前往山东烟台。

创立之初，只有 3 架租赁的飞机空客 A320 飞机，经营国内航空客货运输业务和旅游客运包机运输业务。春秋航空平均上座率达到 95.4%，成为国内民航最高客座率的航空公司。

春秋航空公司是国内唯一不参加中国民航联网销售系统（CRS）的航空公司，这是一个特例。

（三）上海吉祥航空股份有限公司

英文名称：Juneyao Airlines

成立时间：2005 年

总部地点：上海市

IATA 代码：HO

上海吉祥航空股份有限公司（以下简称"吉祥航空"）系"中国民企百强"企业上海均瑶（集团）有限公司控股的子公司，于 2006 年 9 月正式开航运营，目前拥有 72 架空客 A320 系列客机与波音 787-9 远程宽体客机，逐步打造双机队运输体系。吉祥航空品牌定位为更具亲和力的航空体验提供者，以上海、南京为航线网络中心，已开通约 162 条国内及周边国家、地区定期航班；2018 年年运输旅客超 1 800 万人次。

（四）其他航空公司概况（见表 2-4）

表 2-4　其他航空公司概况

公司名称	英文名称	总部地点	成立时间	IATA 代码
奥凯航空有限公司	OK Air	北京	2005 年	BK
华夏航空股份有限公司	China Express	贵州贵阳	2006 年	G5
浙江长龙航空有限公司	Loong Air	浙江杭州	2011 年	GJ
成都航空有限公司	Chengdu Airlines	四川成都	2010 年	EU
九元航空有限公司	9 Air	广东广州	2014 年	AQ
龙江航空有限公司	LongJiang Airlines	黑龙江哈尔滨	2014 年	LT
瑞丽航空有限公司	Ruili Airlines	云南昆明	2013 年	DR
云南红土航空股份有限公司	Air Travel	云南昆明	2014 年	A6
多彩贵州航空有限公司	Colorful Guizhou Airlines	贵州贵阳	2015 年	GY
东海航空有限公司	Donghai Airlines	广东深圳	2002 年	DZ

六、国内航空公司客舱乘务员的飞行值勤期限制

《大型飞机公共航空运输承运人运行合格审定规则》（CCAR-121）第五次修订，已经于 2017 年 8 月 29 日经交通运输部部务会讨论通过。为使民航持续安全发展，R5 制定了更高的标准和更严的要求，在 2020 年 1 月 1 日全面实施。第 121.493 条客舱乘务员的累积飞行时间、值勤时间限制的内容如下：

（1）本条所规定的限制包括客舱乘务员在适当时期内代表合格证持有人所执行的所有飞行。

（2）合格证持有人不得为客舱乘务员安排，客舱乘务员也不得接受超出以下规定限制的累积飞行时间：① 任一日历月，100 小时的飞行时间；② 任一日历年，1 100 小时的飞行时间。

（3）合格证持有人不得为客舱乘务员安排，客舱乘务员也不得接受超出以下规定的累积飞行值勤时间限制：① 任何连续 7 个日历日，70 小时的飞行值勤期；② 任一日历月，230 小时的飞行值勤期。

（4）客舱乘务员在飞机上履行安全保卫职责的时间应当计入客舱乘务员的飞行和值勤时间。

第二节　国内航空公司对从业者的选拔标准与要求

一、国内航空公司乘务员选拔标准

（1）报名面试年龄在 18~25 周岁（个别航空公司规定不超过 42 周岁）。
（2）女生身高要求 163~175 厘米，男生身高要求 175~185 厘米。
（3）五官端正、富有朝气、心理健康、肤色好、仪表清秀、身材匀称。
（4）口齿清晰，无口吃、舌短现象，普通话标准，良好的中英文口语表达能力，掌握小语者优先。
（5）牙齿整洁、无明显异色，无口臭、腋臭、皮肤病。
（6）身体裸露部位无明显疤痕、斑点等，无精神病史和各类慢性病史。
（7）步态自如，动作协调，腿部直立无"X"形或"O"形，走路无内、外八字形。
（8）单眼矫正视力均不低于 C 字视力表 0.5，双眼对称，目光有神，无色盲、色弱（空中安全员：单眼裸眼视力 C 字视力表 0.7 及以上）。
（9）听力及其他健康状况符合民用航空的规定要求。
（10）其他条件符合民用航空招收空勤、乘务员的审察标准。

二、国内航空安全员体能考核项目及标准

安全员的选拔在乘务员的面试基础上增加了体能考核，表 2-5 为航空安全员体能考核项目及标准。

表 2-5　航空安全员体能考核项目及标准

体能测试项目	标准（男性）	标准（女性）
3 000 米	17'00	
1 500 米		11'30
100 米	15"50	18"40
引体向上	3 个	
双杠臂屈伸	5 个	
立定跳远	2 米	1.3 米
1 分钟屈腿仰卧起坐	26 个	20 个

三、面试流程及模拟面试

（一）面试流程

（1）报名——资料验证。

(2)初试——自我介绍、形象形体检查。
(3)复试——中英文自我介绍、回答问题、小组讨论等。
(4)机考——行测、英语笔试、心理测试。
(5)终审——试装、自我介绍、回答问题、即兴演讲。

(二)模拟面试

建议开设了空乘专业的高校经常举办模拟招聘面试的活动,反复对面试流程中的各个环节进行情境模拟,让学生不断进行模拟训练,老师扮演面试官和空乘教员两种角色,可通过镜墙现场练习、录像课后反观、评估表持续改进的形式有针对性地对学生进行国内航空公司面试技巧的培训,帮助学生了解相关要求,建立其信心,提升上机率,图 2-2(扫描下方二维码)为模拟的招聘现场。

采取"请进来""走出去"的方式,聘请航空公司的专家来校进行专业知识培训和宣讲,积极鼓励学生参加航空公司的校园招聘和社会招聘活动,让学生广泛参与各类招聘考试,组织学生举办招聘面试心得体会交流活动,帮助学生积累经验教训,以提升面试成功录取概率,图 2-3(扫描下方二维码)为航空公司面试现场。

有意向报考国内航空公司的应聘者,可以关注以下招聘网址了解有关详情,做好充分的准备,接受航空公司的选拔。符合条件者,可以参加航空公司组织的校内招聘和社会招聘,实现"飞向蓝天"的梦想。

附:国内航空公司招聘网址

http://job.carnoc.com (民航资源网)

http://zhaopin.airchina.com.cn/talent/main/flightattendant (中国国际航空公司)

http://job.shenzhenair.com (深圳航空)

http://www.sda.cn/about/joinShandongair/ (山东航空)

http://www.tibetairlines.com.cn/tibetair/new/recruit/queryJob.do (西藏航空)

http://www.qdairlines.com/getArticleInMenu.do?operation=getArticleInMenu&pageNo=1&currid=3324&parentId=1079 (青岛航空)

http://job.ceair.com/ (东方航空)

http://info.flycua.com/jcms/publish/b2c/rczp/index.html (中国联合航空)

https://job.csair.com/（南方航空）

https://hr.xiamenair.com/WebForm/Attendant/Attendant.aspx（厦门航空）

http://www.chongqingairlines.cn/contactus/ground_job.html（重庆航空）

http://zfzc.hnagroup.com/（海南航空）

http://job.ch.com/（春秋航空）

http://old.scal.com.cn/News/List/NC00371（四川航空）

http://www.hotjob.cn/wt/jxhksh/web/index?brandCode=1（吉祥航空）

https://zhaopin.okair.net/recruit.action（奥凯航空）

https://www.chinaexpressair.com/aboutUs/newsInfo（华夏航空）

https://www.loongair.cn/Others/AboutUs/JoinUs.html（长龙航空）

http://www.chengduair.cc/zhaopinqita.asp（成都航空）

http://www.donghaiair.com/dha/hire_attendant（东海航空）

思考与训练

一、思考题

1．让自己在面试中脱颖而出的关键是什么？

2．了解航空公司的基本信息在面试中有什么意义？

二、训练题

1．熟记国内代表性航空公司的代码。

2．了解海航系的航空公司。

3．浏览航空公司招聘网站，实时了解相关信息。

三、案例分析题

空乘专业的学生小陈毕业前夕参加了好几场航空公司在校内举行的招聘会，都未能成功，这使得小陈自信心受挫，甚至一度打算放弃自己做空姐的梦想，后来在家人和老师的鼓励之下，小陈调整好心态，积极认真地做好面试前的准备工作。时年恰逢南方航空公司通过"空姐新人秀"这种新颖的选秀活动选拔空乘人员，小陈先后报名参加了两个赛区的选秀活动，都在第一个环节就被淘汰。可是她并未气馁，她认真总结前几次失败的教训，反复演练每个面试选拔环节，又鼓足勇气来到了第三个赛区。恰巧主考官之一在前两次应聘环节见过小陈，询问她为什么还坚持来参加比赛，她真诚地表达了自己的愿望，并坦陈了自己在屡屡失败之后是如何鼓励并修正自己的，主考官为她锲而不舍的精神所打动，最终小陈顺利地通过了后面的所有比赛环节，成功地实现了做一名空姐的梦想。

进入南方航空公司后，小陈一直对这份来之不易的工作保持着非常高的热情，勤勤恳恳、踏实肯干，她经常受到旅客的夸赞和表扬，并成功地成为头等舱乘务员，后来还当上了乘务长和空乘教员。

分析小陈最终获得成功的最大原因，并对照自己，思考该如何完善和提高自我，以实现"飞上蓝天"的梦想。

第三章

境外航空公司介绍

第三章 境外航空公司介绍

 章前导读

随着我国综合国力的不断提升，经济实力的不断加强，越来越多的境外航空公司开始重视中国市场。为了提升中国乘客的海外出行体验，境外航空公司先后开始引入中国籍乘务员。近年来随着国际合作的加强，航空管制的进一步开放，境外航空公司开辟的中国航线也在随之增加，对中国籍乘务员数量的需求，以及对于服务质量的要求都在不断提升。

境外航空公司作为航空乘务员新的职业发展机遇，逐渐吸引了越来越多的中国年轻人的目光，为千千万万怀揣空乘梦想的少男少女们提供了一个全新的就业途径。

相比于国内航空公司对于乘务人员相对简单清晰的要求，境外航空公司由于地域特征、历史文化、民族特色等原因，对于乘务员的选拔标准大相径庭、各有特色。

 学习目标

1．了解境外航空公司的基本概况。
2．掌握境外航空公司的基本面试流程。
3．把握境外航空公司的面试题型以及面试技巧。

第一节　境外航空公司简介[①]

随着我国国力的增长，国内旅客的境外出行需求也随之高涨，境外航空公司越来越重视面向中国旅客的服务。从 20 世纪 90 年代中期开始，境外航空公司开始聘用中国籍乘务员。20 多年来，已有大批中国籍乘务员在境外航空公司的平台上展现自己的风采，发挥文化使者的作用，然而，对于大多数国人来说，由于了解渠道有限，境外航空公司依旧略显神秘，下面将介绍部分主要的境外航空公司的情况。

一、亚洲（东亚）主要航空公司

亚洲的航空公司普遍起步于 21 世纪中前期，随着第二次世界大战的终结，亚洲民用航空公司的崛起为世界航空业做出了巨大的贡献。亚洲航空公司普遍对于服务有着极高的口碑，亲切的微笑与宾至如归的照料是亚洲航空公司最为标志性的特点。此外，亚洲各航空公司由于具有文化差异度低、时差小、易融入等特点，受到大部分面试者的追捧。本部分内容主要偏重于东亚的航空公司，东南亚的航空公司后面另行介绍。

---

① 注：在境内/境外航空公司的划分方面，本书参照《中华人民共和国出入境管理法》以及《中华人民共和国劳动法》，将中国大陆地区的航空公司划分为境内航空公司，将中国香港、台湾及澳门地区的航空公司划分为境外（非国外）航空公司。

（一）大韩航空

1. 公司介绍

公司名称：大韩航空
英文名称：Korean Air
境外基地：韩国首尔
成立时间：1969 年
枢纽机场：仁川国际机场、金浦机场
IATA 代码：KE

大韩航空株式会社成立于 1969 年，前身是 1946 年成立的韩国国家航空。大韩航空是韩国最大的航空公司，同时也是亚洲最具规模的航空公司之一。仁川国际机场为大韩航空的国际枢纽港，经营欧洲、非洲、亚洲、大洋洲、北美洲及南美洲航线；而金浦机场则为国内枢纽港。

大韩航空是全球 20 家规模最大的航空公司之一，每天飞行近 400 个客运航班，穿梭于 40 个国家的 126 个城市之间。大韩航空还是环球航空联盟—天合联盟的创立成员之一。大韩航空空乘人员的制服非常清新靓丽，整体形象甜美，且空乘人员服务水平较高，深受旅客喜爱和好评。大韩航空制服照如插页图 3-1 所示。

2. 福利待遇

工资构成：基本工资、飞行小时费、外站津贴及补助。每月飞行时间约为 70 小时，如超过 70 小时，超出部分可享受额外补助。空乘人员及其家属享受公司福利机票。

（二）韩亚航空

1. 公司介绍

公司名称：韩亚航空
英文名称：Asiana Airlines
境外基地：韩国首尔
成立时间：1988 年
枢纽机场：仁川国际机场
IATA 代码：OZ

韩亚航空公司以仁川国际机场为大本营。韩亚航空国内客运航线通往 15 个目的地；国际航线延伸至 17 个国家，80 余个目的地；货运航线服务 16 个国家，20 余条航线。货运服务方面，因仁川机场地理位置亦特别受益，韩亚航空的总收入之中，货运服务收入占相当重要的份额。

韩亚航空公司拥有良好的安全飞行记录、优良的机内服务，并拥有世界上机龄最短的机队之一。韩亚航空主要目标是为乘客提供最高的安全性和服务标准，曾获得《世界航空》（*Air Transport World*）的"2001 年乘客服务奖"，2005 年和 2006 年获得《环旅世界》

（*Global Traveler*）评出的"最佳机舱服务奖及乘务员奖",被 Skytrax 评为"2007 年度五星级航空公司",2019 年在"全球最清洁航空公司 Top30"当中获得了第三名,在世界民航服务业内具有较大的影响。

在首尔举行的 2019 年 NCSI 颁奖仪式上,韩亚航空在"顾客满意度"调查中再次获得韩国国内及国际航空部门第一名的殊荣。2019 年韩亚航空将继续引进 A350、A321NEO 等新机型,以及通过管理实施飞行品质监控（FOQA）、加强飞机飞行数据自动传输系统及"预测性维护系统",进一步保障飞行安全体系,进一步为乘客提供更优质的服务。韩亚航空公司空乘人员的职业形象端庄大方、气质文雅,插页图 3-2 为韩亚航空制服照。

2. 福利待遇

工资构成:基本工资、飞行小时费、外站津贴及补助。飞行小时费及津贴随工作年限增长。空乘人员及其家属享受公司福利机票。

（三）全日空航空公司

1. 公司介绍

公司名称:全日空航空公司

英文名称:All Nippon Airways

境外基地:日本东京

成立时间:1952 年

枢纽机场:成田国际机场、羽田国际机场

IATA 代码:NH

航空联盟:星空联盟

全日空航空公司（以下简称"全日空"）是一家日本航空公司,于 1952 年 12 月 27 日成立,为星空联盟成员之一,总部位于东京都港区汐留。全日空原本是日本第二大航空公司,仅次于日本航空公司,但由于日本航空公司于 2010 年 1 月宣布破产,所以,自 2010 年起,全日空正式取代日本航空,成为日本最大及载客量最多的航空公司。

全日空的母公司是"全日本空输"集团。1999 年 10 月,全日空正式加入星空联盟。全日空于 2013 年 3 月 29 日被 Skytrax 评为五星级航空公司,是全球第 7 家获此殊荣的航空公司。

2. 福利待遇

工资构成:基本工资、飞行小时费、乘务津贴、外站津贴等。每月飞行时间约为 70 小时,小时费随工作年限增加。入职后可享受带薪培训。首年年假 10 天起,随工作年限增加。

（四）日本航空公司

1. 公司介绍

公司名称:日本航空公司

英文名称：Japan Airlines
境外基地：日本东京
成立时间：1951 年
枢纽机场：成田国际机场、羽田国际机场
IATA 代码：JL
航空联盟：寰宇一家

日本航空公司（以下简称"日本航空"）创建于 1951 年，最初以一个私有制公司的形式建立。1953 年，日本航空成为政府所有的航空公司。1954 年，日本航空开办了第一条通往美国的跨太平洋国际航线。经过 30 年的扩展，日本航空在 1987 年实现完全民营化。2002 年，日本航空与当时日本第三大航空公司——日本佳速航空合并。日本航空的安全措施亦为国际航空运输协会所认可。日本航空是日本乃至整个亚洲规模最大的航空公司之一，是全球第三大航空公司。日本航空的航线遍布亚洲各地。日本航空在 1974 年就已经开办通往中国大陆地区的航线。

2. 福利待遇

工资构成：基本工资、飞行小时费、外站津贴、交通补助、奖金等。每月飞行时间约为 70 小时，小时费随工作年限增加。入职后可享受带薪培训。首年年假 10 天起，随工作年限增加。空乘人员及其家属可享受福利机票。

（五）澳门航空公司

1. 公司介绍

公司名称：澳门航空
英文名称：Air Macau
国内基地：中国澳门
成立时间：1995 年
枢纽机场：澳门国际机场
IATA 代码：NX

澳门航空是一家以中华人民共和国澳门特别行政区为基地的航空公司，澳门航空成立于 1994 年 9 月 13 日，于 1995 年 11 月 9 日开始正式做商业飞行。澳门航空是基地位于澳门的地区性国际航空公司，提供到中国大陆、台湾地区，欧洲，东南亚与东亚的航线。主要枢纽基地是澳门国际机场。

澳门航空的标志由代表着澳门的莲花和象征着和平的鸽子组成：展翅的鸽子展示澳门航空对安全、可靠、优质服务的要求。树立美好形象，提供一流服务，让旅客在安全、祥和与舒适的环境中遨游世界。

2. 福利待遇

工资构成：基本工资、飞行小时费、外站津贴、交通及住宿补贴等。每月飞行时间约为 70~80 小时，小时费依据飞行时间阶梯计算，会随工作年限增加。入职后可享受带薪培训。空乘人员及其家属可享受福利机票。

二、中东主要航空公司

随着中东地区的崛起，中东的航空公司在不到 30 年的时间里异军突起，成为世界航空业的一个奇迹。以阿联酋航空为例，从迪拜出发，5~7 小时的非洲之旅、6~7 小时直达欧洲、7~9 小时拥抱远东，中东航空公司凭借着优越的地理位置后来居上，成为世界航空枢纽。

除了得天独厚的地理位置，中东航空公司主打多元文化，以中东三大航空公司——阿联酋航空、卡塔尔航空、阿提哈德航空为例，空乘来自世界上 80 多个国家，提供超过 100 种语言的母语服务……不仅对乘客来说是超一流的体验，也对众多中国籍空乘有深深的吸引力。

（一）阿联酋航空公司

1. 公司介绍

公司名称：阿联酋航空公司

英文名称：Emirates Airlines

境外基地：阿联酋迪拜

成立时间：1985 年

枢纽机场：迪拜国际机场

IATA 代码：EK

阿联酋航空公司，也称阿拉伯联合酋长国航空公司，总部设于迪拜，以迪拜国际机场为基地。迪拜的城市风光非常秀丽，是很多人向往的旅游胜地。

阿联酋航空公司的母公司为阿联酋航空集团。阿联酋航空公司由迪拜酋长国政府拥有。阿联酋航空公司成立于 1985 年 10 月 25 日，其向政府贷款 1 000 万美元启动公司业务，成立短短 5 个月后，就将自己的第一架飞机送上了蓝天。阿联酋航空公司是全球发展最快的航空公司之一，是世界上为数不多的拥有清一色双通道大型机队的航空公司，主力机型为空客 A380，波音 B777。插页图 3-3 为阿联酋航空公司制服照。

阿联酋航空公司在 Skytrax 年度大奖常年排名前十，其中 2001 年、2002 年、2013 年、2016 年被评为年度最佳航空公司第一名。

2. 福利待遇

工资构成：基本工资、飞行小时费、外站津贴等。公司提供免费宿舍及免费工作班车。每月飞行时间为 100 小时左右，小时费根据级别会有不同，会随工作年限增加。入职后可享受带薪培训。每年带薪年假 30 天。空乘人员及其家属和朋友均可享受不同折扣的福利机票。

（二）卡塔尔航空公司

1. 公司介绍

公司名称：卡塔尔航空公司

英文名称：Qatar Airways

境外基地：卡塔尔多哈

成立时间：1993年

枢纽机场：多哈国际机场

IATA代码：QR

卡塔尔航空公司成立于1993年11月22日，1994年1月20日开始正式商业飞行。由卡塔尔部分王室成员控股。1997年4月，一个新的管理团队获得卡塔尔航空公司管理权。

卡塔尔航空公司在Skytrax年度大奖常年排名前十，其中2011年、2012年、2015年、2017年、2019年被评为年度最佳航空公司第一名。

2. 福利待遇

工资构成：基本工资、飞行小时费、外站津贴等。公司提供免费宿舍。每月飞行时间为90～110小时，小时费根据级别会有不同，会随工作年限增加。入职后可享受带薪培训。每年带薪年假30天。空乘人员及其家属和朋友均可享受不同折扣的福利机票。

（三）阿提哈德航空公司

1. 公司介绍

公司名称：阿提哈德航空公司

英文名称：Etihad Airways

境外基地：阿联酋阿布扎比

成立时间：2003年

枢纽机场：阿布扎比国际机场

IATA代码：EY

阿提哈德航空公司是阿拉伯联合酋长国的国家航空公司，总部设在阿联酋首都阿布扎比，于2003年11月开始商业运营，是阿联酋第二大航空公司，仅次于总部位于迪拜的阿联酋航空公司。同时，该公司也是中东第四大航空公司。阿提哈德航空公司是阿拉伯航空运输组织会员之一，也是曼彻斯特城足球俱乐部的赞助商之一，还运营阿提哈德假日及阿提哈德货运两个商业分支机构。

以阿布扎比国际机场为航空枢纽，阿提哈德航空公司的飞机往返于中东、非洲、欧洲、亚洲、大洋洲和北美洲的86个客运和货运目的地。阿提哈德航空公司拥有柏林航空、塞舌尔航空、澳洲维珍航空、爱尔兰航空、意大利航空、塞尔维亚航空、捷特航空的股份，成为商业航空历史上发展最快的航空公司。插页图3-4为阿提哈德航空公司制服照。

2. 福利待遇

工资构成：基本工资、飞行小时费、外站津贴等。公司提供免费宿舍。每月飞行时间为 90~100 小时左右，小时费根据级别会有不同，会随工作年限增加。入职后可享受带薪培训。每年带薪年假 30 天。空乘人员及其家属和朋友均可享受不同折扣的福利机票。

三、东南亚主要航空公司

除了前面介绍过的东亚的几家航空公司，东南亚的航空公司在世界舞台上也有着自己的高光时刻。在每年的世界十佳航空公司评选中，多家东南亚航空公司皆榜上有名，其中的佼佼者，如新加坡航空公司、印度尼西亚鹰航空公司等。另一方面，荣获 Skytrax 五星评价的航空公司中，东亚及东南亚的航空公司一起占到了惊人的 70%的比例。

另外，东南亚的热带风情也深深吸引着成千上万的面试者，以印度尼西亚鹰航空公司为例，成功通过面试的应聘者会被派往印尼参加为期六个月的免费入职培训，有位前印度尼西亚鹰航空公司的空乘曾经评价说，回忆起培训生活，过得几乎如同海岛度假一般。

（一）新加坡航空公司

1. 公司介绍

公司名称：新加坡航空公司

英文名称：Singapore Airlines

境外基地：新加坡

成立时间：1947 年

枢纽机场：新加坡樟宜国际机场

IATA 代码：SQ

新加坡航空有限公司（以下简称"新航"）是新加坡的国家航空公司。新航以樟宜机场为基地，主要经营国际航线，在东南亚、东亚和南亚拥有强大的航线网络，并占据袋鼠航线的一部分市场。

新航还是首个营运全球最大型客机 A380 的航空公司。自成立以来，新航便将高水平的产品与优质的飞行服务结合起来，从而赢得了"航空界创新服务领导者"的美誉。插页图 3-5 为新加坡航空公司制服照。

2. 福利待遇

实习期及转正后工资构成：基本工资、飞行小时费、餐补及分红等。入职后可享受带薪培训及住宿补贴。每月飞行时间约为 90 小时，小时费会随工作年限增加。空乘人员每年有免费往返机票。

（二）印度尼西亚鹰航空公司

1. 公司介绍

公司名称：印度尼西亚鹰航空公司

英文名称：Garuda Indonesia Airline

国内基地：北京、广州

成立时间：1949 年

枢纽机场：苏加诺—哈达国际机场

IATA 代码：GA

1949 年 12 月 28 日，一架注册号为 PK-DPD 并涂有"印度尼西亚鹰航空公司"（以下简称"印尼鹰航"）标志的 DC-3 飞机从雅加达飞往日惹，以迎接苏加诺总统。这是以印尼鹰航的名义进行的第一次飞行。"Garuda"这个名字是由苏加诺总统命名的，引用自当时一首由著名诗人写的荷兰语诗：Ik ben Garuda, Vishnoe's vogel, die zijn vleugels uitslaat hoog bovine uw einladen，意指"我是一只能够振翅高飞的雄鹰"。1950 年，印尼鹰航正式成为一家国有航空公司。在此期间，公司经营 38 架飞机，包括 22 架 DC-3 型、8 架卡塔利娜飞艇和 8 架康维尔 240 型飞机。印尼鹰航机队规模不断增长，并最终于 1956 年进行了将印尼朝圣者送往麦加圣地的首次飞行。1965 年，飞往阿姆斯特丹的航班是印尼鹰航首个欧洲国家目的地航班。

在整个 20 世纪 80 年代，印尼鹰航的机队和业务进行了大规模的振兴和重组。这促使公司为空中和地勤人员开发综合性的培训计划，另外还在西雅加达建立专用的培训机构，取名为"印度尼西亚鹰航空公司培训中心"。2017 年，印尼鹰航，印度尼西亚的国家航空公司展现了全新的航空旅行服务水平，无缝衔接了全球 83 个目的地，包括印度尼西亚充满异国风情的美丽群岛。

印尼鹰航启动机组振兴计划，将老化机组进行更新，并根据旅程的长短配备不同的客机机型：印尼国内航班和短途旅行统一使用波音 B737-800NG 和庞巴迪 CRJ1000 NextGen 客机，中程航线统一使用空客 A330-200/300 客机，长途航班统一使用 B777-300ER 客机，城际航班统一使用空客 A320-200 客机。截至 2019 年，印尼鹰航拥有超过 100 架 0~5 年机龄的机组，包括波音 B777-300ER、B737-800NG，空客 A330-200、A330-300，CRJ 1000 NextGen，ATR72-600，印尼鹰航机组平均机龄不超过 10 年。

为了提供更好更便捷的服务，印尼鹰航一直坚持执行自己的转型项目。转型进程可以从被 Skytrax 认证为五星级航空公司以及 2014—2017 年连续获得同样由 Skytrax 颁发的"全球最佳空乘大奖""2013 年度最佳经济舱大奖""2016 年度全球最受喜爱的航空公司"上体现。插页图 3-6 为印尼鹰航制服照。

2. 福利待遇

工资构成：基本工资、飞行小时费、外站津贴、交通及住宿补贴等。每月飞行时间为

60~80 小时，小时费依据飞行时间阶梯计算，会随工作年限增加，工作满两年有额外奖金。空乘人员及其家属可享受福利机票。

四、欧洲主要航空公司

欧洲是航空业发展最早的地区，从 1919 年全球第一家持续运营的航空公司德意志航空运输公司开始，航空业在欧洲开始蓬勃发展。其间，1919 年 10 月成立的荷兰皇家航空公司直到现在依然活跃在世界舞台上。

欧洲航空公司以人性化著称，有着令人羡慕的良好福利，因此受到航空从业人员的青睐。

（一）德国汉莎航空股份公司

1. 公司介绍

公司名称：德国汉莎航空股份公司

英文名称：Deutsche Lufthansa

境外基地：法兰克福、慕尼黑

成立时间：1926 年

枢纽机场：法兰克福机场、慕尼黑国际机场

IATA 代码：LH

德国汉莎航空股份公司是德国的国家航空公司。按照载客量和机队规模计算，其为欧洲最大的航空公司；按照乘客载运量计算，其为世界第四大航空公司。2017 年，汉莎集团打败 2016 年的冠军——瑞安航空，成为全欧洲运输乘客数量最多的航空集团；2018 年，汉莎集团总载客量更是达到了创纪录的 1.42 亿人次，成为载客数量最多的航空公司集团，平均载客率也创下历史新高。

汉莎航空，其德文原意是"空中的汉莎"，通常简称为汉莎航空，"汉莎"源自 13—15 世纪北德地区强大的商业联盟汉莎同盟。德国汉莎航空的客运和货运服务的经营中心位于法兰克福。德国汉莎航空股份公司母公司是德国汉莎航空集团。汉莎航空的核心业务是经营定期的国内及国际客运和货运航班。飞行网络遍布全球 450 多个航空目的港，除航空运输外，汉莎航空还向客户提供一系列的整体服务方案。

1997 年，汉莎航空与其他四家世界顶级航空公司成立了全球第一个航空联盟——星空联盟。截至 2019 年，星空联盟已成为全球最大的航空联盟，拥有 27 家成员航空公司，每天提供近 20 000 架航班飞往 194 个国家的 1 329 个航空目的港。得益于星空联盟的全球飞行网络，汉莎航空不仅为乘客提供顺畅便捷的飞行服务，也为乘客奉上灵活的旅行选择。插页图 3-7 和图 3-8 分别为汉莎航空女装制服照和汉莎航空男装制服照。

2. 福利待遇

工资构成：基本工资、飞行小时费、外站津贴等。每月飞行一般不超过 80 小时，为

2~3 个往返航班。小时费会随工作年限增加，空乘人员及其家属可享受福利机票。入职后享受带薪培训及德国的社会保障，工作满 3 年之后若通过德语考试，可签订无固定期限合同，可获得有条件永居卡。

（二）芬兰航空公司

1. 公司介绍

公司名称：芬兰航空公司

英文名称：Finn Air

国内基地：北京、上海、南京

成立时间：1923 年

枢纽机场：赫尔辛基万塔机场

IATA 代码：AY

芬兰航空公司成立于 1923 年，是芬兰最大的航空公司，其主要枢纽是赫尔辛基万塔国际机场。芬兰航空和它的子公司支配着芬兰国内和国际航空运输市场。芬兰航空航线网络覆盖了 22 个国内城市，每年运送超过 1 000 万名旅客，经营约 50 条国际航线以及 20 余条芬兰国内航线。现拥有包括空中客车 A330、A350 等在内的 70 多架客机。

同时，芬兰航空公司也是寰宇一家航空公司联盟——one world 成员之一，借助 one world 形成了遍布全球的航线网络系统，旅客在全球轻松旅行的同时还可以享受到 one world 成员航空公司的奖励积分。

2. 福利待遇

工资构成：基本工资、飞行小时费、外站津贴等。每月飞行一般不超过 80 小时，不超过 4 个往返航班。小时费会随工作年限增加。带薪年假 21 天。空乘人员及其家属可享受福利机票。

（三）法国航空公司

1. 公司介绍

公司名称：法国航空公司

英文名称：Air France

国内基地：北京、上海

成立时间：1933 年

枢纽机场：戴高乐国际机场

IATA 代码：AF

法国航空公司（以下简称"法航"）成立于 1933 年，总部位于法国巴黎夏尔·戴高乐国际机场，同时也是法国国营航空公司。第二次世界大战后，法国的航空运输国有化，法航于 1946 年 1 月改名为 Société Nationale Air France，1948 年 6 月又改名为 Compagnie Nationale Air France。

法航现有的组织机构于 1994 年开始运行,作为该航空公司计划权利分散的一部分,成立了 6 个航线运营中心,专门负责美洲、非洲、中东、圭亚纳群岛、印度洋、亚太地区及欧洲地区的旅客及货物运输。1994 年成立控股公司 Groupe Air France SA(法国航空集团公司),它拥有法航和法国国内航空公司的大部分股权。这家集中管理的航空公司有两个分部:一个管理远程洲际航班,一个管理国内和欧洲航班。

2004 年 5 月,法航收购荷兰皇家航空公司,并因此组成了法国航空—荷兰皇家航空集团(简称法荷航集团,Air France-KLM)。法荷航集团是欧洲最大的航空公司,也是世界上最大的航空公司之一,天合联盟的成员。法航也是天合联盟的创始成员之一。

2. 福利待遇

工资构成:基本工资、飞行小时费、外站津贴等。每月飞行一般不超过 80 小时,小时费会随工作年限增加。入职可享受带薪培训。空乘人员及其家属可享受福利机票。

(四)荷兰皇家航空公司

1. 公司介绍

公司名称:荷兰皇家航空公司
英文名称:KLM Royal Dutch Airlines
国内基地:北京、上海
成立时间:1919 年
枢纽机场:阿姆斯特丹国际机场
IATA 代码:KL

荷兰皇家航空(荷文原名 Koninklijke Luchtvaart Maatschappij,意指"皇家航空公司"),目前一律以英文 KLM Royal Dutch Airlines 自称,中文通常简称为荷航(KLM)。KLM 创立于 1919 年,是现在仍以原有名称运作的历史最悠久的航空公司。KLM 的首个航班是在 1920 年 5 月 17 日由伦敦飞往阿姆斯特丹的,载有两名英国新闻记者及一些报纸。

世界上第一条、同时也是当时最长的一条定期航班是荷兰皇家航空公司于 1920 年 5 月 17 日首开的伦敦至阿姆斯特丹的定期航班。在其运作的第一年中,荷兰皇家航空公司共运送了 345 名乘客、22 吨货物和 3 吨邮件。继 1924 年 10 月开辟通往印尼的第一条洲际航线后,该公司又于 1929 年开通了到亚洲的定期航班。在第二次世界大战爆发前,荷航的洲际航线一直是世界上最长的航线记录保持者。

在整个第二次世界大战期间,荷兰皇家航空公司的飞机一直没有中断过飞往英国的航班。但是,公司的基地——阿姆斯特丹史基浦机场却不得不在 1945 年彻底进行战后重建。1945 年秋,公司恢复了亚洲的业务。1946 年 5 月,荷兰皇家航空公司首航美国,开辟了跨越大西洋的洲际航线。

荷航是法荷航集团(Air France-KLM Group)100%持股的子公司。以经营收入计算,荷兰皇家航空公司是世界上最大的航空公司,而以收入-乘客-公里计算,则是世界第三大及欧洲最大的航空公司。

2. 福利待遇

工资构成：基本工资、飞行小时费、外站津贴等。平均每月飞行 70 小时左右，小时费会随工作年限增加。空乘人员及其家属可享受福利机票。荷兰皇家航空公司合同期为 5 年，到期不续。

（五）英国航空公司

1. 公司介绍

公司名称：英国航空公司

英文名称：British Airways

国内基地：北京、上海

成立时间：1924 年

枢纽机场：伦敦希思罗机场、盖特威克机场

IATA 代码：BA

英国航空公司成立于 1924 年 3 月 31 日，全球航班网络覆盖 75 个国家的 150 多个目的地。它是全球最大的国际航空公司之一，每年乘载约 3 600 万名乘客。英国航空公司自 1980 年起为中国提供服务。截至 2018 年 12 月，每周有 7 个航班由北京直飞伦敦（冬季为每周 6 班），同时每周有 6 个航班从上海直飞伦敦，以及 2013 年 9 月开始的每周 3 个航班从成都直飞伦敦。英国航空公司专属的伦敦希思罗机场第五航站楼于 2008 年 3 月 27 日投入服务。航站楼每年的旅客吞吐量约为 3 000 万人次。所有航班于 2008 年 10 月完成入主此航站楼。英国航空公司是寰宇一家创始成员。

2. 福利待遇

工资构成：基本工资、飞行小时费、外站津贴等。平均每月飞行 80 小时左右，小时费会随工作年限增加。入职后可享受带薪培训。空乘人员及其家属可享受福利机票。

（六）北欧航空公司

1. 公司介绍

公司名称：北欧航空公司

英文名称：Scandinavian Airlines Systems

国内基地：北京、上海

成立时间：1946 年

枢纽机场：哥本哈根机场、斯德哥尔摩阿兰达机场、奥斯陆国际机场

IATA 代码：SK

北欧航空公司是欧洲最大的航空公司之一，其航线网络延伸至斯堪的纳维亚、波罗的海地区、欧洲（包括中欧和东欧）、俄罗斯、亚洲和美国，每天运营 800 多个航班。

北欧航空公司的商业运营将自身管理和外部环境因素结合起来，目标是发展成为航空

领域的领航人。

北欧航空公司一直以提供最佳飞行和服务为自己的使命，根据乘客在灵活性与舒适性方面的不同需求，为其提供经济灵活的航空服务，并且乘客具有极大的选择权。北欧航空公司本着国际合作的原则成立。北欧航空公司的理念的应用，得益于星空联盟的创立，星空联盟为其在整个全球交通系统中提供了诸多便利的连接。插页图 3-9 为北欧航空公司制服照。

2. 福利待遇

工资构成：基本工资、飞行小时费、外站津贴等。平均每月飞行不超过 80 小时，每月执飞约 3 个航班，小时费会随工作年限增加。入职后可享受带薪培训。空乘人员及其家属可享受福利机票。

（七）瑞士国际航空公司

1. 公司介绍

公司名称：瑞士国际航空公司

英文名称：Swiss International Air Lines

国内基地：北京、上海

成立时间：2002 年

枢纽机场：新苏黎世国际机场

IATA 代码：LX

瑞士国际航空公司隶属于汉莎集团，是瑞士的国家航空公司，从苏黎世和日内瓦飞往全球 44 个国家的 100 多个（客运）目的地，每年近 1 800 万乘客。截至 2019 年 5 月，瑞士国际航空公司拥有 88 架飞机，另有租赁飞机 8 架。在货运方面，瑞士 WorldCargo 货运部门为高价值及特殊处置货物提供全方位的"机场点对点"（airport-to-airport）服务，惠及全球 80 多个国家的约 175 个目的地。

2018 年全年承运旅客近 1 800 万人次，全年执飞 14 万余次。截至 2018 年年底，瑞士国际航空公司拥有 1 300 余名飞行员、4 000 余名空乘人员及 3 000 余名地勤人员，总雇员数超过 9 000 名，全年营收超过 50 亿瑞士法郎。

2. 福利待遇

工资构成：基本工资、飞行小时费、外站津贴、制服费、交通补助等。平均每月执飞 2~4 个航班，约为 60~90 小时，小时费会随工作年限增加。入职后可享受带薪培训。空乘人员及其家属可享受福利机票。

五、其他境外航空公司

除了上述航空公司以外，位于大洋州的新西兰航空公司近年来也会定期来中国招募中国籍乘务员。新西兰航空公司以亲切著称，相信不少人都看过他们的"指环王"版本航班安全演示。

而一些非洲的航空公司如埃塞俄比亚航空、毛里求斯航空、埃及航空，也有不少中国籍乘务员的加盟。

（一）新西兰航空公司

1. 公司介绍

公司名称：新西兰航空公司

英文名称：Air New Zealand

国内基地：上海

成立时间：1940 年

枢纽机场：奥克兰国际机场

IATA 代码：NZ

新西兰航空公司是新西兰最大的航空公司，是一家经营国际和新西兰国内航空运输业务的集团公司，提供新西兰国内和往返澳大利亚、西南太平洋、亚洲、北美和英国等国际航线的旅客和货物航空运输的服务；同时提供飞机维修和地勤服务。其运营基地设在新西兰奥克兰。新西兰航空公司是新西兰的国家航空公司，也是星空联盟的成员之一。公司下属有一个名为新西兰支线航空的品牌，当中包括尼尔逊航空、飞鹰航空和库克山航空。在航空安全和产品评价网站 AirlineRating.com 排位中，新西兰航空公司 2013—2018 年连续排名第一。

2. 福利待遇

工资构成：基本工资、飞行小时费、外站津贴等。平均每月飞行 80～100 小时，小时费会随工作年限增加。入职后可享受带薪培训。空乘人员及其家属可享受福利机票。另外，每年可提名一人享有无限次星空联盟一折机票。根据排班情况，中国籍乘务员每月执飞 3～4 个上海—奥克兰往返航班。

（二）埃塞俄比亚航空公司

1. 公司介绍

公司名称：埃塞俄比亚航空公司

英文名称：Ethiopian Airlines

国内基地：北京、上海、广州

成立时间：1945 年

枢纽机场：亚的斯亚贝巴博莱机场

IATA 代码：ET

埃塞俄比亚航空公司总部设在埃塞俄比亚的亚的斯亚贝巴，是埃塞俄比亚的国家航空公司，经营国际客运和货运服务，到达全球 85 个目的地，以及国内 32 个目的地。它的主要枢纽是亚的斯亚贝巴博莱国际机场。

埃塞俄比亚航空公司是非洲第四大航空公司，而乘客数量仅次于摩洛哥皇家航空公司，为星空联盟成员航空公司之一。

2. 福利待遇

工资构成：基本工资、飞行小时费、外站津贴等。入职后可享受带薪培训、每月带薪假 7 天、每年 35 天年假。空乘人员及其家属可享受福利机票。

第二节　境外航空公司选拔中国籍乘务员的标准

境外航空公司各具特色，与国内航空公司相比，其对于面试者能力的要求也有自己的特点。

一、境外航空公司中国籍乘务员的选拔标准

境外航空公司与国内航空公司在人员选拔上有着不同的判断标准。在国内航空公司，"空姐""空少"是美丽帅气的代名词，甚至每年的一些国内空乘大赛，都被人们冠以"选美"的称谓，可见国内航空公司对于空乘人员的外形要求相当高。境外航空公司在人员的选择方面更加注重英语水平和问题解决能力，而对于外形条件的要求相对要宽松很多。下面是境外航空公司选拔中国籍乘务员的具体标准。

（一）年龄

大多数人认为空乘这种职业是吃青春饭的，只有应届毕业生能够得到面试机会，境外航空公司的现实招聘情况果真如此吗？答案当然是否定的。除了大部分亚洲航空公司有应聘年龄在 26 岁以下的规定之外，大部分境外航空公司对 30 岁以下的民航"零经验"人才依然友好，而欧洲、大洋洲的航空公司更是完全不设年龄限制，招聘年龄要求上往往是设有年龄下限而没有上限。"空嫂"屡见不鲜，有些空乘人员在 30 岁，甚至 40 岁的年纪跳槽。德国汉莎航空公司的招聘官曾表示，公司明确规定不能以年龄为理由拒绝任何一个有竞争力的应聘者。曾就职于荷兰皇家航空公司的一位空乘以 42 岁的年龄成功跳槽到了英国航空公司……这样的案例不胜枚举。

除了企业文化不允许有年龄限制外，境外航空公司倾向于雇用年龄偏大的成熟型乘务员也是出于对以下一些因素的考虑。

1. 年龄提升阅历

除了少数在校期间就有丰富社会经验和人生阅历的学生外，大部分职场新人在阅历上

绝对没有工作多年的人丰富,而阅历可以大致反映出一个人的职场素养和工作态度,阅历丰富的雇员可以大大减少公司在人才培养上的成本。

2. 年龄带来同理心

年龄的增长慢慢让人拥有同理心,思考角度也更丰富。经验丰富的空乘可能在旅客登机时就会提前观察他们的情绪、健康状况等,在飞行途中可能更容易第一时间发现乘客精神及健康状况,避免事故的发生;有了孩子的"空嫂"在客舱里对于儿童的照顾更为体贴周到;如果出现了乘客投诉的情况,同理心也是处理客户投诉时必备的素质。

3. 年龄提升危机处理能力

锤炼越多,危机处理能力相应地也越强。丰富的人生经验会使人在遭遇紧急情况时以最快的速度调整心态,不至于过度紧张,这是空乘岗位必需的一项重要技能。境外航空公司更倾向于选择能够独当一面的、拥有更强危机处理能力的应聘者。

4. 年龄增强稳定性

众所周知,境外航空公司的入职培训费用完全由公司承担,不会收取员工的培训费用。这是境外航空公司的人性化之处,但这也在无形中增加了企业的用工成本,所以空乘人员的稳定性是一个不能回避的问题。年龄较大的应聘者对企业和自身都有着较为成熟的看法,对比刚刚走上社会的"新人",他们的职场稳定性更高,跳槽概率更小。这也是很多在国内设立基地的境外航空公司青睐年龄较大的空乘的主要原因。

随着我国国际合作的增多和旅游业的发展,我国对于民航服务质量的要求也在不断地提高。而对于将服务放在重要位置的外航来说,乘客的满意度才是最值得关心的事情。因此,为了保障服务质量,有一定年龄和阅历的空乘是很受境外航空公司,尤其是欧洲、大洋洲的航空公司欢迎的。如今国内的很多航空公司也意识到这一点,大力招聘成熟乘务员来扩充自己公司的乘务员队伍,提高服务质量。由此可以看出,空乘绝不是吃青春饭的职业,其在当今社会是可以作为一生追求的职业的。

(二)颜值

很多人认为,想当空乘就必须和模特一样拥有一张"高级脸",这种观念有一定的道理。乘务员的形象举止可能直接影响到航空公司的经济效益,于是很多公司都会将自己的空乘人员进行"包装",希望通过空乘的制服、妆容、笑容等标签来提升航空公司的形象。痘印痘坑、不整齐的牙齿、尖尖的虎牙、招风耳等,都有可能被面试官给出"好人卡"。一个非常直观的例子就是新加坡航空主打的"新加坡女郎"(Singapore Girl)形象。新加坡航空早在1972年就聘请了法国高级时装设计师皮埃尔·巴尔曼(Pierre Balmain),为 Singapore Girl 们特别设计了一款带有民族特色的经典蜡染印花制服 Kebaya(可巴雅),在新加坡航空公司招聘的最后环节里,面试官要求所有考生试穿 Kebaya,直观地检验应聘者的整体形象气质是否与"新加坡女郎"形象相符。

那么,境外航空公司的招聘果然也是"颜值即正义"吗?其实并不完全如此。对于美的定义，每个人都有不同的看法，而对于全球有中国籍空乘人员需求的约 30 余家境外航空公司来说，美的要求就更加不同了。很多考生在面试被刷掉后的第一反应是："大概是我长得不符合他们的要求吧"。其实不然，很多考生没有通过面试的原因，更多的是自身软性素质的缺失。

曾经有考生在某航空讨论平台上分析各大外航对于外貌的标准："新航喜欢甜美型的""中东喜欢中国脸型的""欧洲喜欢小脸的"等。其实，在外航工作多年的经验证明，境外航空公司没有所谓的标准颜值，也不会要求一张"高级脸"，如果一定要说某个统一标准，那就是亲切和自信。一张不献媚、不取悦的脸就是最美丽的。

（三）疤痕

首先跟大家说明的是，境外航空公司在对疤痕的要求上也是非常人性化。绝大多数外航要求：在穿上制服后裸露部位无明显疤痕。"裸露部位"则因不同航空公司的制服而异。印度尼西亚鹰航的制服类似于我国傣族的长裙，长至脚踝部分，所以相对裸露的部分较少；中东航空公司的下装类似办公室制服裙，但由于中东地区相对保守，裙摆在膝盖之下 2 寸，换言之，如果膝盖部位有个疤痕，也一样可以被航空公司接受。对比国内的航空公司的要求，境外航空公司是不是相当宽容了呢？

但有一点一定要提醒大家注意，境外航空公司对于"诚信"的要求非常高，面试前的简历上有对"疤痕"的提问，位置、大小都需要应聘者据实相告。其可接受的疤痕不会对面试结果产生影响，但如果在面试前刻意隐瞒，通过面试后在入职体检中发现疤痕的话，面试者则有可能会因为诚信问题被拒绝，得不偿失。

如果面试者有非常明显的疤痕，而又想参加外航面试的话，建议事先去专业的祛除疤痕的专科医院或美容院祛除疤痕，等到完全恢复后再参加面试。如果疤痕不是特别明显时，也可以在面试前适当用遮瑕膏遮挡。

（四）文身

现在越来越多的年轻人追求个性、追求时尚，文身也变得流行起来，境外航空公司对于文身虽然没有明文禁止，但在面试的实际操作环节上，对于文身的限制越来越明显，即使在非裸露部分有文身，对于面试也有负面影响。为什么对于疤痕都相当宽容的境外航空公司却对文身要求如此严格呢？其实道理也很明显，文身虽然无伤大雅，但毕竟属于小众审美，对于需要服务大众的空乘人员来说，最接近大众审美的才是最安全的。

（五）身高

国内大部分航空公司的身高要求是 165 厘米以上，而大部分境外航空公司，比如大韩航空、汉莎航空对于身高的要求是 160 厘米及以上，部分东南亚航空公司的要求甚至更低，比如新加坡航空要求应聘人员的身高在 158 厘米以上，新加坡酷航（Scoot）更是将身高标准降低到了 156 厘米及以上，这给很多考生带来了圆梦的曙光。其实身高的标准是与在机上工作时能否触摸到各类应急设施相关的，大部分外航要求，只要踮脚摸高达到

212 厘米及以上即可。东南亚人的身材属于瘦小型，因此对身高的要求相较于国内航空公司来说低一些，中国应聘者自然也就有了更多的机会。

（六）语言能力

1. 英文是最基本的要求

总的来说，外航所考查的英文能力主要包括听说能力和笔试能力两大类。由于外航面试是以全英文进行，所以听说能力是重中之重，大部分中国学生擅长阅读，但口语能力较弱，如果希望在境外航空公司就职，英文的听说能力必须有所提升。笔试能力视航空公司的面试流程而定。以东南亚的代表——新加坡航空公司为例，起初，新加坡航空的面试环节是有笔试内容的，但是众所周知，新航的面试以效率著称，所有的流程都在一天之内完成，这就对考官及考生的精神及体力提出了极大的要求，因而最终取消了此项内容。但是经过一段时间培训的反馈发现，没有经过笔试测试录用的考生英文能力确实与之前经过笔试测试录用的考生有一定的差距，因此，从 2017 年 9 月开始，新航又重启笔试环节。但是与之前不同的是，他们把笔试环节放在终试完成后。考生通过终试环节后，会被要求前往北京、上海、广州、重庆四地的英文测验机构进行测试，只有通过此项测试的考生才能进入后续体检、入职的环节。总之，面试过程是否需要笔试，是根据航空公司的流程来确定的，但考生还是要做好面试的全面准备，无论是口语还是笔试，以便在面试时以更加放松的心态面对考核，向考官展现最好的自己。

2. 境外航空公司英文要求对比

外航面试主要是面向整个社会招聘，因此考生群体也来自各行各业：有国企、外企员工；有刚毕业的学生；有海归人士；等等。因生活环境及各自的学习能力不同，不同考生的英文水平也参差不齐。但是，大家都拥有着一个外航梦想。目前频繁招聘中国籍空乘的境外航空公司主要分为三大类：中东航空公司、欧洲航空公司以及亚洲航空公司。根据旅客情况及国家情况，每个地区的航空公司对英文水平的要求也不同。概括来说，基地在境外的航空公司对于员工的英文水平要求较高，基地在国内的航空公司对于英文能力的要求会相对较低。以中东国家航空公司为例，阿联酋航空公司对英语能力的要求在各家境外航空公司中是数一数二的，由于中东国家的地理位置，其承载着世界中转枢纽的职能，会面对来自世界各国的旅客，如果没有很好的英文能力，会对工作产生很不好的影响。以阿联酋航空为代表的中东三大家（阿联酋航空公司、卡塔尔航空公司、阿提哈德航空公司）全部以中东作为基地，中国籍空乘将会与其他所有国家的空乘一道搭乘免费航班来到阿联酋或者卡塔尔，并以此为工作基地，服务飞往世界各国的旅客，所以中东航空公司在具备优秀英文能力的员工的挑选上也是下足了功夫。

相对而言，大部分欧洲航空公司都是选择国内的一个或几个城市作为基地，应聘成功者将会飞赴国内的一二线城市，以此为基地飞往航空公司总部所在国，航线相对单一，大部分乘客也是国内人士，所以虽然隶属欧洲，但大部分欧洲航空公司对于英文的要求反而没有中东的航空公司要求高。

对于刚步入民航领域，或者是想从国内航空公司转型到境外航空公司的面试者来说，亚洲的航空公司则是一个较好的选择。由于近年来中国经济飞速增长，出国游成为很多家庭或个人的首选，而亚洲国家由于地理位置以及文化等原因又成为大多数国人出境游的首选。由于我国的英文普及率相对较低，加之亚洲航空公司航班上的旅客大多是国内乘客，因此，亚洲航空公司对于英文水平的要求相对于中东或欧洲航空公司来讲较低，如大韩航空等航空公司，由于每个航班上配备的中国籍员工比例很高，乘客也以中国人为主，所以在实际工作时用中文沟通更为普遍。当然，这也并不意味着亚洲航空公司对英文没有要求，以新加坡航空及其下属的酷航为例，由于基地位于新加坡，还要经常执飞泰国、澳大利亚等国家，因此对英文水平确实有很高的要求。总之，如果对自己的英文水平没有特别自信的话，比较明智的选择是从亚洲航空公司入手尝试，逐渐积累面试经验，并在此过程中发现自己的弱点，不断提高英文水平。

3. 小语种对于面试有多大的作用

首先要明确的一点是，所有境外航空公司的面试都是以英文为工作语言进行的，如果你只会某个小语种而英文能力不达标的话，肯定是行不通的。但如果自身英文能力良好，在面试中能充分表达自己，又会一点儿面试国家的小语种的语言，那无疑会为你的面试增色不少。例如，在某一场阿联酋航空公司的面试现场，有一位学习阿拉伯语的考生走到了复试环节，在面试时其优秀的英文能力让考官刮目相看，因此顺利地通过了复试，走到终试环节。在终试环节，其除了展示英文水平外还用阿拉伯语跟考官打招呼，这让考官很是意外，觉得这位考生了解中东文化，能够很好地适应当地生活及文化，因此，毫无疑问，这位考生顺利入职。语言能力优秀的面试者能熟练使用第二外语是个人能力的体现，在面试中青睐小语种的航空公司有中东地区航空公司、澳门航空公司（港、澳、台地区的航空公司由于不适用《中华人民共和国劳动法》，所以在此处划分为境外航空公司）等。但不要忘记英文才是所有外航的通用语言，切忌在未经允许的情况下直接使用小语种沟通，这只会让人反感。一个典型的例子是在某亚洲航空公司的面试现场，某位考生回答大部分问题时用的都是小语种，一来使用其他面试者并不了解的语言是对其他在场人员的不尊重，二来面试官产生了质疑：是不是英文能力不好所以才选择了用小语种来回答问题呢？最终，这位考生并未入选。

（七）其他

除了身高、年龄等"硬性"标准外，很多境外航空公司还对以下条件有所要求。

1. 学历

大多数境外航空公司对于学历的要求是大专及以上学历，当然也有中东航空公司要求高中以上学历（高中以上学历只是面试入门级别，在实际面试场合，由于中东地区的航空公司是热门航空公司，面试者众多，水涨船高，中东地区的航空公司反而处于竞争最为激烈、要求最高的航空公司行列之中），还有其他一些航空公司有特殊学历要求。

例如，新加坡航空公司要求考生为大专以上"全日制学历"。最高在职学历是指参加工作后参加脱产、函授、电大、自考等在职学习所获得的最高学历。最高全日制学历指参加工作前参加全日制教育或参加工作后参加全日制教育获得的最高学历。

2. 游泳能力

作为一名合格的乘务员，为了在遇到突发情况时能紧急应对并保证乘客和机组的安全，游泳是一项必备技能。几乎所有欧洲航空公司，都将游泳作为考核要点之一。因此，对于还不会游泳的应聘者而言，尽快去学习才是上策。四面临海的岛国新西兰对于应聘者游泳能力的要求最为严格。以新西兰航空公司为例，在面试中，考生需要一同前往泳池进行测试。考官会手持专业计时设备进行测试。所有考生需要在不触底的前提下一次性地游完50米，并且时间控制在5分钟之内。考虑到很多应聘者在面试场合会产生紧张情绪，建议在游泳前一定要做好热身运动，以免影响测试结果。

二、部分境外航空公司招聘要求汇总

以下是部分境外航空公司2011—2018年招聘中国籍空乘人员的条件（排名不分先后）。其中，"参考招聘时间"为该航空公司最近一次在中国大陆地区的招聘时间，"招聘条件"为该次招聘对中国籍应聘者的要求，"基地"为航空公司总部或中国的基地。当然，招聘条件可能会根据航空公司的用人需求而进行细微调整。比如，阿联酋航空在2014—2015年曾经一度缺乏掌握粤语能力的空乘人员，所以会讲粤语者优先，而在2015年之后则取消了这个条件；卡塔尔航空公司在2014年之前招募空乘人员时录取性别不限，2015年之后则只招募女性空乘人员，这是根据卡塔尔航空公司全球空乘人员当前的性别比例决定的，这样的规定今后也有望随着航空公司的人员比例调整而产生变化。

1. 捷星亚洲航空公司（3K）

基地：新加坡

参考招聘时间：2011年7月

招聘条件：

（1）女生身高158厘米以上，男生身高165厘米以上。

（2）18周岁（含）及以上。

（3）已获得大学学历。

（4）英文流利，并掌握任意一门亚洲语言。

（5）愿意接受不规律的工作时间和周末工作。

（6）良好的沟通及团队意识。

（7）有销售方面天赋。

（8）持有有效旅行证件。

（9）良好的身体条件及适应能力。

（10）外形端正，良好的适应性。

（11）良好的责任感。

（12）愿意以新加坡为基地工作。

2．新加坡胜安航空公司（MI）

基地：新加坡

参考招聘时间：2012 年 5 月

招聘条件：

（1）女性，中华人民共和国公民。

（2）年龄 18～27 岁（包括 27 岁）。

（3）未婚。

（4）身高不低于 158 厘米。

（5）大学毕业生（专科及本科；含 2012 年应届毕业生）。

（6）流利中、英文。

（7）愿意以新加坡为工作基地。

（8）良好视力。

（9）手臂及腿部无明显疤痕。

3．北欧航空公司（SK）

基地：北京/上海

参考招聘时间：2013 年 8 月

招聘条件：

（1）中华人民共和国公民，22～28 岁。

（2）大专或以上学历，中、英文流利。

（3）身高不低于 160 厘米，身体状况良好，可游泳 200 米（不允许使用游泳设备、连续游泳不能停歇，脚不能触底）。

（4）良好视力。

（5）有服务业或跨国业务经验者优先。

4．毛里求斯航空公司（MK）

基地：北京/上海

参考招聘时间：2013 年 10 月

招聘条件：

（1）中华人民共和国公民，男女不限。

（2）大专以上学历。

（3）身高不低于 157.5 厘米，踮足摸高不能低于 212 厘米。

（4）BMI 指数是 18.5～24.9。

（5）20～30 岁。

（6）游泳 25 米（时间不限）。

（7）良好的视力，健康状况符合空乘人员标准。

(8) 英语良好。

其他要求：

(1) 掌握第三门语言者优先。

(2) 有服务业经历者优先。

(3) 有服务意识和跨文化交流的能力，性格外向、自信、认真负责，适应性强，有良好的交际、沟通能力及团队合作能力，能在压力下工作。

5. 阿提哈德航空公司（EY）

基地：阿布扎比

参考招聘时间：2013 年 11 月

招聘条件：

(1) 年龄不低于 21 岁。

(2) 无辅助设备下可在公开水域游泳至少 25 米。

(3) 有客户服务经历者优先。

(4) 脱鞋摸高不低于 210 厘米。

(5) 当穿着阿提哈德航空公司制服时，裸露部位不得有文身。

(6) 健康状况满足空乘人员要求。

(7) 乐观向上，能适应跨文化工作环境。

(8) 有空乘经历者优先。

(9) 女性每个耳朵上不得超过一个耳洞。

(10) 近 6 个月内没有参加过阿提哈德航空的英语测试。

6. 印度尼西亚鹰航空公司（GA）

基地：北京/上海/广州

参考招聘时间：2014 年 7 月

招聘条件：

(1) 高中及以上学历。

(2) 21～25 周岁未婚女性。

(3) 净身高 165～172 厘米。

(4) 良好的英文书面及口头表达能力。

(5) 身体健康，矫正视力（佩戴隐形眼镜）不低于 1.0 或 20/20。

7. 肯尼亚航空公司（KQ）

基地：广州

参考招聘时间：2014 年 8 月

招聘条件：

(1) 年龄 20～30 岁的中华人民共和国公民（男女不限）。

(2) 女性净身高不低于 162 厘米，体重不超过 62 千克。

（3）男性净身高不低于 170 厘米，体重不超过 70 千克。

（4）英语良好，托业成绩不低于 550 分（可用其他同级别英语证书代替）。

（5）熟练掌握普通话或粤语。

（6）法语流利的应聘者将会优先考虑。

（7）高中以上学历水平。

（8）有良好的沟通、人际交往和组织能力，天性热情好客。

（9）有服务业或航空业工作背景的应聘者将会优先考虑。

（10）有客户服务经验的应聘者将会优先考虑。

（11）熟练使用电脑。

（12）会游泳。

8. 新加坡欣丰虎航（TR）

基地：新加坡

参考招聘时间：2015 年 2 月

招聘条件：

（1）年龄在 18 岁以上。

（2）女性身高至少为 158 厘米，男性身高至少为 165 厘米。

（3）拥有高中以上或同等水平的学历。

（4）身体健康。

（5）拥有较强的沟通能力。

（6）拥有良好的英语写作能力及流利的英语口语能力。

（7）有空乘从业经验者优先。

9. 大韩航空公司（KE）

基地：首尔

参考招聘时间：2015 年 5 月

招聘条件：

（1）女性，中华人民共和国公民。

（2）身高 162 厘米以上。

（3）大学（专科）以上学历。

（4）矫正视力 1.0 以上。

（5）身体健康，适合从事空勤乘务工作。

（6）良好的英文听、说、读、写能力，相当于托业 550 分或者托业口语 5 级的水平（可以用大学英语等级证书或其他英语考试证书代替）。

（7）精通韩语者优先。

10. 瑞士航空公司（LX）

基地：上海/北京

参考招聘时间：2015 年 5 月

招聘条件：

（1）中华人民共和国公民。

（2）20～30 周岁。

（3）身高不低于 158 厘米，体态匀称。

（4）普通话及英文流利，掌握德语或法语者优先。

（5）大专以上学历。

（6）良好的视力及身体条件。

（7）会游泳（至少 50 米）。

（8）无可视文身。

（9）热情好客，有服务意识，友善，乐于进行团队合作，能接受灵活的工作时间。

（10）能在压力下工作。

11. 埃及航空公司（MS）

基地：北京

参考招聘时间：2015 年 8 月

招聘条件：

（1）女性，中华人民共和国公民，身高不低于 156 厘米，体态匀称。

（2）不超过 30 岁。

（3）大专及以上学历。

（4）中英文流利，懂日语、泰语者优先。

（5）形象良好，有积极、开朗的个性，愿意提供优质的服务和与团队合作。

（6）身体条件符合空勤人员标准。

12. 斯里兰卡航空公司（UL）

基地：北京/广州/重庆/昆明

参考招聘时间：2015 年 12 月

招聘条件：

（1）年龄 28 岁以下（包括 28 岁），女性。

（2）身高不低于 164 厘米。

（3）大学专科及以上学历。

（4）户口所在地为广州地区者优先。

（5）中、英文口语流利（会讲其他外语者优先）。

（6）身体健康，视力良好。

（7）性格开朗热情，乐于助人，有服务意识。

13. 荷兰皇家航空公司（KL）

基地：北京/上海

参考招聘时间：2019年9月

招聘条件：

（1）21周岁以上（含21周岁）。

（2）身高158～190厘米。

（3）大专以上学历。

（4）在过去五年中有最近连续三年以上（含三年）的航空业工作经验。

（5）从上一家航空业相关公司离职至今不得超过4个月。

（6）英语口语流利。

（7）良好的客户服务意识、沟通表达能力、团队合作精神。

（8）在无辅助情况下连续游泳50米。

（9）有上海、北京户口者优先。

（10）有全国任一机场的机场通行证或任一航空公司的乘务员证，或航空公司机场雇员证，或其他相类似的民航业证件。

14. 以色列航空公司（LY）

基地：北京

参考招聘时间：2016年11月

招聘条件：

（1）22周岁（含）以上，男女不限。

（2）牙齿整齐洁白，无明显缝隙或变色。

（3）皮肤状态良好。

（4）不得有暴露在外的文身。

（5）身高不低于160厘米。

（6）具备大专（含）以上学历（本次招聘不接受未毕业在校生）。

（7）具备良好的英文书写能力和口语能力。

（8）有流畅书写和听、讲普通话的能力。

（9）健康状况符合空乘人员标准。

（10）有客户服务经验者优先。

（11）性格合群，具团队精神，乐于提供优质服务。

15. 阿联酋航空公司（EK）

基地：迪拜

参考招聘时间：2019年11月

招聘条件：

（1）年龄21岁（含）以上，男女不限。

（2）踮足而立时手指可触及212厘米。

（3）身高不低于160厘米。

（4）高中（含）以上学历。

（5）具备良好的英文书写和口语能力（本次招聘须同时具备粤语能力）。

（6）制服遮挡部位以外无可视文身。

（7）适应能力与应变能力强。

（8）健康状况符合空乘人员标准。

16. 新西兰航空公司（NZ）

基地：上海

参考招聘时间：2017 年 3 月

招聘条件：

（1）中华人民共和国公民，中、英文口语流利。

（2）大专以上学历。

（3）女性身高不低于 160 厘米，男性身高不低于 170 厘米。

（4）健康状况良好。

（5）在无辅助条件下游泳至少 50 米。

17. 汉莎航空公司（LH）

基地：法兰克福/慕尼黑

参考招聘时间：2017 年 9 月

招聘条件：

（1）性格开朗，友善，有服务意识。

（2）有团队意识，能承受压力。

（3）中、英文口语流利，欢迎掌握粤语、基本德语的应聘者。

（4）18 岁（含）以上。

（5）高中以上学历。

（6）身高不低于 160 厘米。

（7）护照有效期不得少于 2 年，且至少 3 张空白页。

（8）可游泳至少 25 米。

18. 卡塔尔航空公司（QR）

基地：多哈

参考招聘时间：2019 年 10 月

招聘条件：

（1）年龄 21 周岁以上，含 21 周岁。

（2）身高 157.5 厘米以上，踮足摸高至 212 厘米。

（3）高中（或等同高中）毕业或高中以上学历。

（4）良好的英文书写能力及流利的英语口语表达能力。

（5）皮肤状态良好。

19. 新加坡酷航（TZ）

基地：新加坡

参考招聘时间：2018 年 1 月

招聘条件：

（1）女性身高 158 厘米以上。

（2）年满 18 周岁。

（3）大专（含）以上学历（欢迎 2018 年应届生报名）。

（4）愿意在新加坡工作。

（5）能够用英语进行交流沟通。

（6）掌握日语或韩语者优先。

20. 芬兰航空公司（AY）

基地：北京/上海/南京

参考招聘时间：2019 年 12 月

招聘条件：

（1）具备大专（含）以上学历（要求已毕业）。

（2）具备客户服务相关工作经验。

（3）具备流利的中、英文表达能力，会其他外语更佳。

（4）有能力和意愿去理解和遵循指令。

（5）身高 160 厘米以上。

（6）双眼裸眼或矫正视力 0.7 或以上。

（7）听力正常、无色盲色弱。

（8）能连续游泳 50 米以上。

（9）健康状况符合欧洲航空安全局（EASA）对于空乘人员的要求。

（10）无文身、穿孔，不能戴牙套。

21. 新加坡航空公司（SQ）

基地：新加坡

参考招聘时间：2019 年 11 月

招聘条件：

（1）女性，中华人民共和国公民。

（2）年龄 26 岁以下（含 26 岁），未婚。

（3）身高不低于 158 厘米；踮足双手摸高至 207 厘米。

（4）全日制大学毕业生（专科及本科）及以上。

（5）良好的英文书写能力及流利的英语口语表达能力。

（6）在救生衣的辅助下能够游泳。

（7）愿意以新加坡为工作基地。

22. 韩亚航空公司（OZ）

基地：首尔

参考招聘时间：2018 年 4 月

招聘条件：

（1）女性，中华人民共和国公民，19 岁以上。

（2）身高不低于 162 厘米，或伸臂身高（可以踮脚）不低于 217 厘米。

（3）高中毕业后直接参加工作者或大学毕业生（含专科，本次招聘欢迎 2017 年、2018 年毕业生）。

（4）矫正视力 1.0 以上。

（5）身体健康，适合做空乘职业。

（6）可以办理出国签证。

（7）皮肤白皙、脸上无伤疤或者痤疮、牙齿洁白整齐。

（8）良好的英文听、说、读、写水平，相当于托业 550 分的水平（可以用大学英语等级证书或其他英语考试证书代替）。

（9）会讲韩语者优先。

23. 英国航空公司（BA）

基地：北京、上海

参考招聘时间：2019 年 10 月

招聘条件：

（1）中华人民共和国国籍，男女不限。

（2）年龄 18 岁以上。

（3）大学专科（含）以上学历。

（4）身高 157~185 厘米，身材匀称。

（5）垂直摸高 201 厘米（含）以上。

（6）满足以下全部条件：① 持有合法有效的中国护照；② 未因任何过往原因而被限制出入英国；③ 护照有效期在 12 个月以上。

24. 埃塞俄比亚航空公司（ET）

基地：北京/上海/广州

参考招聘时间：2018 年 5 月

招聘条件：

（1）年龄 18~30 岁。

（2）身高不低于 159 厘米，踮足摸高 212 厘米。

（3）体型体态匀称。

（4）良好的中英文口语及文字表达能力，会第二外语者优先。

（5）个性友善、心态积极，适合从事空乘行业。

第三节　境外航空公司面试介绍

好的开始是成功的一半，做好面试前的准备，提前熟悉各家航空公司面试的具体流程，能让人在面试时胸有成竹。境外航空公司在面试流程上不尽相同，充分的准备和灵活的应变能力，两者缺一不可。

一、部分境外航空公司招聘流程

为保证劳动者的权益，根据国家规定，所有境外航空公司的人事招聘及用工服务均由国内机构代理。目前境外航空公司的中国籍乘务员招聘主要由两家公司代理执行，分别是北京外航服务公司（简称：北京 FASCO；网址：www.fasco.com.cn；主要负责各大洲航空公司招聘服务）和上海对外劳务经贸合作有限公司（简称：上海外劳；网址：www.sfsecc.com；主要负责日本航空、全日空航空公司招聘服务）。两家公司会依据境外航空公司的招聘需求，全年不定期发布招聘启事，求职者可随时关注网站获取最新资讯。

（一）全日空航空公司面试流程

全日空航空公司（以下简称 ANA）的面试流程由海选、初选及笔试、小组讨论、终选四个部分组成。

1. 海选（由上海外劳组织实施）

海选参与人数较多，以组为单位进入面试房间，招聘经理会听取每名面试者的英文自我介绍，然后以聊天的形式进行提问，依次考查应聘者的整体形象与谈吐是否适合 ANA 的招聘要求。考查内容：英文自我介绍、形象举止。

2. 初选及笔试（本轮及之后的考核均由航空公司自行组织实施）

初选是由来自日本的面试官与面试者进行简单问答。英文笔试包含听力和阅读，难度不会超过大学英语四六级水平。具体流程：早上所有面试者做英文笔试考卷；中午休息之后 8~10 人为一组，排队进入面试考场；面试中，面试者进行英文自我介绍，日本考官会随机提问。

3. 小组讨论

小组讨论考查的流程：首先由一名 ANA 在职空乘为应聘者做航空公司介绍并回答应聘者的提问，现场填写个人简历表格；之后应聘者根据考官发给的题目和提示进行小组讨论。

4. 终选

终选的面试官一般为两名日本面试官和一名中国面试官，其对一名应聘者提问，面试采用问答形式。应聘者按照面试官提出的问题进行回答。

（二）阿联酋航空公司面试流程

阿联酋航空公司的面试流程由初试、复试、终选三大部分组成。

1. 初试（由北京 FASCO 组织实施）

初试主要进行目测和英语问答。首先应聘者需要进行现场摸高测试，通过者排队等候进入考场，进行初试。视现场人数多少可能有的形式为一对一问答，或按 10 人一组由面试官进行提问。较为常见的英文问答题目有自我介绍、介绍工作或求学经历、介绍同伴等。初试最快当天下午出成绩；如果应聘人数较多，分不同日期进行初试，则会在所有初试完成之后统一通知初试结果。

2. 复试（复试及之后的考核均由航空公司自行组织实施）

复试一般由三轮组成，每轮考核形式不定，曾出现过的考核方式有小组讨论、看图口头作文、情景模拟、手工团队协作、笔试等。近年来为提高面试效率，手工团队协作和笔试考核被取消，但不排除今后重启此类考核形式的可能，因此也需要特别重视。

（1）小组讨论。应聘者被分为三人小组，共同讨论某个职业的特点及关键词，将总结的三个关键词用英文描述出来供其他应聘者猜测是哪个职业。曾出现的职业有钢琴家、农夫、画家、宇航员、演员等。以小组为单位轮流进行。接着，每个小组再抽取一件物品（但与前述的职业相关性不大），三人小组继续讨论，要创意性地使用该物品，以帮助前述职业者更好地完成工作。曾出现的物品有口红、高跟鞋、咖啡豆、气球、水杯等。此项小组讨论考查应聘者的发散思维和其在压力下的团队合作以及沟通能力。例如，前述行业为画家，抽取到的物品为咖啡豆，则可能进行的关联有咖啡豆研磨成作画染料、咖啡豆堆积成局部雕塑等。切记答案须为创意性回答，"咖啡豆用来冲泡咖啡"等答案则视为无效。

（2）看图口头作文。应聘者以组为单位共同讨论抽取到的图片，讨论作答；或以个人为单位抽取图片，思考一分钟后根据图片内容作答。

（3）情景模拟。情景模拟也叫 role play，是指应聘者以组为单位（一般为 10 人一组），抽取题板，题板上给出讨论内容，小组成员根据抽取到的身份或案例讨论作答。曾出现过的题目：假设你是酒店经理，如何处理客房超额预订；假设你是水族馆经理，如何处理优惠券到期、海豚表演临时取消等问题。

（4）手工团队协作。应聘者被分为几组，面试官向每组分发纸与订书机，由应聘者手工做出桥、塔、飞机等手工品。小组人员共同探讨并动手制作，面试官会留意每个人的表现以及团队的整体配合程度，时间一般为 20 分钟。

（5）笔试。笔试为 A、B 卷，阿联酋航空公司自主出题，难度在大学英语四、六级水平之间，主要考查应聘者英语文字能力。曾有题型为选择、填空、作文，后将作文改为看图口头作文。

复试结果在每一轮考核结束后当场通知，应聘者在考核结束后在会场外稍作调整，考官会将写有考核成绩的纸放入信封内分别交给应聘者。通过者信内标有"Congratulations"（祝贺），而落选者信内写着"Unfortunately"（遗憾）。近年来为提高效率，结果通知方式改为口头通知。

3. 终选

终选形式为英文问答,最初为两名阿联酋面试官对一名应聘者,近年来改为一名面试官对一名应聘者,即一对一问答面试,阿联酋航空公司对英文要求较高,终选面试时间一般为 50~60 分钟。面试官会根据每名应聘者的简历进行相关提问,考查人际交往能力、问题解决能力、性格与心态,全部要求用个人实例回答,并会根据应聘者的回答进行引申提问。

(三)汉莎航空公司面试流程

汉莎航空公司的面试流程由初选、终选两个部分组成。

1. 初选(由航空公司与北京 FASCO 共同实施)

初选为简短问答形式,一般由两名汉莎面试官与一名北京 FASCO 面试官共同进行,以汉莎航空面试官为主,但为提高面试效率,可能根据现场面试人数,临时改为一名汉莎面试官或一名北京 FASCO 面试官进行面试(其他面试官被分配到其他面试房间,同时进行面试,以提高面试速度)。面试时间为 3~5 分钟,面试官会问一些基本问题,如"你是否从事过空乘工作?""聊聊你现在的工作内容""你为什么想成为一名空乘?""你为什么选择汉莎航空公司?""你了解德国吗?"等。

初选全部结束后的当天会告知面试成绩,通过初选者在之后 1~3 天内进行终选面试。

2. 终选(由汉莎航空公司实施)

汉莎航空公司的终选面试分为三个部分,上午为笔试考核,全部为选择题,共 50 题,考核基本语法,难度不会超过大学英语四级水平。笔试成绩仅作参考,一般情况下不影响应聘者进入第二部分——问答环节(当然,笔试成绩极差的情况下也不排除刷人的情况)。之后应聘者排队在不同的面试考场外候场,等待问答考核。问答环节由 1 名德国心理学家、2 名航空公司面试官、1 名汉莎中国籍乘务员组成的 4 人面试官小组对 1 名应聘者提问。问题与初选的问题类似,主要目的是让初选时没有遇到的面试官在这一轮有机会对应聘者进行提问考查。之后在同一个考场进行终选的第三个环节——角色扮演。由汉莎面试官扮演乘客或同事,应聘者扮演乘务员,用客舱中真实发生的常见场景进行模拟,此环节考查应聘者的思维、应变、沟通与问题解决的能力。曾出现过的问题:乘客在航班上脱鞋被其他乘客投诉而起争执、乘客对服务提出额外要求影响到了安全原则、客舱内小孩子吵闹、乘客首选餐食没有了、乘客在洗手间抽烟……

(四)新加坡航空公司面试流程

新加坡航空公司面试流程由初选、复试、终选及试穿制服、游泳测试和茶歇五个部分组成。

1. 初选（面试全程由航空公司自行组织实施）

初选时应聘者须提交中、英文简历和毕业证书，工作人员会发给应聘者一份广播词，几人一组进入会场朗读广播词，面试官会考查应聘者的形象、声音、口齿清晰度、英文程度。

2. 复试

复试由两名新加坡航空公司面试官分别向应聘者提问，基本上是一些生活方面或空乘工作相关的问题。例如，"请介绍一种当地风味小吃。""如果新加坡航空新开航线，你会推荐哪个城市？为什么？""如果本次面试你没有成功应聘，你会如何？"……此外，也可能利用小组辩论的形式来探讨一些社会问题。名为辩论，实则为双方轮流发言，共同探讨一些社会现象。曾出现过的题目有"公共场所是否应该一律严格禁烟？""早结婚好还是晚结婚好？""你喜欢热闹的大城市还是平静的小城市？"……面试官通过这些问题来考查应聘者的心理素质和问题解决能力。

3. 终选及试穿制服

最终面试一般由 4 位面试官对 1 位应聘者进行考核，面试官以聊天的方式问一些生活问题，观察应聘者的表情、表达能力以及肢体动作等。通过考核的应聘者可到更衣室换上新加坡航空公司的制服，在考场转圈走动，考官观察其体型线条如何，姿态是否优美，然后现场通知结果。

4. 游泳测试

新加坡航空游泳考核距离要求为 50 米，任何泳姿都可以，一般选择在有条件的酒店举行。近年来为提高效率，将游泳测试安排到入职之后，在新加坡进行。

5. 茶歇

茶歇考核曾为新加坡航空的最终考核，近年来被取消，但考核要点很值得应聘者了解和掌握。应聘者被分为 10 人一组，餐桌上有茶点及饮料供应聘人员享用，4 位考官以下午茶的方式和考生交流聊天，目的在于了解应聘者的团队精神、与人相处的能力、举止是否优雅，是否符合 Singapore Girl 的得体形象。结束后会通知应聘者是否被录取。需要注意的是，不要以为茶会可以放松。有些应聘者聊到高兴就忘乎所以，高声嬉戏、随意批评别人的缺点，或者毫无节制地取用茶点，大吃大喝……这些行为都会被认为是公众礼仪缺陷而使应聘者遭到淘汰。

二、部分常见境外航空公司面试问题及答案解析

以下是一些境外航空公司面试常见题型，问题千变万化，但考查的核心内容万变不离其宗。这里会以部分题目为例进行答案解析，帮助大家了解境外航空公司面试题目的考核要点，做好面试准备。

（1）What is your greatest strength? 你最大的优点是什么？

【过关】My greatest strength is my desire to keep learning new things. I love exploring the world and I think being a cabin crew gives me a perfect opportunity to do so. 我最大的优点是渴望学习新鲜事物。我喜欢探索世界，当空乘是我实现梦想的一个最佳机会。

【优秀】I think my greatest strength would be my ability to put on a genuine smile while working under tremendous pressure. I have been told by my peers that I have the ability to stay composed and calm people who happen to be panicky or agitated. 我想我最大的优点是在极大的压力下依然能够保持笑容。同事们都说我能够保持镇定并能够安抚具有慌张或激动情绪的人。

不难看出，"过关"程度的答案传达了自己希望当空乘的意愿，而能够传递出危机解决能力的回答才称得上是"优秀"的答案。

（2）What is your greatest weakness? 你最大的缺点是什么？

【过关】My greatest weakness would be that I trust people too easily. I always believe that others are kind, and never think that they have bad intentions. 我最大的弱点就是我太容易相信别人。我总是相信别人的好，从不去想他们有任何恶意。

【优秀】I used to check and re-check my work to make sure it was done properly. But, I realized that I spent a little too much time checking. I've since come to a good balance by setting up a system to make sure my work is done right the first time. 我曾经一直重复去检查自己做的事情是否足够好，但是我发现我花在重复检查上的时间太多了，后来我重新安排了一套审查系统来确保我第一次就把该做的事情做好。

面试被问到缺点是个几乎让所有人头疼的问题，回答这类问题的准则是：不要暴露任何不适合做空乘岗位的缺点（如爱迟到、卫生习惯差等）。"过关"类型的答案可以借由"轻信"的缺点体现自己的"善良"，但这只能算勉强过关。"优秀"的答案则是借着"重复检查"的关键词，突出自己做事情严谨踏实，并且通过解决"过分花时间"这个问题，传达给面试官自己现在做事情尽量一开始就能把事情处理好。

（3）What kind of contribution will you make to our airlines? 你对本公司会有什么样的贡献？

【过关】I want to serve the airline to the best of my abilities, at least within the role that I am tasked with. I hope that I will be given an opportunity to serve customers and make a positive impression so they will repeatedly choose to fly with us. 我会尽我最大的能力，在任职范围内为公司效力。我希望我能有机会服务乘客并给他们留下积极印象，从而让他们今后继续选择我们的航班。

【优秀】I can converse fluently in three languages, mandarin, English and Japanese, and I have had served a few years as a cabin crew in my previous job. I hope to have the opportunity to contribute my skills and experience to this airline. 我能够以普通话、英文和日文与乘客沟通，并且我曾经在其他航空公司担任过几年空乘。我希望能有机会运用这些能力和经验为贵公司效力。

如果你谈到的想法通通是用将来时态来表述，那么你的贡献只是一幅蓝图，虽然回答得很好，但只能给到"过关"的评价，如果其他人的回答更有说服力，你也许就会被无情淘汰了。反观"优秀"类型的答案，则是用过去时态来表述的，体现自己被现实证明了的能力。用这番说辞来打动面试官，是不是更为有力呢？如果你不会三种语言，也没有做过空乘呢？没关系，你曾经的成绩、团队活动、做过的项目等都是你能力的证明。

（4）Do you consider yourself a team player? 你在团队中是个能与队友合作的人吗？

【过关】Of course. I believe that cooperation is very important for achieving great things. I am willing to contribute whatever requires. 当然是。我相信为了成就伟大的事情，合作是非常重要的。任何需要我的时候，我都非常愿意贡献我的能力。

【优秀】I would say without a doubt, yes. My teammates need me and I need them as well. There simply isn't any other way we can function properly and serve others without working together. 毫无疑问，我的队友需要我，我也需要他们，如果不合作我们就无法发挥各自的作用去服务乘客。

虽然看起来像在说同一种观点，但是前一个答案略显空泛，而后一个答案里引入了人的因素，从而更加生动，更有说服力。

（5）What kind of qualities do you think cabin crew should have? 你觉得空乘应该具备哪些特质？

【过关】I think cabin crew should be patient, tenacious and tough, but still appear pleasant, graceful and approachable. She is the airline's interface to the customers, so it is critical that she can fulfill customer needs quickly and with a smile. 我想空乘应该有耐心、个性坚强而且不屈不挠，但是同时外表看起来亲切、优雅、平易近人。空乘是航空公司的门面，所以迅速完成乘客的要求并且时刻保持笑容对空乘来说是非常重要的。

【优秀】Cabin crew must be patient and pleasant, and yet physically fit because it can be strenuous working in the cabin for many hours. She must be able to handle the stress of handling hundreds of passengers while still keeping a smile. 空乘人员必须有耐心又讨人喜欢，而且由于在机舱内要连续工作数个小时，还必须有健康的体格才能胜任。空乘还必须能承受同时为上百名乘客提供服务也要保持微笑的压力。

两个答案看起来用词很接近，但是"过关"的答案只提到了作为空乘必须具有优雅讨喜的一面，而"优秀"的答案能够体现出面试者对这份工作的艰辛之处也心存理解和接受。空乘不只是穿高跟鞋和优雅微笑，更是一个体力活。如果你了解到这份辛苦却依然热爱这份工作，比起因为幻想它的美好而热爱它的其他应聘者，显然更能打动面试官的心。

（6）Are you generally a leader or a follower in a team? 你在团队中常处于什么角色，领导者还是追随者？

【过关】It depends on the situation. If I am not familiar with the subject, I tend to be a follower and learn the ropes until I am strong enough to be independent or asked to lead. Many times, I do end up as a team leader. 视情况而定。如果面对我还不太清楚的事情，我通常会先跟在旁边学，直到我能够独当一面或者被推举。当然也有很多时候，我最终扮演了领导

者的角色。

【优秀】I am a leader at heart, but I am very respectful of my superiors and always aware of my role and position within a team. Either way, I am flexible enough to fit into the role I am given. 我本质上是个领导者，但是我还是尊敬我的领导并随时能够清楚地意识到我在团队中的角色和位置。不论如何，我能够灵活地适应任何被赋予的角色。

大体上来讲，初出茅庐的空乘人员不需要太多的领导能力，所以选择哪种回答都没有问题。但是，如果体现出不太愿意做领导者的样子，会给面试官留下害怕承担的印象。做个愿意学习、愿意进步的追随者，或者懂得尊重、懂得灵活处理事情的领导者都是很好的答案。

第四节　境外航空公司面试题型

境外航空公司的面试题型可以归纳为以下几种，考生在掌握境外航空公司面试形式后，慢慢形成自己分析和解决问题的能力，在面试中崭露头角，取得成功。

一、无领导小组讨论题型

无领导小组讨论是指由一组应试者组成一个临时工作小组，讨论给定的问题，并做出决策。这个小组是临时拼凑的，并不指定谁是负责人，目的在于考查应试者的表现，尤其是看谁会从中脱颖而出，但通过考核的人并不一定是在测评中成为领导者的人。无领导小组讨论是评价中心技术中经常使用的一种测评技术，采用情景模拟的方式对考生进行集体面试。它是通过将一定数目的考生组成一组（8～10 人），使其进行一小时左右的与工作有关的问题的讨论，讨论过程中不指定谁是领导，也不指定受测者应坐的位置，让受测者自行安排组织，评价者来观测考生的组织协调能力、口头表达能力、辩论的说服能力等各方面的能力和素质是否达到拟任岗位的要求，以及其自信程度、进取心、情绪稳定性、反应灵活性等个性特点是否符合拟任岗位的团体气氛，由此来综合评价考生之间的差别。

（一）根据一个单词展开讨论

每个大组的 20～30 人将再被分成几个小组，每小组 2～3 人，每个小组分别抽一张卡片，卡片上有表示不同职业的单词，要求每个小组进行讨论后总结出该职业所要具备的素质，之后每个小组依次开始发言。发过卡片后，考官会在一旁观察和记录。（在陈述时，小组每个成员说一个关于这个职业的特征，然后让大组里的其他成员们去猜测先前陈述的小组拿到的职业是什么）

一般考查的职业：

gardener, baker, farmer, super star, astronaut, actor, florist, architect, scientist, computer programmer, singer, painter, party planner, astronomers, fitness trainer, dance teacher, graphic designer…

园丁、烘焙师、农民、明星、宇航员、演员、卖花人、建筑师、科学家、编程师、歌星、画家、宴会策划人、天文学家、健身教练、舞蹈老师、平面设计师……

（二）根据一句话或一个主题开展讨论

一般根据面试者实际到场情况将其分成两组，给出一个主题，使其进行分组讨论，并且最后给出陈述。这一类的话题范围分类如下。

（1）中国相关传统文化，如传统节日、景点、风俗、食物、城市、自己家乡等。

（2）全球范围发生的一些社会性或者有历史性影响的大事，如中国举办奥运会、C919大型客机的成功研制等。

（3）社会生活类问题。

（三）创意用法

取卡片，卡片上有表示某一物品的单词，要求把抽取的卡片上的"物品"结合到第一轮"小组讨论"环节抽取的"职业"中，思考创意用法。（讨论结束后，考官会在每个小组随机抽一位候选人做观点表述）

一般考查的物品：

cup, coffee beans, alarm clock, shell, apple, towel, pillow, paper bag, lipstick, vanilla, starfish, high heel shoes, balloon, candy, tree, sock, goggles, flashlight(torch), water bottle, tooth brush, hat, chair, tomato, umbrella, chewing gum, rose, blanket, slipper…

杯子、咖啡豆、闹钟、书架、苹果、毛巾、枕头、纸袋、口红、香草、海星、高跟鞋、气球、糖果、大树、袜子、护目镜、手电筒、水瓶、牙刷、帽子、椅子、番茄、雨伞、口香糖、玫瑰、毛毯、拖鞋……

（四）辩论题

根据考官提出的问题进行观点阐述或小组讨论，再进行小组辩论。（其中，小组辩论会将小组成员分成正方和反方，正方和反方先各自进行小组讨论，然后进行正、反方小组辩论，结束之后正、反方各自推选一名代表总结小组观点）

例如：Do you think cosmetic surgery is good or bad? 你认为整容好还是不好？

（五）生活社会相关问题解决方案类讨论

考官会出一些问题，需要考生分组，讨论在限定时间之后，给出合理的规划或者解决方案。

例如：给一对波兰夫妇和英国夫妇安排一次中国的行程，推荐1~2个城市。

（六）机上问题处理

考官会出一些飞机上工作相关的问题，让考生给出解决方案。

例如：如果你是一名空中乘务员，现在有一位 65 岁的老人和一个抱着婴儿的妈妈都急着用洗手间，他们都争着要去，你会如何处理？

二、角色扮演题型

此环节考官会给出题目，进行限时小组讨论，讨论时间通常为 15 分钟，讨论结束后考官会根据大家的解决方案提问或者做角色扮演。在小组讨论结束后，考官可能会扮演成乘客跟你做角色扮演，很多考生会觉得无法招架，在这里要告诉大家的技巧是，无论考官怎么挑战你，都不要放弃解决问题，露出被难倒的神情，而要继续耐心地给乘客解决问题，尽量站在乘客的角度想问题，但前提是不能违反公司的规定。解决问题的态度往往也是非常重要的。

角色扮演题型的考查点主要有：问题分析和解决能力、服务意识、团队合作能力、有效的人际交往能力、情绪控制能力、心理素质、语言表达能力、同理心、高效沟通能力、仪态礼仪、价值观定位、应变能力。

（一）安全类应对表演场景

安全是民航永恒的主题，也是空中乘务员的第一职责，下面是境外航空公司面试中经常出现的安全类应对表演场景。

（1）飞机从 A 地到 B 地的飞行途中，突然遇到一个携带武器的劫机者，他告诉乘务员要劫持飞机飞往 C 地，乘务员应该如何处理？

（2）航行中劫机者挟持无辜旅客，要求飞机按照新的飞行路径飞行，但飞机的燃料不足，无法到达该地，机组成员如何处理？

（3）劫机者声称有炸药在飞机上，要工作人员配合劫机者的要求，在这个时候乘务员该采取什么行动？

（4）劫机者声称飞机上有炸药，并且劫机者在谈判过程中用手中的枪进行了射击，导致机舱内部损坏，机组人员如何处理？

（5）机组人员和劫机者谈判失败，导致劫机者想同飞机上所有人同归于尽，机组人员如何处理？

（6）机组人员和乘客一起制服了劫机者，事后如何安抚机上其他乘客的情绪，机组人员又该如何处理后续问题？

（二）服务类应对表演场景

服务是航空公司利润的来源，也是空中乘务员的主要工作，下面是境外航空公司面试中经常出现的服务类应对表演场景。

（1）乘客座位号重号处理。

（2）乘客一家人座位分离，想更换座位的处理。

(3) 乘客携带违禁物品，如小动物、味道很重的榴梿、臭豆腐上机。
(4) 乘客抱怨（飞机延误/地勤服务/机上服务）。
(5) 乘客抱怨机上餐饮（过期/变质/异物）。
(6) 乘客对飞机和飞行常识的咨询。
(7) 乘客机上使用手机的处理。
(8) 过度热心的乘客向女空姐索要电话/邀请饭局的处理。
(9) 经济舱的乘客误坐头等舱/商务舱的处理。
(10) 乘客在紧急出口放置行李的处理。
(11) 乘客被热饮烫伤的处理。
(12) 推车撞到乘客的处理。
(13) 行李箱意外打开，行李跌落砸中乘客的处理。
(14) 哭闹婴儿/儿童的处理。
(15) 乘客在机舱内吸烟的处理。
(16) 乘客衣服被污染的处理。
(17) 前排座位的乘客和后排座位的乘客发生争吵。
(18) 乘客买不到机上免税商品的处理。
(19) 乘客不满意机上服务的处理。
(20) 乘客行李丢失在出发地机场的处理。

三、英语口语问答题型

英语口语问答是境外航空公司面试必不可少的环节，一问一答之间可以看出考生性格特点、工作经历的价值匹配、工作的稳定性；性格和工作职业能力匹配度，人生观、价值观和工作职业能力匹配度；对公司各方面的了解、企业文化的理解和认知、制度的接纳度；有效的人际交往能力、包容能力、合作协调能力、风度和表达能力、职场问题处理能力；技能或品质与工作职位的价值匹配度。

（一）初试英语口试问答题型

初试英语口试问答一般由考官与考生进行单独谈话。这个环节是考生让考官深入了解自己的重要机会。此环节考官会通过问题比较深入地剖析考生的语言能力、心理素质、性格特点、工作经验和面试动机等，因此，考生在回答问题时，应该具体而全面，同时一定要放松心情，保持笑容和自信的心态，要相信自己适合这个职业。

(1) Why do you think overseas airlines needs Chinese cabin crew?
你觉得境外航空公司为什么需要中国籍乘务员？
(2) Why do you want to be a cabin crew?
你为什么想成为空乘？

（3）What do you know about our company?

你对我们公司了解些什么？

（4）Why do you choose our company?

你为什么选择我们公司？

（5）How do you feel about working at Christmas, or other special festivals, how will your family think about it?

如果你在圣诞节等重要节日工作，你家人会怎么想？

（6）What do you expect from this job?

你对这份工作有什么期望？

（7）What do you think the role of cabin crew involves?

你怎么看空乘这份职业？

（8）What kind of service do you think airlines' passengers need?

你觉得航空旅客需要什么样的服务？

（9）What kind of qualities do you think cabin crew should have?

你觉得作为一名空乘人员应该具备什么样的素质？

（10）Please tell two pieces of latest news you have read.

告诉我们你最近阅读的两则最新的新闻。

（11）How do you deal with the drunken passenger or rude passenger in the flight?

你在飞机上会如何处理醉酒乘客或者粗鲁的乘客？

（12）How do you deal with the situation where the passenger refuses to put the luggage into overhead bin?

你会如何处理乘客拒绝把行李放在行李架上这种情况？

（13）How do you deal with the situation where baby crying on the flight?

你会如何处理飞机上有小宝宝哭闹的情况？

（14）How do you deal with the situation where the passenger is sick on the flight?

你会如何处理飞机上有生病乘客的情况？

（15）What if many passengers seems very upset about a flight delay, what will you do?

如果很多旅客因为航班延误而非常焦虑，你会怎样做？

（16）How do you deal with the lack of meal choices?

如何处理航班上食物选择种类缺乏的情况？

（17）You spilled tomato juice or hot coffee on a passenger due to sudden turbulence. What would you say to the passenger?

由于飞机遭遇气流而突然颠簸，你不小心把番茄汁或者热咖啡洒到了乘客身上，你会如何对乘客解释？

（18）How do you deal with the situation where the passenger is smoking on the flight?

你会如何处理飞机上有乘客吸烟的情况？

（19）If you are cabin crew of the airlines, how you will introduce China to passenger?

如果你是航空公司的中国籍乘务员，你会如何向旅客介绍自己的祖国？

（20）Please list three differences between Chinese and European people in your opinion.

你认为中国人和欧洲人有哪些不同？请列出三点。

（21）When important and urgent matters come to you at the same time, what would you like to deal with first, important or urgent ones?

当重要的事情和紧急的事情同时出现，你会首先处理哪一种？

（22）What is the most important element when you are choosing a job?

你在选择工作时最看重哪一点？

（23）What things can make you upset/angry/irritated? How do you usually deal with the situation?

什么事情会使你不安、生气、恼怒？你通常会如何处理这些情况？

（24）What is your strength and weakness?

你的优点和缺点分别是什么？

（25）In your mind, what are the key elements for success?

你觉得什么是成功的关键因素？

（26）Describe a book or movie which impressed you the most.

描述一下让你印象最深刻的一本书或者电影。

（27）You have an opportunity to visit a foreign country, where do you want to go?

如果你有个机会去国外访问，你会去哪个国家？

（28）Can money buy happiness? If no, what will bring you happiness?

钱可以买来快乐吗？如果不可以，你觉得什么可以带来快乐？

（29）Money, love, health, which one do you think is most important to you?

金钱、爱情和健康，你觉得哪个对你最重要？

（30）Something you are afraid of…？

你害怕什么？

（31）Your most embarrassing moment.

讲讲你最尴尬的时刻。

（32）In your opinion, friendship is…？

依你看，友谊是……

（33）What do you do to relax after a hard day?

你在辛苦的一天后会怎么放松？

（二）复试英语口试问答题型

复试英语口试问答由个人基本信息与生活问题、动机和目的类问题、与求职公司相关的问题、人际关系处理和职场相关问题、技能品质类问题组成，综合考查应聘者是否适合空中乘务员这个岗位。

（1）How would the job impact your family?

你的工作会如何影响家人？

（2）What does your family think about your applying for this position?

你家人对你选择这份工作有什么看法？

（3）How would you balance your work and family if you work as a cabin crew?

如果你是一名空乘人员，你会如何平衡你的工作和家庭？

（4）If you could change one thing in your life, what will you change?

如果你可以改变生活中的一样东西，你会选择去改变什么？

（5）What were your favorite subjects?

你最喜欢的科目是什么？

（6）What subjects were the easiest / most difficult for you?

你觉得什么科目最简单/最难？

（7）What do you do to improve yourself?

你做什么去提高你自己？

（8）Do you feel your education and training prepared you well for the challenges in the work force?

你觉得你接受的教育和培训是否已让你准备好去面对你工作上的挑战？

（9）How do superiors get the best out of you?

你的上级是如何挖掘出你最大的潜力的？

（10）What personal qualities and skills are necessary for success working freelance?

成功的自由职业者应具备哪些个人素质和技能？

（11）How do you maintain your interest in your work?

你如何保持对工作的兴趣？

（12）In what areas of your current work are you strongest/weakest?

在目前的工作领域，你觉得你的强项/弱项是什么？

（13）In what ways are you prepared for the career and lifestyle change?

面对你事业和生活方式上的改变，你在哪些方面做了准备？

（14）Out of all the jobs you have held, which one was your favorite?

在你做过的所有工作里，你最喜欢哪一个？

（15）What have you learned from your work experience?

你从你以前的工作中学习到了什么经验？

（16）What was the most enjoyable experience in your work experience?

你的工作经历中最有趣的经历是什么？

（17）When have you had to say no to a client?

什么时候你必须对乘客说不？

（18）Describe a situation when the team fell apart. What was your role in the outcome?

描述一次你所在的团队破裂的情况，你在其中扮演了什么角色？

(19) What has been the biggest disappointment of your career?

在你的职业生涯中，令你最失望的地方是什么？

(20) Tell us about the biggest challenge you have faced. How did you respond to that challenge?

告诉我们你面临过的最大的挑战是什么，你是如何应对的？

(21) Are you generally a leader or a follower in a team?

你在团队中一般是扮演一名领导者还是跟随者？

(22) Tell us the best service that you have experienced.

告诉我们你感受过的最好的服务是什么？

(23) Why do you want to quit your present job?

你为什么要离开现在的工作？

(24) Tell us about the best boss you have ever had.

告诉我们你遇到过的最好的老板是怎样的。

(25) Tell us about the worst boss you have ever had.

告诉我们你遇到过的最差的老板是怎样的。

(26) Why do you think you can be a good cabin crew?

你为什么觉得自己可以成为一名好的空乘？

(27) Have you dealt with pressure before? What kind of situation makes you feel stressed?

你之前处理过压力吗？什么样的情况使你倍感压力？

(28) How do you solve the disagreement with your co-workers?

当你和你的同事之间发生争议时，你会如何处理？

(29) What is your understanding of team work? Do you think you are a good team player?

你如何理解团队合作？你觉得你是一个好的团队成员吗？

(30) What will you react if your co-workers give pressure or hard time during your work?

如果在工作中你的同事给你压力或者让你觉得很煎熬，你会如何应对？

(31) Tell us an example of showing your flexibility during work.

讲一个你在工作中灵活处理问题的实例。

(32) Have you ever made any creative suggestions during work?

你在工作中有没有给过任何有创意的建议？

(33) Describe a situation when your work or idea was criticized.

描述一个当你的工作或者想法被批评时的情景。

(34) What can you contribute to us if you are hired by airlines?

如果你被录取了，你可以为我们航空公司做什么贡献？

(35) Why we should hire you?

我们为什么要录用你？

(36) Will you be able to cope with the change in environment?

你能够应对环境的变化吗？

（37）Do you think the customer is always right?

你觉得顾客永远是对的吗？

（38）Tell us about a time when you solved a customer problem.

告诉我们一个你替客户解决问题的案例。

（39）How would you deal with a passenger who is not right but believes he is right?

如果一个乘客是不对的但他认为自己是对的，你会怎么做？

（40）How would you define good customer service?

你如何定义好的顾客服务？

（41）What do you find most challenging about providing customer service?

你觉得给乘客提供服务最多的挑战是什么？

（42）When have you provided good customer service?

你什么时候给顾客提供过优质服务？

（43）Compared with other company, what is our different service?

跟其他公司相比，我们公司的服务有什么不一样？

思考与训练

一、思考题

1．境外航空公司和境内航空公司选人标准有何异同？

2．境外航空公司招聘面试的常见形式有哪些？

二、训练题

1．面试中会遇到一些动机类问题，如 Do your parents support you to be a cabin crew（父母是否支持你做空乘），这些问题关乎面试官对应聘者工作稳定性的判定，也间接影响到面试结果。

分组进行问答训练，锻炼学生更好地举例回答这些动机类问题的能力。

2．航空公司喜欢什么样的人？有时候答案隐藏在航空公司的官网上，请查看新加坡航空公司官网，尝试回答"What kind of qualities do you think a cabin crew should have?"

3．不同地区的航空公司倾向于挑选的应聘者性格不同。分析中东、欧洲、亚洲的境外航空公司分别会对何种个性的应聘者感兴趣，假设自己在面试以上三家航空公司，回答"Describe your personality"。

三、案例分析题

案例 3-1：

在"小组辩论会"这个面试环节中，面试官提出的问题是：Do you think cosmetic surgery is good or bad?（你认为整容是好还是坏？）经过正方和反方小组讨论以及正、反方小组的辩论之后，小周作为正方推选出来的一名代表，在总结本小组观点时由于紧张出现口误，同组的小王当即打断小周，站起来代替他进行总结。

请评价小王这种行为，分析这两者给面试官留下的印象是怎样的。如果你是小王，你会怎样处理？

案例 3-2：

小李在某国外航空公司的面试过程中，被考官问到女生的优势有哪些。小李从以下几个方面进行了描述，以凸显女生的优势：其一，女生的综合素质相对比男生高，尤其对于外航来说，在某些素质方面女生也是超过男生的，例如，女生的英语普遍比男生好，尤其是在口语、听力以及亲和力等方面，女生明显优于男生；其二，女生语言文字的学习能力比男生强，相对更擅长表达自己的思想感情，因此沟通能力、表达能力也会超越男生；其三，女生责任心强，勤快、整洁、耐心、持久，更容易脚踏实地、安安静静地做事情，这些都是女生的优势；其四，工作能力强，具备较强的抗压和耐受力，能够以柔克刚等。小李的叙述得到了考官的认可，并且她的确在英语面试等环节表现突出，从而赢得了录取机会。

分析小李面试取得成功的原因。

第四章

空乘人员求职应聘前的准备工作

章前导读

无论是即将毕业的应届生,还是已经毕业、正在为找工作一筹莫展的社会新人,一谈到求职应聘,很多人都会不知所措,或者没有一个明确的准备方向。本章将指导学生从多方面充分了解求职应聘前的准备内容,充分认识自己,了解自己的优势和劣势,学会扬长避短。在面试前要充分了解所要面试公司的基本资料、用人喜好等,打有准备之仗,力争在面试时将最好的一面展现给用人单位,赢得胜利。

 学习目标

1. 明确自身的优缺点,懂得如何扬长避短。
2. 调整心态,做好充分准备,学会具体问题具体分析和处理的方法。
3. 掌握简历的构成,熟练运用制作简历的方法和技巧。
4. 面试前做好自身材料的储备,不打"无准备之仗"。
5. 学会如何做自信的自己。

第一节 面试心态建设

在每次面试结束后,总能听到学生说"我一进去就紧张""我缺乏应变能力""我怕开口说话""我一说话就颤抖""我害怕考官提问""我表达能力不够好"等,这些消极的暗示会破坏良好的心境,分散注意力,降低面试者自己的信心,所以,面试前首先应该做好的就是面试心态的建设。

一、认识自己:深度剖析,分清优劣

求职应聘前最重要的准备工作之一是认识自己,也就是知道自己的优势以及劣势。作为一名空乘专业的学生,更应该深度地了解和认识自身的优缺点。在去面试之前,应该做好自己的心理工作,尤其要多方面了解自己的优缺点,不要逃避,也不要怕说话,更不要害羞。看清楚自己的问题所在,有好的优点就继续保持和发扬,有问题就及时用正确的方式去改正。

那么怎样才能找到自身的优缺点,更好地认识自己呢?

(一)借助于外力

认识自己必须站在客观的角度。就如同照镜子一样,人在没有外力帮助的情况下无法看清自己的面目,给他一面镜子,他就能看清楚自己的模样,同样,应聘者可以通过别人对自己真实客观的评价来了解自己。

(二)客观地看待自己

排除主观因素的干扰,完全站在客观的角度分析自己,解剖自己,评价自己,只有这

样，才能对自己做出较为准确的判断。

(三) 留一点儿时间反省

许多人终日忙忙碌碌，没有留一点时间思考，每天和同事、朋友、家人打交道，也没有时间和自己进行一次对话，其实，留一点时间反省对自己的益处很大。反省自我，将自身作为对象进行剖析，产生的结果是让自己进步更快一点儿，离成功更近一些。认识到自身的优缺点以后，就可以更好地了解自己符合什么样的航空公司的需求。所以，自我反省对于应聘者来说也是非常重要的。

二、明确目标：完善自身，扬长避短

在了解了自身优缺点以后，更重要的一步就是明确自己的目标，完善自身，扬长避短。

(一) 明确求职面试目标，切忌盲目自卑

个人简历是求职的敲门砖，要重视个人简历的作用。在写个人简历时，求职目标一定要有针对性。在求职目标的确定上需要注意以下问题。

1. 求职目标要适合自己

在确定求职目标时，首先要考虑其适合度。现在很多空乘专业的应届生，一般都喜欢将目标定得很高，认为这样有上下浮动的空间。但是要知道，在个人简历中，如果目标要求得过高，而个人能力又不足，应聘者就会被直接淘汰。因此，确定的求职目标要适合自己。应聘者可以提前在官网上看一下各个公司的面试要求。图 4-1 为南方航空公司成熟乘务员的招聘条件。

1.工作经验：乘务安全员，累计飞行 800 小时（含）以上。曾飞人员离职时间须在一年以内（按照参加面试时间计算）

2.年龄：

①18-26 岁（1993 年 1 月 1 日至 2001 年 12 月 31 日出生）；

②有两舱资格或安全员执照者年龄放宽至 27 岁（1992 年 1 月 1 日至 2001 年 12 月 31 日出生）；

③有乘务长及以上资格者年龄放宽至 28 岁（1991 年 1 月 1 日至 2001 年 12 月 31 日出生）。

3.身高：女性 163-175cm；男性 175-185cm。

4.学历：已取得教育部承认的大专（含）以上学历。

5.身体条件：满足中国民用航空局颁布的《中国民用航空人员医学标准和体检合格证管理规则》(CCAR-67FS) 中规定的体检标准；根据公司目前政策，男生在通过体检、考试后须先后参加安全员初任培训、乘务初始培训并获取双执照。

6.优先录用情形：在满足上述基本应聘条件下，有国外航空公司飞行经验的，客舱外语服务能力较强的可优先予以录用。

7.本招聘仅接受外部公司的成熟乘务员（非南航及南航参股、控股公司在职或离职乘务员）参加应聘。

8.需符合民航局和公司有关背景调查的要求。

图 4-1 南方航空 2019 年成熟乘务员的招聘条件

资料来源：中国南方航空官网。

2. 求职目标要有明确的理由

在个人简历中，可以适当地阐述自己选择该求职目标的理由，例如，符合自己的发展意向，自己对这份工作的憧憬，有利于自己能力的提升等，还可以从自身能力与工作的契合度方面阐述。理由写得好，能够在很大程度上为个人简历的质量加分。

此外，还应注意，相关个人能力与个人特长也要配合求职目标来写。

（二）完善自我，扬长避短

每个人都会有长处和短处，在面试时要充分展示自己的特长，充分肯定自己，充满自信，这样才有力量和勇气去改正自身的缺点。

1. 完善自我

完善自我，在精神上表现为对于优秀品质的追求；在行为上，则表现为良好习惯的养成。在这个不断自我修炼的过程中，要清醒认识自己的短处并加以改正。

那么，应该如何去做呢？

也许你会觉得自己的短处太多而无从下手，其实，完全可以从自己面临的最紧迫的情况入手，例如，你正在看网页而拖延了某件事情，那么你完全可以从改正拖延的习惯做起。如果觉得没有特别紧迫的情况，也可以从自己列出的短处中任选一样开始改正。

2. 扬长避短

求职应聘者想要给面试官留下好印象，首先必须有信心，这一点是毋庸置疑的，尤其是对于空中乘务这个职业来说。为了让自己更有信心，应聘者可以在面试前多了解该公司的情况，这样会增加面试官对应聘者的好感。

面试中有个诀窍——扬长避短。每个人都有自己不知道或还不太了解的东西。遇到这种情况就要尽量避免让面试官把焦点放在自己的弱项上。列举如下：

（1）在一次航空公司的面试中，跟你在一组的应聘者个子都很高，你的身高很不占优势，这时更不能慌，要加倍自信。面试官问道："你不觉得你的身高很不占优势吗？"你可以说："我知道在这一组里我身高不占优势，但是我的英语特别好而且我取得了相关证书，还可以很流利地用英语进行交流，我很善于与人沟通，我认为身高并不是我从事这份职业的障碍，我相信我可以做好这份工作，谢谢！"对老师深深鞠躬后展示发自内心的微笑。

（2）面试中还有一些不太容易回答的问题，例如："你有什么缺点？"对这个问题的回答要掌握一定的分寸。说轻了，让人觉得不诚实；说重了，让人觉得这是一个太大的缺陷，也许你就不能胜任工作。回答时，既要把握分寸，又要实事求是。你可以这样回答："我的外语水平还不够好，但我有信心尽快学好外语，使我能胜任我的工作。而且我对自己的与旅客打交道的工作能力很有信心，我相信我的笑容可以带给身边人积极的能量，也请你们相信我，给我一次机会，谢谢！"最后，再对面试官展现出一个发自内心的微笑。

"外语不精通"并不能成为做好这项工作的最大障碍。事实证明,一名乘务员最需要的是自信的气质以及良好的和旅客沟通的能力,面试官也不会因为暂时的缺点而对面试者的工作能力产生怀疑。

(3)还有个比较常见的问题:"你为什么离开原来的公司?"当然,对于没有工作经历的人来说不用考虑此类问题,但对于有过工作经历的人来说,这个问题很棘手。回答不好就有可能被视为不安心工作,换工作太频繁会给人朝三暮四、责任心不强的感觉,但也需要给出真实的有可信度的答案,因此,在回答这类问题时要谨慎。

(4)在面试中,还有个忌讳便是绝不能向现公司大谈上一家公司的情况。如果面试者对面试官说了以前公司内部的一些事情,那么面试官对他也会产生质疑,觉得万一录用了他,他离开之后,也会对另一家公司泄露本公司的内部机密,这涉及职业道德问题。

如果说简历是通往职场的一座桥的话,那么面试就是进入职场前要推开的一扇门,这扇门开了,你的职场生活才渐渐开始。

三、调整情绪:克服紧张心理,打有准备之仗

求职面试好比泛舟于江湖,有时候风平浪静,两岸风景如画,有时候波急浪涌,惊心动魄,而且这趟旅途有目标但没有地图,不会按照计划进行,不知道下一秒会发生什么状况,面对各种情况需要及时调整自己的情绪,这样方能克服自身紧张心理。

(一)调整情绪

找工作一定会遇到很多困难,但最大的挑战是心理上的,求职时人的情绪和心理状态会发生起伏。求职刚开始时热情高涨,关注航空公司面试的各种话题和活动、主动搜索信息,积极采取行动;随着面试的新鲜劲过去,经常性的等待和接连不断的失败使求职热情迅速下降,行动也越来越懈怠;几个月后心情降到谷底,开始随大流,花在求职面试上的时间和精力越来越少,具体的表现就是投简历数量越来越少或不用心,即使有面试也不会花时间准备,不关心求职面试的信息等。具体到求职的每一天,心情的变化也是复杂的,兴奋、沮丧、紧张、害怕、郁闷、高兴、伤心……情绪状态会因为一个电话、一个消息甚至别人的一句话就切换。

有效的情绪管理是让自己的情绪保持在"合理曲线"的范围内。虽然疲惫和焦虑是必然的,但应该尽可能避免大起大落。求职面试既是实力的比拼,更是心理管理能力的较量。如果求职者的心理波动像"警戒曲线"那样,那他势必会失去很多机会,图4-2为情绪示意图。

求职者可以通过以下两个方法体察自己的心理变化。

1. 自我评估法

参照图4-2所示的情绪变化示意图,经常给自己当天的情绪做一个评估,如果持续多

天情绪处于警戒曲线所示水平及其以下水平,则要意识到自己"病了"。

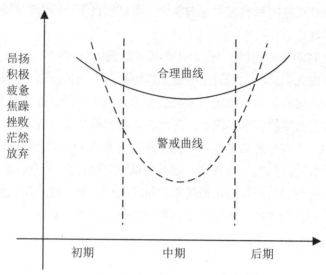

图 4-2 情绪示意图

2. 行为分析法

求职面试的每个阶段都有不同的任务需要完成,求职者的行为如果不符合当下阶段的任务要求,也是一种"病了"的信号。

(二)求职者的情绪和心理变化的原因

求职者的情绪和心理变化主要有下列几个原因。

1. 反复的挫折

空乘专业求职面试的过程往往比大多数人想象的复杂一点,例如,在官网提交个人信息、准备面试材料、面试中复杂的流程等。有的时候面试了很多公司可能不会有一家公司的面试全部通过,偶尔过一家公司的初试,却不一定能通过后边的复试以及试装等,可以说,经历无数次挫折都不一定能成功一次。

大多数航空公司的面试流程都基本相同,大概就是:初试、复试、试装、终审、体检。看似简单的流程,其实每一个环节都非常复杂,例如,看疤痕这个步骤,面试官会不厌其烦地一次又一次地在每一个步骤去看,而且每一次面试的面试官都可能不是同一批人,这一批面试官喜欢你,你通过了初试,不知道后面哪个环节的面试官就因为某种原因不喜欢你了,你可能就因此被淘汰掉。

2. 负面的不实信息造成的焦虑

好比在你面前放着一个黑箱,你要从黑箱里拿一把钥匙出来,有人告诉你黑箱里有一条毒蛇,你还敢伸手去拿钥匙吗?其实只是"有人告诉你"黑箱里有一条蛇,到底是不是真的并未经过验证,但这已经造成了你的恐慌。

你的同学会告诉你就业情况很糟糕，有人会说某航空公司喜欢个子高的或者小巧的，或者是英语成绩好的，再或者是他们公司的需求量很低，你会听说其他同学都轻轻松松找到了工作，或者你听说空乘行业竞争巨大……身边流传着各种坏消息，而且都是针对自己的，让你觉得别人都很幸福，就自己最不幸。

求职就是这样，各种未经证实的消息造成了焦虑。

求职过程中的巨大考验——疲倦。首先，求职过程历时长，你要尽快地找到工作，不想在别人之后，而一开始的通过率往往不尽如人意，经常在公司官网投递个人简历，然后参加面试，面试点可能还不在你所在的城市，你需要奔波到各个城市去参加一次又一次不知道结果的面试；其次，还有学校里的各种事，如课程、考试，因此，整个求职季节就是疲于奔命的感觉。在身体和精神高度紧张和疲惫的情况下，心理状态更容易出现波动。

（三）克服紧张心理

1. 转移注意力

转移注意力是一种很好的处理紧张情绪的方法，如果某件事令你很紧张，那么你就不要再刻意去想那件事了，或者听听音乐、唱唱歌，或者翻阅一本内容轻松、活泼、有趣的小说或报刊，这样能有效转移注意力，克服怯场心理，让紧张焦虑的情绪恢复正常。

2. 控制说话语速

如果在面试时感觉非常紧张，那么先不要急于讲话，平复一下心情再说，脑袋中可以想象面前这些人以后就是自己的同事了，马上就能与他们共事了，或者想象他们是自己非常熟悉的朋友，没什么好紧张的。心理学分析，人一旦紧张，那么身体就会做出反应，心跳加速、语速加快，或者讲不出话来。一旦说错话，心情会更紧张，错误会更多，以致思维混乱。

在面试时，语速也不可过慢。语速过慢会缺乏激情，气氛沉闷，也会使人生厌，自己也会变得不自信，这样也会产生紧张情绪。因此，要保持语速适中，像跟家人说话一样，这样紧张的情绪就会得到缓解。

3. 目光坚定地直视前方

面对面试者的提问，不要担心，目光坚定地看着对方，这时候旁边还有人盯着你看，而你的目光只盯着前面的人，故意无视旁边的人，这样也可以有效缓解紧张情绪。有些人是面对一个人的时候不紧张，但是面对多个人就开始紧张了，这时可以尝试用这个方法。另外，目光要坚定，这样显得你这个人自信、诚实可靠，而目光躲闪，飘忽不定很容易让对方对你产生不信任感。

4. 建立良好心态

良好的心态是成功的基石，无论成功还是失败，都能保持一颗不骄不躁、宠辱不惊的心。要以积极的心态面对面试中的挫折和失败。万不可因为在面试中出现失误而灰心丧志，以至于影响了后面的发挥。一时的失利不等于永远的失败，要善于总结经验教训，而不是一味地自我苛责。

5. 前期充分准备

充分的准备可以增加自信心和底气，所以要在前期做大量的功课，明确面试的时间、地点、材料，提前到达，不要因为时间紧急让人产生紧张情绪，影响面试时的发挥。关于时间，一定要再三确认；关于地点，如果不熟悉路线，可在事前亲自走一遍；该准备的材料在很早以前就应该准备妥当，不要临面试才急急忙忙地找材料。

6. 做深呼吸

临上场时如果感觉很紧张，心跳很快，可以做几个深呼吸的动作，四处走走转转，边走边做深呼吸，缓解紧张的情绪。

四、掌握面试所有信息

面试者在面试前应该提前了解航空公司的基本情况、面试流程、招聘信息，自己需要准备的材料等，还可以提前从互联网上获取面试成功者的经验。具体来说，空乘专业求职者面试之前需要做好以下六种准备。

（一）了解航空公司的详细信息

面试者可了解航空公司的基本信息、文化理念、运营基地、公司标志（见图 4-3）的含义、IATA 以及 IACO 代码、公司总部地点、公司的性质、品牌乘务组、公司口号。这些信息有助于面试者在面试时吸引面试官的眼球，会让面试官觉得面试者对他们公司很了解，是奔着他们公司来的，这会增加面试者面试的成功率。

（二）掌握考官可能在面试时提问的问题类型

各大航空公司面试时，各个阶段都会准备一些问题来考验应试者，常见问题如下。

（1）"你为什么会来我们公司面试？"这应该是遇到概率最高的一个问题了，这个问题与前面提到的充分了解航空公司基本信息相关联，在充分了解了公司的基本信息以后，面试者就可以说自己喜欢公司的服务理念、公司口号、公司标志的含义等，切记不要回答"我有一个当空姐的梦想""我对这份职业充满了热爱"，或者"我觉得你们公司制服很好看"之类的很通俗的一些话，这会拉低你在考官心里的分数。

（2）"你觉得你有哪些优点可以说服我们，来让我们留住你？"这也是比较常见的问题。针对此问题，面试者可以说一下自己的优点，例如，良好的沟通能力、英语水平、处理问题的能力以及身体素质方面的优点等。面试通常是十人一组，如果你是第一个说的，一定要让面试官眼前一亮，这样他会觉得后边说的都不如你出彩；如果你不是第一个说的，那就要注意了，千万不要重复前面面试者说过的优点，就算是你也有相同的优点，也尽量不要说一样的话，最好变换一种表达方式，这个比较考验随机应变能力，如果你对自己的应变能力不是很自信的话，你可以提前准备一些比较出彩的独特的说法，以免自己准备的和其他应试者说的相重复。

（3）"你认为你有哪些缺点？"有些面试官也会问这种问题，其实他可能并不是真的想知道你到底有什么缺点，而是想看一下你会用什么样的方式来回答。这时你就不能很老实地说出你所有的缺点，因为那样不仅暴露了自己的缺点，让面试官对你的印象变差，更会被老师继续问下去，问到最后可能会让你无言以对。你可以说一些听上去是缺点实际上是优点的方面，或者是真的有点小缺点也没有关系，大胆说出来，然后表达出自己改正的决心或者说出来的这个缺点并不会对自己这个工作造成影响，这样会让面试官觉得你的缺点不足以说服他不去录用你，不但不会减分，回答得好说不定还会加分。只要用心准备一下，这种问题不难回答。

此外，还会有一些跟具体服务相关的问题。

面试官通过这种类型的问题主要考查的就是你的随机应变能力，如果他有意刁难，你也一定要记住千万不能慌张，一定要冷静，而且一定要想出一种解决问题的方式，不管是什么问题都不要害怕。这些问题你可以提前整理一些出来，然后根据自己的专业想一个具体的对策，实在拿不准就请专业老师来帮忙，这样不至于到时候什么都想不出来。

（三）练习面试特有的语调

这个就很简单了，航空公司往往都会喜欢说话声音很甜很温柔的女孩子，如果你是粗嗓或是烟嗓，那也不要紧，只要多加练习就不会在面试中处处碰壁了。你可以对具体的字音多加练习，让你说的整句话听上去都很好听，说话要有起伏，不要平调说完整句话，一定要有合适的语气、神态（扫描下方二维码，见图4-4），让面试官从你说话的语气中感受到你阳光自信、朝气蓬勃的一面，但是也不要过度地表现自己，有些时候会让面试官反感。一定要相信自己，只有自己相信自己了，才有可能让面试官相信你。

（四）设计面试新形象

对于空乘专业的学生来说，这一点就非常简单了，只要按照专业课老师说的要求，做好妆容和服装上的准备，注意需要避开的几点和重要的几点，就不会有太大的问题了。另外，一定要记住，有时候你的形象会让老师看到你的状态及态度，千万不要应付，那样会给你减分的。

（五）模拟与演练

模拟演练就是模拟面试场景，克服紧张的心理。重视每一次模拟，会让你在真正面试时减少紧张感。还要锻炼体态形态，端庄优雅，让别人看到你就会觉得你具备一名空姐的气质。注重每一个小细节，最重要的是要自信，这样才会让面试官看到你。在这里值得一提的是，要准备好一份只属于自己的特别的自我介绍，切忌千篇一律，内容尽量要体现自己的优点，而且是在这个行业来说比较有用的优点，一份好的自我介绍可以给你的应试加分。

（六）练习空乘专业的笑容

这应该是空乘专业求职面试中最重要的一点，每天咬着筷子练习半个小时专业笑容，不要觉得自己笑起来不好看是先天性的问题，这个是可以锻炼出来的，只要你习惯了笑的状态，你就会很自然地流露出最真实、最自然的笑容。面试时最忌讳的就是假笑和不笑，如果你不带笑容去面试，那么你的通过率几乎为零，因为没有一家公司会喜欢一名板着脸的乘务员，这样的乘务员不和蔼可亲也不平易近人，不符合这个行业的需求。勤加练习，你一定会绽放出最自信、最光彩、最美丽的笑容。图 4-5（扫描下方二维码）为航空公司面试现场。

资料来源：面试之前需要做好六种准备[DB/OL]．[2019-03-27]．https://m.baidu.com/sf_edu_wenku/view/da34571ae97101f69e3143323968011ca300f7de.html#1．

第二节　前期准备工作

目前，空乘专业培养的学生是适应 21 世纪民航运输事业发展，具有较高的政治素质、坚实的英语基础及应用能力，受过专门航空运输知识、技能训练的实用型民航空中乘务员，是气质佳、形体美、才艺精、纪律严的知识型、技能型航空服务专门人才。

一、学习与素养：专业知识和技能的学习，综合素养的提升

对于一个人来说，无论知识、能力，还是素养，凡是从无到有，从少到多，从弱到强的过程，都可以认为是一个学习的过程。而学习专业知识是大学生在大学阶段的一项核心

任务，在各项事务中居于核心地位。

随着国家经济和民航业的迅速发展，全国各大高校相继增加了空乘专业，来满足民航业对空中乘务员的大量需求。报考此专业的考生一般需要先经过艺考，经过初试、复试、体检，之后参加高考，在艺考与高考都符合高校标准的情况下才予以录取。

为了做好充分的面试准备，进入岗位前做好知识储备，要求空乘专业的学生在日常的课程及实践中，努力学习专业知识，提高自己各方面的综合素质。

空乘专业学生在校期间学习的课程大致分为以下几类。

（一）民航知识类

民航服务礼仪、民航乘务英语、民航客舱设备及管理、航空运输地理、民航服务心理学、空乘礼仪等。

（二）文化知识类

大学语文、普通话、演讲口才与技巧、应用文写作、大学英语、思想道德修养等。

（三）实践技能类

民航乘务服务、医疗常识与急救、化妆技巧、手语基础、声乐基础、舞蹈等。

专业知识的学习是高等院校与中小学最明显的区别。对于空乘专业的大学生来说，专业与今后的职业发展密切相关，因此，在大学期间应该花大力气去把它学好。

经过了层层选拔的空乘专业学生，都有着姣好的五官、匀称的身材，但是，这些离一名专业乘务人员的标准还是有距离的。

首先，在外貌上，空乘专业学生须通过"化妆技巧"等专业知识的学习来提升自己。

（1）在妆容上，按照工作妆的要求，不要过浓或过淡，化具有亲和力又可以体现空乘人员气质、气色的妆容。保持手部干净、整洁，指甲修剪整齐，不佩戴过大的饰物、时装手表。

（2）在发型上，空乘发型要大方，适合自己的脸型、制服和风度，不留奇异、风潮发型，不染异色头发。女性不留披肩发，长发要盘起，要用深颜色的发饰并保持统一，发饰不要用在明处，应用发网等软性发饰。男性鬓发不盖过耳部（不得留鬓角），背面头发不能触及后衣领，不留长发，不得烫发，也不要剃光头。

（3）在制服上，空乘专业的学生着制服后都能体现出很好的个人职业形象和令人振奋的精神面貌。因此，在穿着制服期间，要特别注意自己的仪容仪表，使自己的形象、举止符合制服应表现出的形象。

其次，中国素有"礼仪之邦"的称号，正所谓"人无礼，无以立"。中国文化博大精深，礼仪的学习与运用是重中之重，是商务活动中非常重要的行为准则。空乘礼仪的学习，有助于提高空乘的个人素质；有助于提高航空公司的服务质量和服务水平，塑造航空公司的整体形象；有助于提高企业的经济效益和社会效益。

良好的仪态是一种规范、一种修养、一种风度，它与秀美、容貌及婀娜多姿的身材相比，是更深层次的美。所以，空乘专业学生在校期间要上舞蹈课、形体课，男生还要上散打课与体能课，通过学习潜移默化地提升气质。

（1）优美典雅的站姿。站立是人们日常生活中最常见的姿势之一，是别人关注度最高的方面，也是空乘人员在工作中的基本功之一。站姿要求挺拔、优雅，即俗话说的"站如松"。头部抬起，面部朝向正前方，双眼平视，下颚微微内敛，颈部挺直。双肩自然放松端平且收腹挺胸，但不显僵硬。女生双臂自然下垂，处于身体两侧，将双手自然叠放于小腹前，双腿并拢，两脚呈"丁"字形或"V"字形站立。男生双臂自然下垂，脚跟并拢，双脚呈"V"字形分开，两脚尖距离约为一个拳头的宽度；或双脚平行分开，与肩同宽。

（2）文雅端庄的坐姿。入座时要轻而稳，走到座位前，转身，轻稳地坐下。女子入座时，若着裙装，应用手将裙摆稍稍拢一下，坐下后不要再站起来整理衣服。男生坐姿：双腿并拢，上身挺直坐正，两脚略向前伸，两手分别放在双膝上。女生坐姿：坐正，上身挺直，两腿并拢，两脚同时向左或向右放，两手叠放，置于左腿或右腿上。坐在客舱里乘务员座椅上时更要注意坐姿文雅、端庄。

（3）流畅稳健的走姿。流畅、稳健的走姿不仅给人以沉着、稳重、冷静的感觉，而且也是展示自己良好气质与修养的重要形式。空乘人员在客舱里行走要稳，如果步伐过大的话会给旅客造成压力。

（4）美观大方的蹲姿。由于服务的需要，空乘人员需要到处捡拾东西或做卫生清洁等工作，若用右手捡东西，可以先走到东西的左边，右脚向后退半步后再蹲下来。脊背保持挺直，臀部一定要蹲下来，避免弯腰翘臀的姿势。男士两腿间可留有适当的缝隙，女士则要两腿并紧，穿旗袍或短裙时更加需要留意，以免尴尬。

站、坐、走、蹲，做起来很容易，但要做得标准却也是有难度的。空乘专业的学生更要严格要求自己：女生学习舞蹈、形体等课程，使自己身形变得更好；男生通过学习散打、进行体能训练使自己更强壮，有型。

最后，随着航空事业的发展，乘客对空中服务质量的要求也越来越高，而作为服务的一个重点，英语水平的高低直接决定了一家航空公司服务质量的好坏。当今世界，英语是国际沟通的主要语言，这就要求空乘专业的学生有良好的英语运用能力，在学习英语类课程，如"空乘英语""实用旅游英语""民航英语口语"时，除了在课堂上掌握教材的内容，在生活中也要多加运用。

除此之外，空乘专业的学生可以通过学习"声乐基础""演讲与口才"这类实践性的课程，提升自身的说话技巧和语言表达能力，在举手投足间和说话间凸显个人气质与魅力。

二、资料的收集：就业单位资讯的收集，自身材料的储备与整理

空乘专业学生毕业之后开始求职，就业信息的收集是非常有必要的。收集就业信息不能

只靠自己到处跑着找单位或发求职信,还要善于利用各种渠道、通过各种途径收集信息。

(一)就业单位资讯的收集

空乘专业的招聘主要分为校招和社招。

1. 校招

校招的主要信息是通过学校就业主管部门获取的。学校的毕业生就业办公室或毕业生就业指导中心,是高校毕业生就业的行政管理部门,其在长期的工作交往中与各用人单位有着密切的联系,社会需求信息往往汇集到这里。而且,在毕业生就业过程中,他们会及时向毕业生发布有关信息,进行就业指导,让毕业生大致了解当今社会对本专业大学生需求的状况及有关就业的政策规定,学生本人也可以就有关问题进行咨询。

学校毕业生就业办公室或毕业生就业指导中心是毕业生获取用人单位信息的主要渠道,他们提供的信息无论是数量还是质量,都有明显的优势。通过学校毕业生就业办公室或毕业生就业指导中心获得的信息有以下几个特点。

(1)针对性强。一般航空公司是在掌握了该校的专业设置、生源情况、教学质量等信息后,才向学校发出需求信息的,这些信息是完全针对应届毕业生,针对该校空乘专业学生的,针对性强。而在人才市场和报纸期刊上获得的需求信息是面向全社会人士的,针对性较弱。

(2)可靠性高。为了对广大毕业生负责,在把用人单位给学校的需求信息公布给学生之前,学校就业主管部门要先对就业信息进行审核,保证信息的可靠性。

(3)成功率大。一般来说,只要毕业生符合条件,供需双方面谈合适,马上就能签署协议书,成功率较大。

一些航空公司会和院校形成校企合作,每年都会来学校进行空乘人员的储备挑选,挑选符合该航空公司要求的学生形成订单班或提前签署就业协议。图 4-6(扫描下方二维码)为航空公司校招现场。

2. 社招

在社招中,毕业生主要通过各航空公司官网或微信官方公众号获取招聘信息。在信息飞速发展的今天,我们足不出户就可以收集和发布各种信息。一些航空公司也是这样,它们不仅在新闻媒体上发布招聘信息,也在它们自己的自媒体上发布大量的招聘信息。图 4-7 为微信官方公众号发布的社招信息截图。

图 4-7　航空公司微信官方公众号社招信息

资料来源:"海航控股全球乘务员招聘"公众号。

除了各大航空公司官网发布的本公司的招聘信息(见图 4-8),还有一些民航微信公众号都会及时推送最新最全的航空公司招聘信息(对外航感兴趣的同学可以关注微信公众号"北京外航服务公司"获取外航的招聘信息)。

图 4-8　航空公司官网社招信息公布

资料来源:中国南方航空公司官网。

不少漂亮女孩渴望成为一名空姐,社会上不少中介公司打着可以保证通过面试的旗号,招摇撞骗。求职者应注意,谨防上当受骗。

骗局一：个人或中介公司以航空公司的名义组织招聘，收取报名费，敛取钱财。

某同学在网络媒体上看到某航空公司的招聘信息，按照通知的时间、地点前往参加面试，当面被告知需要缴纳 100 元的报名费才可以参加，无论面试是否成功，费用不退。参加面试之后石沉大海、杳无音信。后来才知道，原来是某个中介公司以航空公司的名义在网络上发布招聘信息，模仿航空公司的招聘环境及流程进行现场面试，在报名时收取报名费，最终达到敛财的目的。

骗局二：就业中介发布招聘信息，办理会员卡敛财。

某些就业中介公司经常举办一些专场招聘会，会向航空公司发出相应的招聘会邀请，并以航空公司名义发布招聘信息，如有人去应聘，需要缴纳入场费，入场费以会员卡的形式向应聘者收取，金额是 150～200 元，招聘会现场出具会员卡才可免费进入招聘会现场。航空公司对收取的入场费完全不知情，最后钱财落入就业中介公司的囊中。

骗局三：部分院校利用航空公司校园招聘敛财。

小丽为 A 院校大三学生，听闻某航空公司要来学校招聘空中乘务员，精心准备了许久，并以出色的表现顺利通过所有面试环节的考核，但是在赴公司报到前却被学校告知须向学校缴纳就业推荐费、就业保证金、学籍保管费等共计 10 万元。小丽不解，便咨询学校相关负责人，校方表示：此费用并不是完全由学校收取的，航空公司来到院校举行招聘会是学校邀请来的，学校与航空公司有相关协议，所以部分费用是要交给航空公司的，另外，学生到航空公司工作需要缴纳就业保证金，保证几年之内无违纪行为。而小丽认为面试成功完全是凭借自己的实力，并不存在推荐这一说，拒绝缴纳就业推荐费。A 院校以不颁发毕业证书、不开具相关政审材料要挟小丽缴纳此费用。

骗局四：中介公司诈骗案例。

小李、小张两名同学在报纸上看到一则关于乘务员招聘的广告，二人参加了面试并顺利通过，面试通过后被告知招聘单位并不是航空公司，而是一家中介公司，其承诺可以帮助二人以特殊关系渠道通过航空公司面试，若通过面试，须缴纳 10 万元关系运作费用，并要签订推荐承诺书，二人为得到这份工作，签订了承诺书。二人后续参加航空公司乘务员招聘面试，因条件符合航空公司招聘标准，所以正常通过了各环节考核，但中介公司却声称是自己内部运作托关系，二人才通过了面试，因此向学生索要 10 万元所谓的关系运作费，并恐吓威胁称，若二人不向中介公司缴纳 10 万元关系运作费，就无法到航空公司入职报到。

骗局五：个人冒充航空公司内部人员，诈骗钱财。

小玲是一名空乘院校的应届毕业生，新的就业季来临，身边很多同学都去应聘航空公司，也有很多同学已经"飞上蓝天"。看到这些，面临就业的她多少有些着急，所以她也鼓起勇气去参加了几次空乘面试，但是她在初试环节就被淘汰出局，眼看着自己的"蓝天梦想"即将破灭。

就在此时，小玲听说老家邻居的一个亲戚刘某在某航空公司的人力资源部上班，能帮人当空姐，便托人找到了刘某。刘某声称自己能够疏通关系，帮助小玲圆梦，但是需要

20 万元疏通费。小玲的家人为了不让小玲与梦想擦肩而过，一狠心卖掉了自家房产，凑够 20 万元交给了刘某。事后，刘某迟迟不露面，并以各种理由躲避小玲和小玲的家人，小玲的家人感觉不对劲，便向公安机关报案。接到报案后，民警将正在网吧上网的刘某抓获。刘某供述，自己平时花钱花惯了，没钱花就骗那些想当空姐的同学和朋友。他将大部分钱款用于购买网络游戏装备，有一些还用于日常开销。

以上是一些真实案例。[①]在获取就业信息的过程中，同学们一定要擦亮双眼，明辨招聘信息的真实性，以防受到各种程度的身心伤害。

针对这些骗局，一些航空公司也做出了声明，如图 4-9 所示。

首页 > 人才招聘 > 乘务员招聘 > 招乘公告 > **国航乘务员招聘声明（2018版）**

招乘首页 | 招乘信息 | 招乘公告 | 招乘流程 | 乘务员生涯 | 薪酬福利

国航乘务员招聘声明（2018版）

我公司乘务员招聘统一采取国航招聘网站报名的方式，并仅授权北京金凤凰人力资源服务有限公司及其分子公司进行筛选，从未委托或授权其他单位招聘，也从未以合作办学、代培、代招方式进行乘务学员培训。凡假借国航名义设点招收、培训空中乘务员的，国航将保留追究当事人（单位）法律责任的权利。敬请广大应聘者在应聘时提高警惕，以免上当受骗。

我公司面试考核前从不收取任何形式的推荐费、介绍费、招待费、活动费、中介费等费用，且仅认可应聘者个人报名，不需任何学校或中介机构推荐，不接受任何单位或学校组织的集体报名。经我公司招聘考核合格的应聘者，只需缴纳招聘体检费和部分乘务员初始资格培训费。

我公司所有员工不得以招乘名义从任何单位、组织或个人收取介绍费及其他变相的费用，欢迎广大考生及家长监督（如发现相关行为请以邮件形式至本公司监督邮箱 recruit@airchina.com举报）。如需了解更多更详细的招聘咨询，请登录国航招聘网：zhaopin.airchina.com.cn。感谢您一直以来对国航的关注与支持！

图 4-9　国航招聘声明

资料来源：中国国际航空公司官网。

（二）自身材料的储备与整理

求职是一项繁杂耗时的工程，整个求职的过程既是对求职者个人性格、兴趣爱好、职业发展规划等方面的定位和思考，又是考验求职者个人信心、耐心以及对细节的把握能力等。

求职者材料的准备虽然是一件很简单的事情，但反映出求职者做事的认真程度、细致程度，这是在今后从事任何工作都必须要具备的基本素质。因此，求职过程中，材料的准备务必精心、细心，面面俱到，以免用人单位想要材料时，自己却手头无料，功亏一篑。主要从以下几个方面准备。

1．面试材料的准备

（1）身份证原件、复印件。

（2）1 寸蓝底彩色照片 2 张，5 寸全身制服照片 2 张（电子版的也要携带，放在 U 盘和邮箱里，以备使用）、黑色签字笔（非圆珠笔）、固体胶。插页图 4-10 为蓝底彩色照片，图 4-11 为全身制服照片。

[①] 海航启动 2013 年空乘招聘，揭 5 骗局提醒应聘者小心[DB/OL]．[2018-10-28]．http://www.sanyajob.com/lookNew.sp?id=2483，有改动。

（3）英语等级证书（已经取得者提供）。

（4）在校生携带学信网《教育部学籍在线验证报告》打印件。毕业生携带学信网《教育部学历证书电子注册备案表》打印件、毕业证复印件、学位证复印件（大专毕业生不需提供）。境外学历求职者须携带毕业证、学位证（教育部留学服务中心国外学历学位认证中心认证）的原件、复印件。向用人单位递上材料时，材料齐全会给用人单位留下非常好的印象，一旦有多余的材料，用人单位会退回给求职者。

2. 求职硬件材料准备细则

（1）服装准备。空中乘务专业面试中的服装选择对考生来说是非常重要的，如果选择了与自己协调的服装，就能对自己的形象起烘托的作用，也能增加自信；而没有选对服装，不仅会干扰视听，分散受众的注意力，还会影响到自己的心理状态。

那么作为一名参加面试的考生，应该如何挑选服装呢？我们要遵循的一个最重要的原则就是衣着简洁、清爽，这样才不至于失去自己本身的那份青春与活力。

衣领是最靠近脸部的，具有很强的装饰性和修饰性，对一个人的形象有很大的影响。所以，一定要根据自己的脸型和脖子来选择领型，使衣领起到美化和修正脸型的作用。下面介绍不同脸型适合的衣领类型。

① 圆脸型。不适合圆形领，也不适合方形领，前者会使脸显得更圆，后者由于对比度太大而更突出了脸圆。"V"字领、"U"字领对脸部起到拉长的效果，使圆脸从视觉上来说变得修长一些，缩短脸的横向比例。

② 长脸型。方形和"V"字领会加强脸的纵向感，所以，长脸型最好选择开口高一些的圆形或船型领，这样会使脸部显得圆润丰满一些。

③ 倒三角脸型。不可选择"V"字领，这种线条向下的三角形领，会使脸的下部显得更窄，与上半部分形成更明显的对比，使面部显得不协调。应尽量选择开口浅的方一些、宽一些或船型的领型，使较尖的脸型下部显得圆润柔和。

④ 菱形脸。不宜选择桃心领、方形领、上翻的领型，否则会使颧骨显得更高、更宽。应该选择一字的或线条较平滑较舒展的领型，可以柔化脸部线条。

⑤ 三角形脸。不宜选择"一"字形或方形的领型，否则会增加脸下部的宽度，使脸的上部显得更窄更尖。应该选择"U"字领，这样会使脸型的线条显得柔和圆润一些。

⑥ 方形脸。不要选择"一"字形和方形的领型，否则会使脸型显得更加呆板和硬朗。适合选择开口稍低一些的"桃心"领，可以改变脸型过于方正、偏短的感觉。

⑦ 脖颈细长。高翻的衬衫领、圆形领对较长的脖子起到收缩的作用。还适合在脖子处系一条与服装颜色和谐搭配的小丝巾，不仅可以起到点缀的作用，还能美化修正细长的脖子。

⑧ 脖颈短粗。适合"V"字形的领，领口可以偏大一些，穿衬衫时最上面的 2～3 颗扣子最好不扣上，这样可以起到视觉上拉长、延伸脖颈的作用。

（2）鞋子。男士选择正式的男式皮鞋即可，系带不系带都可以，以黑色为宜（见图 4-12）。

（a） （b）

图 4-12 男士正装皮鞋

资料来源：济南凯创艺术培训学校. 空乘专业面试服装选择参考[DB/OL]．[2019-01-26]．http://www.likekc.com/index.php?m=content&c=index&a=show&catid=14&id=104.

女士以黑色的高跟、半高跟的船式正装皮鞋为宜（见图 4-13）。不同身高的高跟鞋高度参考如下：

170 厘米及以上——3 厘米左右；
165 厘米左右——5 厘米左右；
160 厘米左右——7 厘米左右。

细跟 3 厘米　　　　　细跟 5 厘米　　　　　细跟 7 厘米

图 4-13 女士正装皮鞋

注意：高跟鞋不要超过 7 厘米，否则影响形体、腿型以及走姿等环节的考核。

（3）袜子。男士尽量穿黑色袜子，不可以穿白色袜子和过于短小的袜子，避免露出袜子，让人看到与职业装不相匹配的颜色；袜子颜色和皮鞋保持一致。

女士根据航空公司不同要求着袜，部分航空公司允许着丝袜，部分航空公司是不允许着丝袜的。如可选择连裤袜，颜色以透明肉色为宜。

注意：全身不得超过三种颜色。

（4）饰品。

耳饰：镶嵌物直径不超过 5 毫米，单耳不得佩戴两个或两个以上饰品，以佩戴珍珠耳钉为宜；男生不得佩戴耳饰。

戒指：一枚样式简单的全嵌式细戒（尽量不戴）。

项链/挂件：红绳挂件等不得裸露在外（尽量不戴）。

手表：设计简单、大小适中，纯色皮质表带为宜，带宽不得超过 2 厘米，能清晰显示时、分、秒（可有可无）。

眼镜：不得佩戴有色或有修饰功能的隐形眼镜或框架眼镜。

（三）可靠的手机，并保持畅通

有的面试官会在面试之前联系面试者，协调有关事宜；或者在面试结束后，通过电话转告重要信息。

（四）可靠的材料袋、签字笔、小笔记本等

材料袋用来装面试者的资料，以便面试时材料能够整齐地递给面试官。签字笔、小笔记本主要用来记录比较重要的信息。

（五）确认考试地点及信息

（1）一定要提前一天视察好面试地点、到达面试地点的路线、天气情况等，确保提前一点儿时间到达面试地点。

（2）一定要掌握专业知识、岗位信息、公司动态等，以便更有把握地与面试官斡旋。

特别提醒：要以航空公司的具体面试要求来准备资料，航空公司每年、每个季度的面试要求和内容都可能会有细微调整，如各个城市的面试地点、复试内容等。不要以之前的面试经验来直接判断每次的面试信息。

三、简历的制作：内容翔实、条理清晰、重点突出、简洁美观

简历是进入职场的敲门砖，是展示求职者个人能力和个人优势的地方。

（一）简历的介绍

"简历"这个词突出的是"简"，所以简历不是写论文，不能过于冗长，面试官也没有时间在你的长篇大论中帮你总结归纳他们需要的信息。"简历"的"简"也不能理解成简单，应该是突出重点，在短短的一两页纸中要把你的亮点展现出来。面试官留下某份简历，多半是因为看到了简历中的某个词或某句话。

简历，最重要的是要有针对性。这个针对性有两层含义：一是简历要针对你所应聘的公司和职位；二是简历要针对你自己，体现自己在大学时期的亮点。

写简历前将自己在大学的学习、社会工作和生活仔细回想一遍，写下有亮点的事情，如成绩优秀、获得过奖学金或者获得过竞赛奖励；参加过学生会工作、学生社团工作，到哪些单位实习过，组织过什么活动，取得什么业绩；在大学里做过什么有意义的事；等等。找出自己与众不同的地方，找出能反映自己良好素质的成绩或实践活动。

然后根据所应聘的岗位和公司进行一定的筛选和修改。简历上应该体现你的专业成绩、曾经做过的与应聘岗位有关的项目及所取得的成绩，或在专业刊物上发表的论文；另外，也可以稍加一点你参加过的社会活动，表现你的团队合作精神。

（二）简历的主要要素

面试官在筛选简历时一般会重点注意几项内容：应聘者的期望；公司招聘岗位所需素质的相关表现，如学习成绩、社会工作经历、体现个人优秀素质的独特经历；教育背景，如学历、专业、毕业院校；如果需要面试，应聘者的一些基本信息不可少，如姓名、联系方式等。由此可见，一份简历至少要包括以下几个方面的内容。

（1）应聘的岗位或求职期望。

（2）基本信息：姓名、性别、联系方式（邮寄地址和邮编、联系电话、电子邮件）。最好留下手机联系方式并保持手机畅通。

（3）教育背景：最高学历、毕业院校、专业。

（4）与应聘岗位需求素质有关的表现、经历和业绩等，最好主题突出，条理清楚地写下来。

（5）最后，可以附上有关证明材料的复印件，如获得奖学金、优秀干部、实习鉴定、英文证书、技能证书和发表过的论文的复印件。

表4-1为个人简历模板。

表4-1 个人简历模板

个人基本信息	姓　　名		民　　族		籍　　贯		照　　片
	性　　别		出生年月		婚姻状况		
	政治面貌		身高（cm）		体重（kg）		
	身份证号				健康状况		
	学　　历			所学专业			
	现居住地		联系手机		邮箱地址		

教育背景（从高中起填写）	起止年月	在何单位（学校）	任何职务

家庭主要成员	与本人关系	姓名	工作单位	职务

专业技能或证书	

个人特长	

社会实践经历	

（三）简历的形式

简历在形式上要整洁、美观。一般的简历不需要太花哨，关键要有内容，突出重点。前述内容最多只能写 2 页 A4 纸，一般要打印出来，字体为五号或小四号。简历有没有封面都没有关系，很多面试官并不喜欢有封面的简历，因为抽取其中的简历比较费时间。

以下是面试官不希望看到的几种简历，求职者在写简历时须避免。

（1）空洞、缺乏事实和数字支持的简历。例如，写了很多长处，如做事认真、吃苦耐劳，具有团队精神、创新精神，适应能力强，沟通能力强等。面试官对这些空洞的词句是比较反感的。与其写这些，还不如写你做过什么学生工作、组织过什么活动，取得了什么成绩，兼职销售过多少产品，拿过什么奖学金等一些事实和数据。

（2）花了很多笔墨介绍学校、专业，列出专业课而没有成绩，很少写到个人。这样的简历只适合从来没有招过大学生的单位。绝大多数企业的面试官关心的是应聘者个人的特点和能力。

（3）散文式的简历。简历像一篇散文或记叙文，看起来很费力，找不出重点，诗情画意的词很多，表示态度的词很多，而事实和数字很少，条理不清楚。

（4）装帧精美但内容毫无新意。也许彩色和精美的印刷可以让人从一堆简历中拿出来看一眼，但如果内容不合要求，也会被扔到一边，并让人觉得应聘者名不副实。况且精美装帧的简历成本也相对较高。

（5）千篇一律、字迹模糊的复印件。这样的简历让人觉得应聘者对应聘企业和岗位并不重视，也很难得到面试官的重视。

求职的两点技巧：一是在递交简历时与面试官简单而恰当地交谈可以增加获得面试的机会，要重视与接收简历的面试官的简单交谈；二是即使简历没有被选上，也可以去争取面试机会，尤其是当空乘专业的学生想要面试销售类、公关类的岗位时，可以估计面试官举行面试的时间，提前打电话要求面试或直接上门寻找和面试官见面的机会。

（四）制作简历的注意事项

（1）简历要"简"，1~2 页就够了，无关紧要的东西不要附，格式要有创新性，不要让面试官觉得是在填表格。

（2）简历要突出重点，与职业无关的经历无须呈现在简历上，根据应聘职位个性化自己的优势。

（3）简历中不要有明显的字、词、句错误。

（4）用事实说话，空洞的词语少写。

总之，简历的重点是自己的亮点与应聘岗位匹配，在写简历时，不要忘记简历是展示自己特点以获得面试机会的重要工具。

思考与训练

一、思考题

1. 怎样把握机遇？试举一具体事例进行分析。
2. 某个你最想要进的航空公司将于一个星期以后在你的所在地进行面试招聘，你应该在面试之前做哪些充分的准备？
3. 你有什么优势可以使你在众多面试者中脱颖而出？
4. 当面试官问你"你对空中乘务员有什么理解"或者"你认为空中乘务员在航班执行过程中最需要注意的是什么"时，你应该怎么回答？

二、训练题

1. 准备一些应试可能会被问到的问题，并写出详细答案以及解决方式。
2. 准备一份只属于自己的自我介绍，并自然流利地讲出来。
3. 尝试制作一份简历。
4. 设定小组模拟面试场景（可以具体到某家航空公司的面试）。

三、案例分析题

案例 4-1：

无领导小组讨论：

寒冷的冬天发生了海难，一游艇上有八名游客等待救援，但是现在直升机每次只能够救一个人。游艇已坏，不停漏水。游客情况：

将军，男，69岁，身经百战；

外科医生，女，41岁，医术高明，医德高尚；

大学生，男，19岁，家境贫寒，参加国际奥数比赛获奖；

大学教授，50岁，正主持一个科学领域的项目研究；

运动员，女，23岁，奥运会金牌获得者；

经理人，35岁，擅长管理，曾将一大型企业扭亏为盈；

小学校长，53岁，男，劳动模范，"五一"劳动奖章获得者；

中学教师，女，47岁，桃李满天下，教学经验丰富。

要求：3分钟审题，1分钟自我观点陈述，15分钟小组讨论，1分钟总结陈词；分析该案例中实施营救的最佳排序方式，并说明理由。

案例 4-2：

小婷又一次面试失败以后，非常沮丧，每碰到一个朋友就会问，自己有什么缺点，一开始大家都只会说优点，没人敢说缺点。后来小婷就去问跟自己关系比较好的朋友，就会有人跟他说，你笑起来眼睛不够有神，感觉没有精气神、不够自信等一些详细的缺点，这使小婷更明确地认识到了自己的劣势，有些自己不知道的问题也得到了解释。在客观地认识了自己，反省了自己以后，小婷在又一次的面试中更好地调整了自己，取得了较好的结果。

请分析小婷之前面试一直失败的原因和最后取得成功的原因。

第五章
空乘人员中文面试技巧

章前导读

面对航空公司的中文面试，一般人会觉得自己没有什么问题，因此很容易忽略准备环节，在面试过程中，也会因为掉以轻心而丢分。对于将要参与应聘的人来说，一定要懂得中文面试的技巧，这样才能在面试前做好充足的准备，并在面试过程中顺利地发挥出应有的水平。

中文面试在空乘面试过程中是非常重要的一个环节。如何打扮自己，提升形象气质；如何能在应聘环节中表现得从容不迫、落落大方；如何简明扼要并恰到好处地回答各种问题，赢得考官的青睐；等等，都是十分值得重视的。"机会总是留给有准备的人。"只有做足功课并经过反复练习，才能大大增加录用概率。本章的内容主要涉及中文面试的一些技巧，供大家学习参考。

 学习目标

1．了解中文面试基本形式和流程。
2．掌握形象装扮、提升气质的技巧。
3．提升语言表达能力。
4．掌握自我介绍的技巧。
5．熟练回答中文面试常见问题。

第一节　航空公司面试的基本流程

各航空公司按照中国民用航空总局颁布的《中国民用航空人员医学标准和体检合格证管理规则》（CCAR—67FS）及公司的岗位设定，选拔录用符合岗位需求的人员，已经形成一套具有相对规则的面试程序。航空公司面试的一般流程为：网上报名、资料审核、短信通知、初选面试、综合复试、政审、培训、带飞、签订劳动合同等，详情可以通过图 5-1 以及本节内容做进一步的了解。

一、航空公司面试的常规内容

民用航空的特点是安全、快捷、舒适，其从业者尤其是空乘人员是航空服务中直接面对旅客的窗口，更是航空公司的形象代言人，空乘人员的仪表仪态、言谈举止、服务意识、专业素质、服务技能等职业形象，不仅代表航空公司，甚至还代表整个民航业和国家的尊严与形象，因此，空乘人员的选拔是较为严格的。航空公司在招聘空乘人员的过程中，仅仅通过简历筛选、笔试考核、心理测试等，不可能了解应聘者的全貌，因而一般要通过几轮面试环节，与应聘者进行面对面的交流，才能较为深入地了解一个人的外观形象和内在的基本素养，以及性格和气质等，最终确定选择符合公司形象、行业标准的人员。

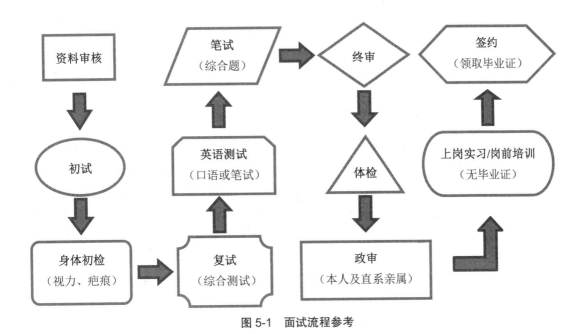

图 5-1　面试流程参考

航空公司面试的主要内容或者观测点包括以下几个方面。

（一）仪容仪表、形象气质

通过目测，观察应聘者的体型、容貌、皮肤、气色、衣着、举止、精神状态等。航空公司对空乘人员的要求总体是：体型优美、外貌端正、仪容整洁、衣着得体、举止优雅。因为研究表明，一个注重仪容仪表、行为举止优雅、笑容可掬、精神焕发的人，一般都会注意自我约束，且责任心强、做事有规律，这样的人不仅看上去赏心悦目，更适合做一名合格的空乘人员。

（二）沟通表达能力

空乘人员是代表航空公司对旅客进行面对面服务的，因而需要较强的语言沟通和表达能力。空乘人员在与旅客沟通时要做到有礼有节、亲善友好，说话时要注意做到以下几点：语音要纯正、语言要清晰、语气要温和、语速要适中、音量要适合、情感要真挚。在对旅客进行语言沟通和服务中，若能恰到好处地运用面部表情、眼神、手势、姿态等无声语言，更能使旅客产生良好的心理感受，在最大限度上缓解航行带来的不适及陌生感，给人宾至如归的感觉。因而在面试过程中，考官通过与应聘者进行语言交流观测应聘者的嗓音音质、音色、音量、音调和语气，考查应聘者的亲和力和语言沟通能力，通过观察其是否能流利顺畅地表述自己的思想、观点、建议或意见等，评判应聘者语言表达的逻辑性和准确度。

（三）思维分析能力

空乘服务不是表面上的端茶倒水，空乘服务的重点更在于服务的内涵和质量。通过面试对答进行交流，观察应聘者对考官所提出的问题是否能快速理解和分析，并抓住重点和本质准确地进行回答；答题时是否思维敏捷、分析全面、观点明确、条理清晰。思维分析能力较好的应聘者在面试过程中能够稳重自信、落落大方，倾听时的状态专注谦和，说话时则较少迟疑停顿，且能较好地搭配肢体语言，给人以好感。

（四）应变抗压能力

民航服务中最重要的方面莫过于安全和责任意识，空乘人员所从事的服务工作并不是简单化的劳动，其除了要完成各项基本服务任务外，还要妥善处理各种突发事件，如面对特殊旅客、飞机延误事件的态度，以及旅客突发急病、出现劫机甚至空难等危急情况时的处理、救护等。空乘人员面对挫折和紧急事件时，需要有强大的心理素质和迅速冷静的处置能力，才能化险为夷、化危为安。因而在面试过程中，面试官有可能会通过一些精心设计的环节考查应聘者的心理素质和应变能力，看其对意外事件的处理是否合理、妥当，或者问一些难题或敏感话题，考验应聘者的反应是否灵敏机智，回答问题是否从容恰当，是否具备处置突发事件的素质和能力，以及面对困难和挫折时的抗压能力，判断其是否符合岗位的要求。

（五）团队协作能力

民航服务一环扣一环，工作环节中需要机组人员相互支持和配合，因而空乘人员需要有较好的团队协作能力。首先，要学会宽容，宽容是一种非凡的气度和宽广的胸怀，是对人对事的包容与接纳，宽容别人就是善待自己；其次，要以诚相待，心境要平和超脱，为人大度而不计较得失，获得良好的人际关系，和任何人都能和平共处，并齐心协力创造性地完成工作任务。面试过程中，面试官会通过小组讨论等环节观察应聘者是否有与他人合作的意识；是否有理解和尊重他人的品质；在群体中是服从者还是领导者；是否能在组织成员之间建立信任、相互依靠、共同合作、协调一致，依靠团队合作的力量创造奇迹；等等。航空公司不仅强调个人能力，更注重个人与他人合作的团队意识和协作精神。

（六）综合品格素养

品格指的是人的个性品质，也就是人们常说的"人品"，通过行为和作风能表现出一个人的思想、认识和品性等本质特征。一个人人品的好坏，取决于其德行和修养高尚与否，好的人品不仅人缘好，且遵纪守法、正直善良，在工作岗位上更易受到欢迎和认可。素养指的是一个人的素质和修养，素质是指一个人的知识、能力、德行，以及对事业的执着追求等品质，为一个人能够得到持续发展提供重要的潜能；修养指的是人在理论知识、思想内涵等方面的水平，以及为人处世的正确态度，它能帮助人们获得更多的成功。

综合品格素养是人品、素质与修养的有效结合，是人的品格、智慧、情感、行为习惯、心态和意志力等各个方面的综合体现，空乘人员需要具备较高的综合品格素养，表现出对职业的热爱、对旅客的关爱，能够忠诚于事业，长久地保持工作热情，为航空公司的发展做出贡献。

二、航空公司面试的基本程序

不同的航空公司在面试形式及内容上虽然各有特点，但基本包括以下程序。

（一）资料审核

参加面试时，应聘人员首先要带好个人简历或在报名面试点填写面试报名表（网上报名或微信报名的也要打印好报名资料），并按要求准备好合适的照片及相关的证件原件及复印件。必须要注意的是：若航空公司要求用中、英文填写资料的，千万不能马虎，中文和英文的内容要认真填写并反复核对，尤其是英文方面，千万不能随意使用翻译软件，以免造成文字或语法上的错误，要保证准确无误才能留下好印象。因为参加面试是应聘者非常重要的事情，假如对自己的事都敷衍了事，谁还能相信这个人会为他人或公司认真做事？所以一定要对这些事情足够重视。

（二）初试

一般初试的主要内容为自我介绍、身体测量等，在此环节进行初步的筛选。

初试也称为海选，是面试的第一个环节，淘汰概率较高，一般在75%以上。通常10个人一组，评委通过对应聘人员的站立、转体、行走、微笑等进行目测，对其形象、仪态及亲和力等方面进行初步考核。

1. 身体测量及中、英文自我介绍

初试第一步就是先收取面试人员的相关资料，然后按先后顺序测量应聘人员的身高、体重，身高、体重合格的应聘者会得到一个面试编号，然后10人一组进行面试。

进入面试现场后，面试官会让每个应聘人员分别用中文和英文进行自我介绍，介绍的内容主要包括个人姓名、身高、体重、特长、爱好、英语等级水平等，其实这些资料面试官手里都有，这一轮主要是考查应聘人员的仪表形象和语言表达能力，通过这一轮的应聘者可以进入下一轮面试，否则会被淘汰。

应聘者在全过程中应始终面带微笑，不要过分紧张，对身边遇到的人都应彬彬有礼。

2. 身体初检

乘务员、安全员体检合格标准：无色盲、色弱；视力达到C字表0.7（含）以上；五官端正，肤色好，无明显疤痕、斑点等；无文身、无狐臭；形体匀称，动作协调，无X形腿、无O形腿；等等。

（三）综合复试

综合复试，一般会采取英语口语测试、笔试答题、情景模拟等形式对应聘人员进行有目的的考核，主要观测应聘者的逻辑思维能力、心理素质、团队意识、职业素养、专业能力、形体礼仪、口语表达能力、应变能力等。

（1）英语口语测试。通过初试的应聘人员，进入英语口语测试环节。英语口语测试的

内容一般包括英语对话及读英文广播词等，这一轮面试主要是考查应聘人员的英文听、说、读的能力。有的航空公司会把这个环节放在综合笔试后，而有些航空公司则放在综合笔试前进行，但都使用淘汰机制，符合招聘公司需求的应聘者通过后，进入下一轮面试环节。

（2）笔试题测试。笔试的内容一般包括专业知识、时事政治、推理、逻辑、英语等。笔试结束后，航空公司的工作人员会以短信或电话的方式通知应聘者是否合格，并告知下次面试的时间和地点。

（3）情景模拟。情景模拟是指通过考试的应聘者被随机地分成几组，一般是6~10个应聘者为一组，进行话题讨论。考官给出几个问题，让应聘者在一定的时间内（一般一个小时左右），在既定的背景下围绕指定的问题展开讨论，并解决这个问题。考官会通过情景模拟的全过程观测应聘者的组织协调能力、沟通谈判能力、辩论能力、需求分析能力、情绪稳定性、处理人际关系的技巧、非语言沟通能力（如面部表情、身体姿势、语调、语速和手势等）等方面的素质和个性特点，由此进行综合评价，比较应聘者之间的优劣，评判其中哪些人能达到用人岗位的相关要求。

（4）航空安全员体能测试。航空公司对安全员的体能测试非常严格，并且男女都分别有非常详细的考核评分标准，表 5-1 和表 5-2 分别为男子航空安全员身体技能项目考核评分标准和女子航空安全员身体技能项目考核评分标准，供大家参考。

表 5-1 航空安全员身体技能项目考核评分标准（男子）

项目	年龄标准	成绩评定标准											
		100分	95分	90分	85分	80分	75分	70分	65分	60分	55分	50分	45分	40分
双杠臂屈伸（单位：个）	30岁以下	27	26	25	23	21	19	17	16	15	14	13	12	11
	35岁以下	25	24	23	21	19	17	15	14	13	12	11	10	9
	40岁以下	23	22	21	19	17	15	13	12	11	10	9	8	7
	45岁以下	20	19	18	17	15	13	12	11	10	9	8	7	6
	46岁以上	15	14	13	12	11	10	9	8	7	6	5	4	3
单杠引体向上（单位：个）	30岁以下	18	17	16	15	14	13	12	11	10	9	8	7	6
	35岁以下	17	16	15	14	13	12	11	10	9	8	7	6	5
	40岁以下	16	15	14	13	12	11	10	9	8	7	6	5	4
	45岁以下	15	14	13	12	11	10	9	8	7	6	5	4	3
	46岁以上	14	13	12	11	10	9	8	7	6	5	4	3	2
2分钟屈腿仰卧起坐（单位：个）	30岁以下	75	73	71	69	67	63	59	55	51	47	43	39	35
	35岁以下	70	68	66	64	62	58	54	50	46	42	38	34	30
	40岁以下	65	63	61	59	57	53	49	45	41	37	33	29	25
	45岁以下	60	58	56	54	52	48	44	40	36	32	28	24	20
	46岁以上	45	42	38	36	34	31	28	25	22	19	16	13	10
100米	30岁以下	12"50	12"80	13"10	13"60	14"00	14"20	14"60	14"80	15"00	15"20	15"40	15"60	15"80
	35岁以下	13"50	13"80	14"10	14"50	14"80	15"00	15"20	15"30	15"50	15"70	15"90	16"10	16"30
	40岁以下	14"20	14"50	14"80	15"10	15"30	15"50	15"70	15"80	16"00	16"20	16"40	16"60	16"80
	45岁以下	14"80	15"10	15"40	15"60	15"80	16"00	16"20	16"40	16"50	16"60	16"70	16"80	16"90
3 000米	30岁以下	12'20	12'40	13'00	13'20	13'40	14'00	14'20	14'40	15'00	15'20	15'40	16'00	16'20
	35岁以下	12'40	13'00	13'20	13'40	14'00	14'20	14'40	15'00	15'20	15'40	16'00	16'20	16'40
	40岁以下	13'20	13'40	14'00	14'20	14'40	15'00	15'20	15'40	16'00	16'20	16'40	17'00	17'20
	45岁以下	14'20	14'40	15'00	15'20	15'40	16'00	16'20	16'40	17'00	17'20	17'40	18'00	18'20
	46岁以上	15'30	15'50	16'10	16'30	17'00	17'30	18'00	18'30	19'00	19'30	20'00	20'30	21'00

续表

项 目	年龄标准	成绩评定标准											
		100分	95分	90分	85分	80分	75分	70分	65分	60分	55分	50分	45分	40分
2分钟深蹲起立（单位：个）	30岁以下	110	105	100	95	90	85	80	75	70	65	60	55	50
	35岁以下	105	100	95	90	85	80	75	70	65	60	55	50	45
	40岁以下	100	95	90	85	80	75	70	65	60	55	50	45	40
	45岁以下	95	90	85	80	75	70	65	60	55	50	45	40	35
	46岁以上	90	85	80	75	70	65	60	55	50	45	40	35	30
40千克负重卧推（单位：个）	30岁以下	31	29	27	25	23	21	19	17	15	13	11	9	7
	35岁以下	30	28	26	24	22	20	18	16	14	12	10	8	6
	40岁以下	29	27	25	23	21	19	17	15	13	11	9	7	5
	45岁以下	26	24	22	20	18	16	14	12	10	8	6	4	2
	46岁以上	23	21	19	17	15	13	11	9	7	6	5	3	1
5×10米折返跑	30岁以下	42"	43"	44"	45"	46"	47"	48"	49"	50"	51"	52"	53"	54"
	35岁以下	43"	44"	45"	46"	47"	48"	49"	50"	51"	52"	53"	54"	55"
	40岁以下	44"	45"	46"	47"	48"	49"	50"	51"	52"	53"	54"	55"	56"
	45岁以下	45"	46"	47"	48"	49"	50"	51"	52"	53"	54"	55"	56"	57"
	46岁以上	46"	47"	48"	49"	50"	51"	52"	53"	54"	55"	56"	57"	58"
5×10米折返跑（高原）	30岁以下	46.2"	47.3"	48.4"	49.5"	50.6"	51.7"	52.8"	53.9"	55"	56.1"	57.2"	58.3"	59.4"
	35岁以下	47.3"	48.4"	49.5"	50.6"	51.7"	52.8"	53.9"	55"	56.1"	57.2"	58.3"	59.4"	60.5"
	40岁以下	48.4"	49.5"	50.6"	51.7"	52.8"	53.9"	55"	56.1"	57.2"	58.3"	59.4"	60.5"	61.6"
	45岁以下	49.5"	50.6"	51.7"	52.8"	53.9"	55"	56.1"	57.2"	58.3"	59.4"	60.5"	61.6"	62.7"
	46岁以上	50.6"	51.7"	52.8"	53.9"	55"	56.1"	57.2"	58.3"	59.4"	60.5"	61.6"	62.7"	63.8"
2分钟跳绳（单位：个）	30岁以下	310	300	290	280	260	240	220	200	180	160	140	120	100
	35岁以下	300	290	280	270	260	230	210	190	170	150	130	110	90
	40岁以下	195	190	185	180	170	160	150	140	130	120	110	100	80
	45岁以下	185	180	175	170	160	150	140	130	120	110	100	90	70
	46岁以上	175	170	165	160	150	140	130	120	110	100	90	80	60
立定跳远（单位：米）	30岁以下	2.60	2.55	2.50	2.45	2.40	2.35	2.30	2.25	2.20	2.15	2.10	2.05	2.00
	35岁以下	2.40	2.35	2.30	2.25	2.20	2.15	2.10	2.05	2.00	1.95	1.90	1.85	1.80
	40岁以下	2.30	2.25	2.20	2.15	2.10	2.05	2.00	1.95	1.90	1.85	1.80	1.75	1.70
	45岁以下	2.20	2.15	2.10	2.05	2.00	1.95	1.90	1.8M	1.80	1.75	1.70	1.65	1.60
	46岁以上	2.10	2.05	2.00	1.95	1.90	1.85	1.80	1.75	1.70	1.65	1.60	1.55	1.50
备注	1. 46岁以上人员考核不少于4项，45岁以下考核不少于5项，35岁以下考核不少于6项 2. 定期训练入训考核综合评定为50分者即可参训 3. 年龄组以下均含本年龄 4. "3 000米"和"5×10米折返跑"在海拔高度1 800米地区考核时，标准降低10%，海拔高度每增加100米标准再抵减1%													

表5-2 航空安全员身体技能项目考核评分标准（女子）

项 目	年龄标准	成绩评定标准											
		100分	95分	90分	85分	80分	75分	70分	65分	60分	55分	50分	45分	40分
2分钟屈腿仰卧起坐（单位：个）	30岁以下	65	63	61	59	57	53	49	45	41	37	33	29	25
	35岁以下	60	58	56	54	52	48	44	40	36	32	28	24	20
	40岁以下	55	53	51	49	47	43	39	35	31	27	23	19	15
	45岁以下	50	48	46	44	42	38	34	30	26	22	18	14	10
	46岁以上	48	46	44	42	40	36	32	28	24	20	16	12	8

续表

项　目	年龄标准	成绩评定标准											
		100分	95分	90分	85分	80分	75分	70分	65分	60分	55分	50分	45分	40分
立定跳远 （单位：米）	30岁以下	2.20	2.15	2.10	2.05	2.00	1.95	1.90	1.85	1.80	1.75	1.70	1.65	1.60
	35岁以下	2.10	2.05	2.00	1.95	1.90	1.85	1.80	1.75	1.70	1.65	1.60	1.55	1.50
	40岁以下	2.00	1.95	1.90	1.85	1.80	1.75	1.70	1.65	1.60	1.55	1.50	1.45	1.40
	45岁以下	1.90	1.85	1.80	1.75	1.70	1.65	1.60	1.5M	1.50	1.45	1.40	1.35	1.30
	46岁以上	1.80	1.75	1.70	1.65	1.60	1.55	1.50	1.45	1.40	1.35	1.30	1.25	1.20
1 500米	30岁以下	7'10	7'20	7'30	7'40	7'50	8'00	8'20	8'40	9'00	9'20	9'40	10'00	10'20
	35岁以下	8'10	8'20	8'30	8'40	8'50	9'00	920	9'40	10'00	10'20	10'40	11'00	11'20
	40岁以下	9'10	9'20	9'30	9'40	9'50	10'00	10'20	10'40	11'00	11'20	11'40	12'00	12'20
	45岁以下	9'50	10'00	10'10	10'20	10'40	11'00	11'30	12'00	12'30	13'00	13'30	14'00	14'30
	46岁以上	10'50	11'00	11'10	11'30	11'50	12'10	12'30	13'00	13'30	14'00	14'30	15'00	15'30
100米	30岁以下	15"20	15"50	15"80	16"10	16"40	16"70	17"00	17"30	17"60	17"90	18"20	18"50	18"80
	35岁以下	17"10	17"40	17"70	18"00	18"30	18"60	18"90	19"20	19"50	19"80	20"10	20"40	20"70
	40岁以下	18"10	18"40	18"70	19"00	19"30	19"60	19"90	20"20	20"50	20"80	21"10	21"40	21"70
	45岁以下	20"10	20"40	20"70	21"00	21"30	21"60	21"90	22"20	22"50	22"80	23"10	23"40	23"70
	46岁以上	21"10	21"40	21"70	22"00	22"30	22"60	22"90	23"20	23"50	23"80	24"10	24"40	24"70
2分钟深蹲 起立 （单位：个）	30岁以下	95	90	85	80	75	70	65	60	55	50	45	40	35
	35岁以下	90	85	80	75	70	65	60	55	50	45	40	35	30
	40岁以下	85	80	75	70	65	60	55	50	45	40	35	30	25
	45岁以下	70	68	65	63	60	55	50	45	40	35	30	25	20
	46岁以上	65	63	60	58	55	50	45	40	35	30	25	20	15
25千克负重 卧推 （单位：个）	30岁以下	17	16	15	14	13	12	11	10	9	8	7	6	5
	35岁以下	16	15	14	13	12	11	10	9	8	7	6	5	4
	40岁以下	15	14	13	12	11	10	9	8	7	6	5	4	3
	45岁以下	14	13	12	11	10	9	8	7	6	5	4	3	2
	46岁以上	13	12	11	10	9	8	7	6	5	4	3	2	1
5×10米折 返跑	30岁以下	48"	49"	50"	51"	52"	53"	54"	55"	56"	57"	58"	59"	60"
	35岁以下	53"	54"	55"	56"	57"	58"	59"	60"	61"	62"	63"	64"	65"
	40岁以下	57"	58"	59"	60"	61"	62"	63"	64"	65"	66"	67"	68"	69"
	45岁以下	59"	60"	61"	62"	63"	64"	65"	66"	67"	68"	69"	70"	71"
	46岁以上	62"	63"	64"	65"	66"	67"	68"	69"	70"	71"	72"	73"	74"
2分钟跳绳 （单位：个）	30岁以下	250	240	230	220	210	200	190	180	170	160	150	140	130
	35岁以下	240	230	220	210	200	190	180	170	160	150	140	130	120
	40岁以下	220	210	200	190	180	170	160	150	140	130	120	110	100
	45岁以下	200	190	180	170	160	150	140	130	120	110	100	90	80
	46岁以上	170	160	150	140	130	120	110	100	90	80	70	60	50
备注	年龄组以下均含本年龄													

由于男生有时会兼任空中安全员，所以有的航空公司在空乘应聘面试环节中还要对男

生进行体能测试考核。测试内容包含单杠、双杠、折返跑、立定跳远、3 000 米等。如某航空公司面试中对男生体能测试的测试内容和测评标准为：3 000 米，要求 17 分钟以内；100 米，要求 15 秒 50 以内；引体向上，要求 3 个以上；双杠臂屈伸，要求 5 个以上；立定跳远，要求 2 米以上；一分钟屈腿仰卧起坐，26 个以上。所有项目一项不合格，则总成绩不合格。

（5）问题答疑。航空公司通过此环节考查应聘人员涉及应聘职位的各方面素质（包括应变能力、观察能力、耐心、责任心、奉献精神、专业素养等），以及对所应聘职位的真实理解和认识深度。这类题目回答时灵活性较大，基本上没有固定的标准答案，每个应聘者只能根据自己的个人情况进行回答，所以平时的积累相当重要，正所谓"养兵千日，用兵一时"，平时就要多进行学习和锻炼。

（6）心理素质测评。对于航空人员来说，不仅要求在形象、气质、专业文化等方面符合招聘条件，还要有良好的服务意识、职业潜力、心理承受能力与处理突发事件的果敢、表现力等素养，所以在面试时，有些航空公司会有心理素质测试项目。一般都会采用提问测试，这种方法比较常用，但也可能会有题目测试，招飞行员时还可能涉及仪器测试。这个环节主要是考查应聘者的心理状态、性格特征、情绪稳定性等，所以较强的心理素质无疑会给航空面试助力。

应聘者对问题的反应要灵敏快速，理解力要强。应聘者只要事先有所准备，就不用过于担心这个环节。

（四）终审面试及体检

通过以上环节的应聘人员，进入终审面试及体检环节，表面看起来好像毫无疑问会被录用，但也有人在终审时被一票否决，前面的努力都付之东流，所以千万不可掉以轻心。终审面试是与领导面对面的一次直接交流机会，因此事先要有所准备，比如了解航空公司的一些发展状况、过往业绩等，还要对个人抱有自信心，表达出自己对工作的向往和对今后发展的期待。

（1）终审面试。终审面试是指应聘者跟公司领导的一次面谈。面试包括做简单的自我介绍、说明选择这个行业的原因等。在此次面试的过程中，应聘者因为要跟公司的领导进行沟通交流，所以既要保持良好的信心，更要态度谦逊、有礼有节，为最后的顺利通过赢得机会。

（2）体检。再次体检跟第一次体检有所不同，这一次的体检更严格，对于应聘者身体的各方面都要检查，一般都是在指定的医院进行检查。

通过这轮面试的应聘者即可进入最后的政治审查阶段。

（五）政治审查

政治审查，即政审，主要考查应聘者是否思想进步、品德优良、作风正派，是否有较强的组织纪律性和法制观念。一般有下列情形之一的，属政审不合格：有反对四项基本原则的言行；有流氓、偷窃等不良行为，道德品质不好；有犯罪嫌疑尚未查清；直系血亲或对本人有较大影响的旁系血亲在境外、国内从事危害我国国家安全活动，本人与其划不清界限的直系血亲中或对本人有较大影响的旁系血亲中有被判处死刑或者正在服刑。通过政治审查的应聘者就可以被航空公司录用了。

　　了解以上面试的基本内容和流程，可以帮助个人做好应对面试的各种准备工作，而面试准备则是保证面试成功的基础环节，必不可少，所以一定要先了解面试的基本内容和流程。

三、空乘面试形象合格参考标准

　　了解航空公司对应聘人员面试形象的有关要求以及合格与否的参考标准，有助于有针对性地打造更优秀的自己，为面试赢得成功做足功课。

（一）眼睛

　　眼睛清澈有神，两眼在同一水平线上；两眼间距比例恰当、大小适中；眼窝深陷适中；上眼睑睫毛长而浓密，略上翘；下眼睑睫毛略短，稍稍向下；眼球端正对称，角膜露出 3/4。

　　淘汰理由：眼小无神、斜视或对视、高低眼、大小眼、眼距过宽或过窄、眼窝过深或过浅、三角眼、眼角下垂等。

（二）眉毛

　　眉毛浓密、粗细适中，眉间分明，眉峰比例恰当，眉梢宜细。
　　淘汰理由：眉毛太粗显凶相、一字眉、断眉、连眉等。

（三）鼻子

　　鼻子高而平整；鼻根与两侧眼皮位置等高；鼻子长度以及鼻尖高度适中；鼻翼外沿不超过两眼的垂直线；鼻尖略呈球形；鼻孔呈椭圆形，双侧对称并斜向鼻尖。
　　淘汰理由：鼻子歪、鼻翼不对称、朝天鼻、塌鼻等。

（四）嘴巴

　　嘴的宽度适中，嘴皮丰满，厚度适中，唇线分明，唇色自然丰润有光泽，上唇下 1/3 处微微向前翘，下唇较上唇略厚，嘴巴具有立体感。
　　淘汰理由：嘴歪、"地包天"、嘴唇太厚、嘴角下垂等。

（五）耳朵

　　耳朵大小适中、贴顺对称，耳垂长而圆润、颜色粉红。
　　淘汰理由：耳大、招风耳、两耳不对称等。

（六）五官比例

"三点一线"是指眉头、内眼角、鼻翼三点构成一条直线。"四高三低"是指做一条通过额部、鼻尖、人中、下巴的直线，在这条直线上，"四高"即额部、鼻尖、唇珠、下巴尖；"三低"是两只眼睛之间、鼻额交界处必须是凹陷的，在唇珠的上方，人中沟是凹陷的，美女的人中沟都很深，人中脊明显，下唇的下方，有一个小小的凹陷，共三个凹陷。

淘汰理由：五官比例不协调等。

（七）头部

头型适中；头发光亮，光滑；发色自然；发型整洁，美观。

淘汰理由：头型不正、头歪、头发枯燥发黄等。

第二节　面试装扮技巧

一个人的形象包括内在和外在两个方面。外在指的是身形、样貌、妆容、服饰、言谈、举止的外观表现；内在指的是人的道德品质、学识、修养、性格等内在素质，这些形成人们常说的"精气神"，会始终贯穿在人的样貌、穿着打扮和举手投足中，这种由内而外融汇成的人物形象的整体美，一直是人们所追求和向往的。一个人形象的优劣，在生活中和社交场合是十分重要的，我们虽然不能以貌取人，但好的形象更能提升自信、获得好感，为自己赢得更多机会。

空乘人员是美的化身，健康靓丽、干净整洁、举止得体、仪态大方、态度亲切、待人真诚、手脚麻利、聪慧灵敏、沉着干练等，是空乘人员职业形象的最高标准。从某种意义上来说，空乘人员求职应聘面对的第一个环节，就是被考查是否符合这一职业形象。因为应聘面试的过程是对应聘者进行综合考查的全过程，应聘者需要在考官面前展示一个全新的、自信的、完美的自己，不仅要有全面的学识和精湛的专业能力，还需要在形象和气质上为自己加分，提升面试成功的概率。常常看到很多应聘者，在初试过程中，一个站立、行走、转身的流程下来就惨遭淘汰，连介绍自己、展示自己的机会都没有，除去应聘者的自身先天条件以外，很有可能就是仪容仪态、着装打扮、行为举止等方面存在某些欠缺。因此，求职应聘者懂得面试装扮技巧是十分重要的。

考场如战场，要想在面试中赢得考官的青睐，就要提前做好准备。首先，要了解航空公司对应聘者形象气质的有关要求；其次，要对自己进行恰当的了解和评价，明白自己的优缺点，挖掘自身的长处，在形象装扮上做到扬长避短，全方位地打造最佳形象，为赢得面试的胜利做好充分的准备。

一个人的形象美，应该是由内到外体现出来的整体美，不仅包括良好的外形条件，还包括美好的仪态。仪态是指人的姿态、举止和风度，即一个人的表情、行为、动作，也包括人的体态语。仪态能综合反映出一个人的性格、心理、情感、素养和气质，每个人的礼仪修养也正是通过一举一动的仪态表现出来的。因此，一个人良好的整体形象是人们的眼睛和耳朵都能捕捉到的一种舒适、愉悦的美好感受，既包含视觉形象，也包含听觉形象，应聘者要学会在这两方面装扮自己。

一、视觉形象装扮技巧

一个人的形象美是通过容貌美、形体美、姿态美、服饰美、声音美等因素综合体现出来的，其中除了声音是用听觉来感知外，其他几个方面全部都反映在人的视觉感受上。在人际交往中，视觉形象往往先入为主，会给人留下极为深刻的第一印象，如果是好的方面的印象，则为继续交往打下了良好的基础；如果第一印象不好，恐怕要花很大的工夫才能扭转，而航空公司的面试，往往第一印象就决定去留，即便再有才能，也许都没有挽回的机会了。

一个人的整体视觉形象，主要是通过仪容仪表和举止动态等外部表象特征构成的。仪容仪表主要通过妆容、发型和着装来体现，举止动态则通过体态、手势和表情等综合体现，下面从几个方面进行综合性归纳，帮助应聘者全方位地提升自己的视觉形象。

（一）妆容

由于空乘人员从事的是一份比较特殊的工作，既有行业的特定要求，同时又因为工作中直接与人近距离接触，所以对妆容要求比较高。空乘人员的职业妆应该着重体现自身的内在修养和性格特征，突出高雅品位和风格魅力，适合与人面对面交流的场合，打造出整洁干练、甜美亲切、端庄稳重的整体形象。妆容要色彩淡雅、线条清晰、精致简洁、大方得体，切忌过浓过艳，同时还要适合自己的个性特征。

应聘者对自己妆容的要求要与对一名正式入职的空乘人员妆容的要求一样，通过正确适度的妆容，让考官看到一名大方、自信、靓丽、清新的准空乘人员，使考官感到赏心悦目、心情愉悦。而这种妆容往往要求比较严格，若过于浓重，会给人难以接近的感觉，若不注意修饰，又会让考官觉得对面试不够重视或者不够尊重对方，所以，要把握好度，既不能浓妆艳抹，又不能素面朝天、不加修饰，必须用比较好的化妆手法扮靓自己。插页图 5-2 为女性妆容，该女性通过淡淡的妆容进行修饰，让人整体感觉清爽淡雅，凸显文静和高雅的气质。

1. 提亮肤色

平日要加强对皮肤的保养，饮食清淡、作息规律，改正不良嗜好，尤其是面试前一晚必须保证充足的睡眠，使皮肤光滑细嫩。化妆时尽量用浅色调的彩妆打造一个淡妆，有粉刺或雀斑的男性或女性可以用遮瑕膏进行修饰，以保证妆面的清新自然。浓妆艳抹的妆容会适得其反，使得自己的肤色看上去不清爽或恰恰突出了不好的一面。

2. 修饰面容

化妆品的选择很重要，尽量不要选择芳香性的化妆品，也不要喷香味浓烈的香水，因为面试是与他人近距离接触的过程，香味过于浓烈会令他人反感。对于腮红和眼影的色系选择也要注意与服饰搭配好，腮红不要抹得太重，眼影的颜色最多不超过三个，沿着眼睑的位置刷涂，注意层次和顺序，自下往上、由内向外、由浅入深进行涂抹；眼线也不宜画得太粗，最好不要戴美瞳，设计的眉形和唇形以及眉毛和口红的颜色等都要符合自身的特点，千万不要盲目跟风，标新立异。

人们对美的追求是无止境的，每个人的五官各不相同，也不是完美无瑕的，即使天生丽质，也可能会有些许美中不足之处，如眼睛不够大、鼻梁不够高、脸型不够好、毛孔较粗等，这些都可以通过化妆手段进行矫正。要学会分析自己的优势和劣势，利用化妆技巧，在化妆时做到扬长避短，尽量弥补自身的不足，以获得最佳的妆容效果。当然，随着时代的发展，科学技术在进步，有很多人通过微整形的手段来改善自身五官上的缺陷，塑造完美的面容，不过记得一定不要过分夸张，尽量达到自然而不露痕迹的扮靓效果，否则会弄巧成拙，反而因此失去面试成功的机会。

男性应聘者虽然不需要像女性那样化妆，但同样要精心注意修饰自己的妆容，尤其是要注意面部卫生问题，保持眉毛、眼角、耳部、鼻部的清洁，平日里要注意面部的健康状况和清洁保养，防止由于个人不讲究卫生而导致的皮肤问题，如青春痘、痤疮等。也可以通过化妆对面部局部进行恰当的改善和修饰，如用眉笔淡淡地勾勒出眉形或用眉粉增加眉毛浓度，用鼻影结合高光改善鼻梁缺陷，将深色的腮红涂在腮帮处改善脸型等，注意尽量修饰得自然美观，切忌流露出明显的化妆痕迹。

（二）发型

发型的选择要坚持自然、大方、整洁、美观的原则，既要观察发型的流行趋势，又不能盲目追赶潮流，重要的是应该考虑自己的年龄、性别、职业和脸型特点。

女性的发型一定要跟服饰搭配好，大多数女性在空乘面试时是将头发盘起来以搭配制服的，也可以采取梳马尾的方式，以体现甜美大方、清新活泼的性格，个子不占优势的女生可以将马尾梳得高一点，在视觉上有拔高的感觉，无论是盘发还是扎马尾，注意不要有碎发；最好不要留刘海，露出光洁饱满的额头会显得更加自信，若想采取斜刘海的发型以改善脸型，最好留出一定的前额部分，注意不能遮挡住眉毛；不要轻易剪短发，最好不要染发；尽量不要披头散发，如果觉得自己披发好看，那一定要发质好并且要打理出很好的发型，使发型整体看起来整洁、干练、大方，给人良好的视觉形象。

男性要注意保持发型的整洁美观、大方自然、统一规范、修饰得体。前不遮眉、后不抵领、不留鬓角、不留怪异发型或光头、不染发，头发要保持清洁。

女性盘发注意事项如下。

（1）根据脸型选择普通发髻、芭蕾发髻、法式发髻等，无论哪种，都要注意打理整齐，前后避免出现凌乱的碎发。

（2）发髻的位置一般在后脑偏上，显得精神有朝气，位置偏下会显得松垮老气。插页图 5-3 为女性盘发侧面照，该图片显示盘发的发髻位置恰到好处，显得干净利落，有精神，看上去不会拖沓老气。

（3）选用细齿梳，将头发梳平整，马尾要扎紧，将头发盘好后用网兜和发卡固定住。脸型偏大偏圆的情况下，建议不要让头顶的头发紧贴在头上，可以想办法让头发蓬松一些，以改善脸型，插页图 5-4 为女性盘发正面照，该图片中的女性头发盘起来之后，额头没有散乱的碎发，符合空乘人员"整齐干净"的发型要求，头发不是紧贴头皮，而是略略拱起，使得头型更丰满，并让脸型看起来更加完美。

（4）法式盘发（French Twist）起源于法国，故得名，其特点是没有一丝杂发，不露一根发卡。印度尼西亚鹰航空、新加坡航空、马来西亚航空三家外航要求，只能盘一种发型，就是法式盘发。而其他的很多国外航空都是允许应聘者选择法式盘发的，所以，学习法式盘发技巧对于应聘者来说很有必要。

法式盘发在盘发中最有气质，优雅的法式盘发可以百搭各种正式场合，显得高贵典雅。扫描下方二维码，观看法式盘发操作视频。

插页图 5-5 为法式盘发完成后的侧面照，从该图可以看出，法式盘发很有立体感和时尚感，这也是其受到航空公司和空乘人员推崇的原因。

（三）服饰

服饰主要指的是人的衣着穿戴。得体的服饰，可以修饰体型，提升气质，所以说服饰是人体的软雕塑。一个人的衣着打扮在较大程度上能反映出这个人的个性、爱好和职业特点，也在一定程度上体现人的文化素质、经济水平和社会地位。服装款式和造型在人物形象中占据着很大的视觉空间，因而面试时的服饰非常重要。在选择服装时，既要考虑款式、比例、颜色和材质，更要充分考虑其是否适合自己，是否能使别人在视觉上产生良好印象。

面试服装选择一般遵循 TPO 法则。

TPO，是指时间（Time）、地点（Place）、场合（Occasion）或者目的（Objective）这几个英文单词的首字母。面试者的穿着打扮都必须符合这些方面的要求，因为这不仅关乎面试者本身的形象是否美观大方，同时还涉及与应聘岗位有关的各种因素，如空乘行业的职业特点、工作性质、工作场合、生活环境等方面的综合需要。TPO 法则的含义，就是要求人们在选择服装，考虑其具体款式时，应当兼顾时间、地点、目的，并应力求使自己的着装与着装的时间、地点、目的协调一致，和谐般配，这样才能赢得最佳视觉效果。

空乘面试时的服装选择，重点是要考虑面试场合的因素和所从事职业的客观要求，因此人们大多会选择职业装。不过，无论是选择什么样的服饰，总的原则是要美观大方、端正得体，为自己的形象加分，具体要求如下。

（1）衣服穿着要合身，这是穿出美感的基础。衣着是否合身，并不仅仅只是简单地挑对大小码，而是要根据自己的体型选择能够扬长避短的款式，如适当提高腰线，改善自己的身材比例问题；注意衣领的选择，以改善自己的脸型；如果腿型不够好，太粗或太细都一定不要穿短裙；等等。选择裤装也要注意服装的颜色、款式以及是否合身等，插页图 5-6 为女性职业装，这款白色的裤装，让人看上去很清纯，内搭纯色的吊带背心，洋气而有个性，能够扮靓自己。

插页图 5-6 中女性的装扮在职场和面试场合还是挺惊艳的，不过如果参加空乘人员面试，头发最好不要染色，建议盘发或扎马尾。

（2）要尽量避免选择与自己身材不合的颜色，比如体型较胖的人宜选用富有收缩感的冷色调，款式要尽可能看上去修身合体，须避免过于紧身的浅色服装，一般选用纯色或有立体感的竖条花纹，产生修长苗条的视觉效果；体型过于消瘦者则宜选用富有膨胀感、扩张感的浅色服装或明亮一些的暖色调，避免蓝色、绿色和黑色等冷色调，还可以利用大格子花纹、横向条纹的服饰使人视觉效果变得丰满一些；肤色好的人选择色彩的余地大一些，而肤色偏黄偏黑的人，不但化妆的底色要选好，脖子和外露的皮肤上也要稍作修饰，衣服的颜色更加要注意避免黄、绿、紫、黑等，尽可能选用柔和一点的色彩搭配服饰以改善皮肤的视觉效果；切忌身上搭配的颜色过多，最多不超过三种颜色，且尽量采用同色系或使颜色上下呼应，尤其要避免上下身色彩差异太大和里外服装严重撞色的情况。插页图 5-7 为女性服装色彩搭配，其中服饰的色彩清新淡雅，上衣中的蓝色线条与裙子的色彩相吻合，配以粉红和白色格子相调节，这几种色彩经过有效搭配之后，整体显得活泼清纯，让人眼前一亮。

（3）饰品的选择更加要慎重，如耳环，切忌佩戴过大、过长且颜色、款式太显眼的耳环，可以佩戴小小的耳钉；不要留长指甲，更不能涂颜色太鲜艳太突兀的指甲油；等等。

注意尽量避免选用白衬衫和黑色包臀裙，因为大多数面试者会这么穿，一眼望去很像一群酒店服务员，很难吸引考官的目光，除非形象气质特别出众才有可能脱颖而出。如果航空公司要求一定要穿白衬衫和黑色包臀裙，那白衬衫的质地一定要好，而且款式要别致，最好在衣领处或前胸处有一点点装饰，让人看起来显得特别一些。如插页图 5-8 所示的女性面试服装搭配，图中女性白衬衫上的黑色衣领和胸前的黑边以及袖口的黑扣子与黑色包臀裙相呼应，如此看上去就与众不同了，因为这些细节的点缀能够让人感受到面试者是经过了精心考虑和准备的，容易使面试官产生好印象。

男性应聘者着装比较简单，一般主要是以西装搭配领带为主，注意西装一定要合身，整体着装从上至下不能超过三种颜色，领带的色彩和质感也要与西装相搭配，尤其要注意根据自己的体型和身材选择西装款式，如身材粗壮的男性最好选用单排扣、深色、纯色的西服和尖领、细条纹的衬衫；身材高瘦型的男生则可选用双排扣、颜色略浅的西服，搭配宽领、格子图案的亮色衬衫，避免选择细条纹图案的衬衫。男生制服一定要注意保持干净整洁、熨烫平整，不得佩戴装饰性物件，口袋内不能放置太多的零散物品，袜子和鞋也要清爽干净，身高欠佳者可考虑穿内增高以增加高度，但要注意不要太明显突兀。

男性西装穿戴注意事项如下：

（1）西装的衬衫。以纯色为最佳；硬领尖角式，领口挺直，比外套领子高出 1.5 厘米；袖口长出西装袖口约 2 厘米；下摆塞进裤子。衬衫配领带，扣子全系上，不卷袖子；不系领带时，衬衫最上面的扣子不要扣。

（2）西装的外套。西装外套上的口袋不能装东西；把扣子系好，不宜敞开；袖子上的商标（小布条）最好剪掉。

（3）领带。色彩不要太突兀；领带夹一般夹在衬衫的第三粒扣子和第四粒扣子中间；穿马甲或毛衣时，一定要把领带放在毛衣或马甲里面。

（4）西装的长裤。裤线要清晰、笔直；裤扣要扣好，拉链全部拉严；裤脚接触脚背，长度达到皮鞋后帮的一半为佳。

（5）配套的鞋袜。穿西装一定要配皮鞋，且皮鞋的颜色一定要与西装接近；袜子色彩也要与皮鞋接近，不能太显眼。

（四）表情

1. 微笑

人的面部表情是提升视觉形象的重要方面，其中最主要的、最好看的表情就是微笑。微笑是一种令人愉悦的表情，是表情中最能赋予人好感、增加友善和沟通气氛、愉悦双方心情的表现方式。一个对别人微笑的人，必能体现出他的热情、修养和魅力，从而得到尊重和信任。一个随时保持微笑的人能给人们带来温暖，相信也会从别人那里得到同样的回馈。因此，学会微笑有时甚至比高贵的穿着、高雅的谈吐更为重要。

服务性行业最重要的特点就是与顾客面对面地交流，微笑服务是一种职业内涵的中心体现，也是优质服务的前提。航空公司可以说是服务业的标杆，因此，公司最为注重的就是员工的精神面貌和行为举止。对于空乘人员而言，和蔼可亲是最基本的气质，微笑就是一种基本功，微笑服务绝不只是单纯的笑对旅客，而是竭诚为旅客着想、温馨为旅客服务的职业态度的标志。这种微笑，是真诚而发自内心的，见到旅客要像见到亲人一般，通过微笑能和旅客产生心与心的交流，使旅客有宾至如归之感，尽自己所能帮助他们解决问题。

众所周知，微笑是一切矛盾与不快的调和剂，而发自内心的微笑则需要自信来支持，同时也能带给他人好感与信任。微笑也是不花钱的化妆品，要培养发自内心的微笑，养成微笑的习惯，提升形象气质。无论是生活中还是工作中，爱笑的人一般都是心理健康、态度积极、乐观向上、有幸福感的人，他们对周围的人很友好，也容易产生吸引别人的魅力，不知不觉就能赢得好感和认同。在面试过程中，微笑可以体现内心的自信，缓和紧张气氛，还可以拉近与面试官的距离，从而体现从事空乘行业的基本素质，给面试官留下良好的印象。

好的微笑是可以通过训练获得的。自然真诚的微笑可以在日常训练中获得，在练习过程中，首先要保持乐观积极的态度，内心多给自己一些积极的心理暗示，如我很开心、我很阳光、我很自信、我的笑容是最美的等；其次，必须做到心、口、鼻、眼、眉、肌的有机结合，才能真笑，笑出甜美灿烂的面容。

常见的微笑练习有对镜微笑法、含箸（圆形的筷子）练习法、情绪诱导法、当众练习法等，总之，在日常生活中不要吝惜自己的微笑，要时常保持微笑状态，这是起码的专业觉悟。如插页图5-9所示，甜美的微笑的形象让人感觉特别有亲和力。

2. 眼神

除了微笑，还有一个非常重要的方面就是眼神，面试者通过与面试官进行眼神交流，可以体现出内心的自信和真诚，还可以表示他对面试官的尊重和重视。眼睛是心灵的窗户，人的眼睛可以传递出很多信息，也是捕捉信息的主要工具。例如，面试官就会特别注意应聘者的眼睛，通过眼神就能很好地窥视到一个人的内心活动。在人的面部表情里面，眼神有时候占到了60%~70%的作用，因为有时再怎么掩饰，也很难去掩饰眼神里的情感，只有内心真正自信而强大的人，眼神才会坚定而不躲闪，只有内心饱含真诚和善意，眼神才会温柔含笑，微笑才会甜美自然。所以要想知道一个人内心的想法，可以观察他的眼神，当然，面试者也可以通过观察面试官的眼睛，大致判断出自己的表现在他心中所留下的印象如何，面试成功的胜算有多大。

好的眼神同样也是可以通过训练获得的。

首先，我们要知道眼神表达的一些形态，分析出什么样的眼神是好的、有利的，练习时应该追求的；什么样的眼神是不好的、不利的，练习时应该避免的。

（1）从眼球转动方向看：平视、斜视、仰视、俯视、白眼等，其中平视是最好的，有利于眼神交流，其他几种都是不利的一定要避免的眼神。

（2）从眼皮瞳孔开合大小来看：大开眼皮、大开瞳孔，表示开心、欢畅、惊喜、惊愕等情绪；大开眼皮、小开瞳孔，则表示愤怒、仇恨等情绪；小开眼皮、大开瞳孔，体现欣赏、快乐、陶醉等状态；小开眼皮、小开瞳孔，则体现算计、狡诈等形象。

（3）从眼睛眨动速度来看：速度快，表现出不解、调皮、幼稚、活力、新奇、不自信等；速度慢，则表现出深沉、老练、稳当、可信等。

（4）从目光集中程度来看：目光集中，体现认真、积极、喜欢动脑思考；目光分散，显得漠然、木讷、游移不定、心不在焉。

（5）从目光持续时间长短来看：时间长，表现出深情、喜欢、欣赏、重视、疑惑、探究等；时间短，则表现为轻视、讨厌、害怕、撒娇、不屑一顾等。

其次，一定要认真分析以上要素，找出自己眼神表达的不足，用以下方法日复一日，有针对性地进行练习。

（1）眼神综合定位法。以上所有方面凝结在一起进行眼神表现综合训练，注意它们结合起来时眼神产生的细微变化，淋漓尽致地表现出富有内涵、积极向上的眼神。学会用不同的眼神表示惊喜，表示亲切，表示惊奇，表示关注，表示害怕，表示高兴，表示感慨，表示遗憾，表示不舍等。

（2）动物的眼神模仿法。男性眼神像鹰一样刚强、坚毅、稳重、深沉、锐利、成熟、沧桑、亲切、自然；女性眼神像猫或凤一样柔和、善良、温顺、敏捷、灵气、秀气、大气、亲切、自然。

（3）情绪引导法。练就真诚、清澈、无邪的亲和式眼神，内心想"我很喜欢你""你是我的亲人和最好的朋友"等，对着镜子练习，一定要从眼底表达出真诚的情感，只有在你的眼睛里面读到了这样信息，对方才会因你而心动。

（4）定点练习法。练就自信、坚定、关注的眼神。眼睛盯着一个目标，进行定眼训练。在前方2～3米远的明亮处，选一个点，点的高度与眼睛或眉基本相平，最好找一个不太显眼的标记。眼睛要自然睁大，但眼轮匝肌不宜收得太紧。双眼正视前方目标上的标记，不要眨眼睛，目光要集中，不然就会散神。注视一定时间后可以双眼微闭休息，再猛然睁开眼，立刻盯住目标。这样进行反复练习。

（5）日常简单实用训练法。我们如何利用空闲时间练眼神呢？接下来介绍一套简单的眼部练习，通过此方法可以缓解眼疲劳，视力也能得到巩固，甚至可以改善视力问题。

第一步，紧靠椅背，全身放松，然后眯眼，再张开。

第二步，坐在椅子上，双手叉腰，然后头右转看右胳膊肘，再左转看左胳膊肘。

第三步，坐在椅子上，将食指放在脸中部离鼻子15～20公分处，先看前面不远处的墙2～3秒，然后目光转向手指，看指尖3～5秒。

（五）姿态

姿态包括姿势和仪态两个方面，主要指的是人在坐、立、行走、说话和倾听时形成的外观表象，也就是通常人们所说的行为举止。行为举止是人物形象动态的体现，其主要指人体在空间内活动时的动作，以及人们在日常生活中和社会交往中的形体姿态。举止行为是展示人的"内在美"的一个窗口，有时甚至比一个人的容貌、衣着打扮给人印象更为深刻，因为它能够体现一个人的综合素养和修为。常常能见到有的人身材样貌等先天条件并不是很好，但打扮得体、彬彬有礼、举止优雅，这样的人也能吸引别人的目光，给人以惊艳的感觉；可是有的人尽管身材高挑、面目姣好，却因为高声大气、举止粗俗、行为不雅而令人侧目，让人生出"浪费了一副好皮囊"的慨叹，由此可见，姿态对人的形象气质能够起到至关重要的作用。

人体的姿态包括静态和动态的姿态，有坐姿、蹲姿、站姿、走姿、手势等，人体的姿势主要通过脊柱弯曲的程度，四肢、手、足、头部等来体现，姿势不仅能体现人的外观形态，还能反映出一个人的气质与精神风貌。人体在运动过程中产生的动作和形体变化，要与干净整洁、精神饱满的相貌，以及自然挺拔、端庄大方的姿态相适应，这样才能体现出协调的整体美感，反之，则显得猥琐邋遢、萎靡不振。面试过程中，应聘者除了样貌和身材有差异外，姿态上的差异也是非常明显的，有的应聘者自身条件并不差，他们不明白为什么自己在面试考场上和别人一样站立、微笑、转身，再绕场走了一圈之后会被淘汰，连开口说话的机会都没有，而原因或许就是他们姿态上稍逊一筹。

1. 坐姿——讲究端庄稳重

坐姿是人际交往中最重要的人体姿态，它反映的信息非常丰富，优美的坐姿是端正、优雅、自然、大方。入座时要轻，走到座位前面再转身，然后右脚向后退半步，轻稳地坐下,再收右脚。入座后,上体自然坐直,双肩平正放松,立腰、挺胸,两手放在双膝上或两手交叉半握拳放在腿上,亦可两臂微屈,掌心向下,放在桌上。两腿自然弯曲,双脚平落地上,男士双膝稍稍分开,女士双膝必须靠紧,两脚平行,臀部坐在椅子的中央(男士可坐满椅子,背轻靠椅背)。双目平视,嘴唇微闭,微收下颌,面带笑容。起立时,右脚向后退半步,而后直立站起,收右脚。

要坚决避免以下几种不良坐姿:就座时前倾后仰或歪歪扭扭,脊背弯曲,头过于前倾,耸肩;两腿过于叉开或长长地伸出去,萎靡不振地瘫坐在椅子上;坐下后随意挪动椅子,在正式场合跷二郎腿时摇腿;大腿并拢、小腿分开,或双手放在臀下,腿脚不停地抖动;为了表示谦虚,故意坐在椅子边上,身体前倾与人交谈。插页图 5-10 为优雅端庄的坐姿,双脚并拢放于座椅前,显得腿型修长,动作文雅,双手交叉放在腿上,下颌微含面带微笑,凸显高雅端庄的女性气质。

2. 站姿——讲究挺拔大方

站要有站相,好的站姿端正、庄重,具有稳定性。正确的站姿是抬头、目视前方、挺胸、收腹、直腰、肩平、双臂自然下垂,身体重心放在两脚中间。男性可以两脚分开,两脚距离比肩略窄,双手合起放在体前或体后;女性则应双脚并拢直立、脚尖略呈 V 字形,双手合起放于腹前。站立时的人,从正面看去,身体与地面垂直,人体在垂直线的两侧对称,表情自然明朗、仪态大方,插页图 5-11 为挺拔的站姿。

注意防止不雅站姿:歪着脖子、斜着肩(或一肩高一肩低)、弓背、挺着腹、撅臀或身体倚靠其他物体;两腿弯曲、叉开很大以及在一般情境中双手叉腰、双臂抱在胸前、两手插在口袋。

3. 走姿——展现精神风貌

行走是人生活中的主要动作。从一个人的走姿就可以看出其精神是奋发进取还是失意懒散,以及是否受人欢迎等,走姿最能体现出一个人的气质和精神面貌。在生活中,有的人精心打扮,穿着入时,如果走姿不美,就会逊色三分;而有的人尽管服装样式简单,优美的走姿却使他气度不凡。标准的走姿要求:行走时上身挺直、双肩平稳、目光平视、下颌微收、面带微笑;手臂伸直放松,手指自然弯曲,摆动时,以肩关节为轴,上臂带动下臂,向前、向后自然摆动;身体稍向前倾,提髋、屈大腿,带动小腿向前迈。

注意矫正不雅的走姿:双脚内八字或外八字;弯腰驼背,歪肩晃膀;走路时大甩手,扭腰摆臀,大摇大摆,左顾右盼;双腿过于弯曲或走曲线;步子太大或太小;脚蹭地面、双手插在裤兜或后脚拖在地面上行走;男士的走姿像小脚女人走路一样,一步一挪,或像闲人一样八字步迈开,容易给人以萎靡不振或大大咧咧的感觉。

4. 蹲姿——特别注意雅观

(1)交叉式蹲姿:下蹲时,右脚在前,左脚在后;右小腿基本垂直于地面,全脚着地;左腿在后与右腿交叉重叠,左膝由后面伸向右侧,左脚脚跟抬起,脚掌着地;两腿前后靠紧,合力支撑身体;臀部向下,上身稍前倾。

（2）高低式蹲姿：下蹲时一脚在前，一脚稍后，两腿靠紧往下蹲；前脚全脚着地，后脚脚后跟提起，前脚掌着地；后腿膝盖略低于前腿膝盖；臀部向下，身体重心落在后腿上，基本上靠一条腿支撑身体，上身直立并保持平衡。插页图5-12为高低式蹲姿。

优美的姿态是良好气质的最佳体现，在面试过程中，能够为形象加分，这是毋庸置疑的。优美的姿态不是一蹴而就的，应聘者要认真琢磨，通过学习礼仪知识，提高自己的综合修养，在日常生活中要严格要求自己，认真练习，改良不佳体态，做到蹲姿优雅、坐姿端庄、站姿挺拔、走姿优美，举止自然，优雅有度。

注意：无论在哪里，无论是否被人看到，都要对自己严格要求，永远保持良好的体态和举止，久而久之才能养成良好的行为习惯，才会形成自然得体的行为举止，才能在举手投足中显示出不同凡响的气质，在面试者中脱颖而出。

二、听觉形象装扮技巧

美国哈佛大学原校长伊立特曾经说过："在造就一个人才的教育中，有一种训练必不可少，那就是优美、高雅的谈吐。"因为声音、谈吐能够反映出一个人的品德修养和文化水平。中国人自古讲究"听其言，观其行"，把声音、谈吐作为考查人品的重要参考因素，因为一个彬彬有礼的人，其声音、谈吐也应该是文明高雅的，由此可见，声音美也是仪态美、形象美的一个重要组成部分。

听觉是人类具有审美能力的感官，也是人类认识世界的途径之一，听觉的审美能力和视觉的审美能力是并存的，人们通常会将视觉和听觉结合起来，对审美对象进行综合的评价。在面试过程中，一开始可能会以视觉形象为主，但在面试者进行语言表达时，面试官会通过听觉所带来的感官体验对一个应聘者进行整体形象上的矫正和评判，有时一个表面看上去形象不错的人，由于语言表达上的失误或者声音给人带来听觉上的不适，令整体形象大打折扣，而一个表面上看上去并不十分出众的应聘者，却因优雅的谈吐和甜美的声音，以及活泼大方的性格而最终得到考官的青睐。

人的听觉形象是由各种综合因素构成的，包括人的嗓音条件、语气、语调、语速等。通过学习和训练，应聘者可以更好地运用人体发音器官，维护发音功能，发出更好听的声音，学会更好地进行语言表达。在用有声语言进行沟通交流时，不仅要做到语音纯正、语意完整、情感真挚、表述顺畅，还要注意语调亲切、语气轻柔、音量适合、语速适中，将这些因素有机结合，综合构成最佳的听觉形象；在进行有声语言表达时，若能很好地配合以恰当的无声语言，如面部表情、目光、手势和体态等，则可以体现出较高的文化素质、个人修养和品味，从而提升个人形象和气质。

空乘面试过程中的自我介绍、问题回答、小组讨论、意见发表等环节，就是塑造听觉形象的关键时刻，有时考官关心的可能并不是面试者的语言内容本身，而是语言背后的东西，比如，从应聘者的言谈举止、精神面貌、关注和倾听的状态、发言的积极度等判断一个人的品行和性格、思想意识和心态，挑选出心目中的合适人选。

总体而言，听觉形象主要由以下几个方面构成。

(一) 音质

一个人的音质主要是由先天的嗓音条件所决定的，后天经过科学的训练之后，也能起到改善美化的效果，可以借鉴歌唱者或语言表演者的声音训练方法进行练习，让自己的嗓音变得集中而有穿透力，同时还要注意饮食起居，在生活中戒烟限酒、少吃生冷辛辣的食物，尽量不要大喊大叫，要学会科学护嗓。

好的声音主要体现在音质甜美、音色明亮、嗓音有磁性和感染力等方面，可以将积极的发声状态和有效的发声方法相结合，从而获得如打开喉咙、扩大共鸣腔体、增强气息支持等。学会综合运用发声器官，养成良好的用声习惯，对语言的清晰度、语音的敏感度、语调的高低变化和语言表达的感染力等方面都很有帮助。

以下介绍几种改善音质、美化声音的训练方法。

1. 口腔操

口腔操的功能与作用：通过口腔运动促进唾液分泌，滋润口腔；让唇、齿、牙、舌、喉都得到充分的锻炼，使其灵活起来，能够有效帮助嗓子清晰地发音。

第一节，打开口腔：松下巴，张上口，开牙关，拉伸口腔肌肉，四拍一个开合动作，共做两个八拍。

第二节，撅唇：双唇闭拢向前撅起，力量集中在一个点上，保持一个八拍，反复四次，共做四个八拍。

第三节，撇唇：将双唇闭拢往左右两边撇，保持一个八拍，左右交替各做两次，力求到位和极致，然后再撅唇转圈，正反方向各做两个八拍。

第四节，弹舌：舌头轻触上颚，快速下弹发出声响，弹舌的声音要集中有力，可变换速度和节奏进行练习，做两到四个八拍。

第五节，顶舌：舌尖用力往左右脸顶起，像嘴里含了块硬糖，左右各两次，共做四个八拍。

第六节，饶舌：舌头在嘴里转圈，不求快，要走最大圈，正反方向各做两个八拍。

第七节，刮舌：舌尖抵住下齿背，将舌面拱起，用上牙刮舌面，做两个八拍。

第八节，鼓腮：模仿漱口水在口腔中咕嘟咕嘟的样子，快速鼓动腮帮，放松脸部肌肉，做两个八拍。

第九节，碰唇：将口腔无声地快速开合，嘴唇有弹性地进行触碰，起到放松下巴和唇部肌肉的作用，做两个八拍。

第十节，整理：将双手合掌进行摩擦，使其发热之后，用螺旋形画圈的手法对脸部和喉部肌肉部位进行按摩，起到调理身心、放松心情的作用，做两个八拍，至此完成口腔操的整个过程。

2. 呼吸操

呼吸操的功能与作用：增加肺活量，加强气息的支持力，让声音变得集中而有穿透力；加强气息的弹性，让声音听起来轻巧不费力；学会在有气息支持和共鸣的状态下进行发声，能够改善嗓音的音质。

第一节，预热：搓手、活动手腕、脚踝，拍打臂部、肩部和腋下直至腿部等，将身体唤醒。

第二节，头部运动，练习急吸急呼。双手叉腰，同时嘴部发出"咝咝咝咝"声，有节奏地晃动头部，活动颈部。一个八拍前前、后后、左左、右右，一个八拍由左向右缓慢绕圈，再做一遍时反方向绕圈，共做八个八拍。

第三节，肩部运动，练习缓吸缓呼。注意呼吸的规律是：向上抬时吸气，往下放时呼气。自然站立，全身放松，双手配合深呼吸从两侧缓缓抬起，将手臂举过头顶保持片刻，再缓缓放下，八拍一个起落动作，重复四次；双臂交替最大幅度由后向前画圈，重复两次，然后再以最大幅度由前向后画圈，重复两次，共做八个八拍。

第四节，腰部运动，练习缓吸缓呼。保持双手叉腰，一个八拍深吸气，体会横膈膜下降、腰部扩张的状态，然后配合嘴部发出长长的"咝"声，将上身向前探出，再向下弯腰，呼气要保持两个八拍，第四个八拍再向上起身吸气，重复做两遍，共八个八拍。

第五节，腹背运动，练习急吸急呼，加强腰腹部和背部的力量，提高气息支持力。保持弯腰姿态，有节奏地配合发出"哼哼哼哼"的声音，左右交替做侧身转体运动，双手交叉触碰脚背，共做四个八拍。

第六节，膝部运动，练习急吸缓呼。双手掌心向前迅速举至头顶，快速吸气，然后发出集中有力的"咝"声，同时握拳下蹲。可变换速度和节奏，由慢到快进行练习，做四到六个八拍。

第七节，腿部运动，练习急吸急呼。双腿一前一后呈弓步姿态，双臂像跑步那样有节奏地前后甩动，嘴巴发出有节奏的"吼哈吼哈"或快速的"切克切克"声，练习呼吸的同时练习咬字吐字，锻炼发声器官和咬字吐字器官的灵敏度；做完一个八拍迅速换脚或转身，并不断变换频率，如此循环交替，提高头脑和躯体的合作能力和反应能力，共做四个八拍。

第八节，脚部运动，增强体力和支持力。双手叉腰，两脚向前、后、左、右四个方向做小幅度踢腿运动，或做高抬腿和跑跳步，嘴部可以配合快速弹舌或将双唇轻闭打嘟噜，做四个八拍。

第九节，整理，放缓呼吸、调理身心。配合"a、i、u、e、o"等元音，轻轻地发声；借鉴芭蕾手位，将双臂向前、后、左、右、上、下各个方向缓慢抬起延伸，全身都要拉伸放松，至此完成呼吸操的整个过程。

以上口腔操和呼吸操的步骤可以根据需要进行删减和变化，只要对声音有所帮助，能起到美化音色、改善音质的作用即可。

（二）音量

音量又称响度、音强，是指人耳对所听到的声音大小强弱的主观感受，其客观评价尺度是声音的振幅大小。这种感受源自物体振动时所产生的压力，即声压，人们为了将对声音的感受量化成可以监测的指标，就把声压分成等级以便能客观地表示声音的强弱，这种声压级的单位称为"分贝"。

在与人沟通交流时，音量的大小是很关键的，高声大气会令人反感，低声下气又显得卑微，所以要注意音量的适度控制，让对方既能听得到、听得清，又不至于产生不舒服的听觉感受。应聘时更加要注意音量的适度问题，分贝太高让人听上去不亲切、不自然，而分贝太低不仅表达不清楚自己的内容，也容易让人产生唯唯诺诺、不自信、无主见的感觉。音量的使用还跟语言表达的内容有关，需要突出的方面可以提高音量予以强调，一般性的描述则不需要用大的音量；注意在说一段比较长的话语时，最好不要用一样的音量来说，否则显得平淡无味，如果有一定的起伏对比，则会提高语言的吸引力。

音量也与语气有很直接的关系，不同的音量决定不同的语气，反过来，不同的语气也需要采取不同的音量来进行表达。

（三）语气

语气就是人说话的口气。"口气"的含义之一是"说话时流露出来的感情色彩"，也表明人在交际中对谈到的情况所持的态度。

语气，是语言表达的重要技巧之一，指的是在一定的思想感情支配下表达具体语句的声音形式。语气的色彩和分量是语句的灵魂，是在一定的声音、气息的形式下所形成的，语气是语句"神"与"形"的结合体。表达语气的语势，包含着气息、声音、口腔状态三方面，是多层次、多侧面的立体变化和多重组合，具有很强的技巧性。这些方面的变化既是语言发出时能够驾驭的，又是语言发出后可以从听感上辨别出来的。语势的变化，在气息方面，有气息位置深浅的不同、气息量多少的差别、送气速度快慢的区分；在声音方面，有高低、强弱、快慢及音色的精细变化；在口腔状态方面，在每一个特定的音位里都可以有口腔开度大小，控制松紧，舌位前后、高低的变化。这些因素在一句话的句头、句腰、句尾都可以表露出变化的趋向。应该说，在表达具体的思想感情时应有不同的语势，只有曲折多样的语势才能成为丰富的思想感情的载体。

语气不仅能够表达很多复杂的内心情感，也是体现一个人素养的重要方面，尤其是与人交流时，要注意语气的运用，温柔徐缓的语气是别人最喜欢听到的，好语气一下子就能抓住别人的内心，被人所接受，引起共鸣，获得好感。在应聘面试环节中，要语气平和，避免过于低沉，也不要过度高亢，即便被问到很棘手的难以回答的问题，也要注意气息平稳、镇定自若、语气柔和，这才是空乘人员应有的素质，因为考官最关心的往往不是答案的本身，而是面试者的态度和综合表现，他们会从面试者语言的背后去寻找自己所要的答案。

（四）语速

语速，即文字或人类表达意义的语言符号在单位时间内呈现词汇的速度。个体的语速受社会文化、社会环境、个人思维和表达能力等方面的限制，也与性格有一定关系。

语速是声音的一个重要表现形式，语速的快慢缓急可以体现出一个人的性格特征和当时的心理状态，留意一个人的语速变化，就可以留意到这个人的心理变化，考官可以根据应聘者说话的语速，对应聘者的性格和心理状态进行有效的分析，以确定其是否符合空乘岗位的要求。

如何根据语速了解一个人的性格呢？

（1）语速快的人，通常性格外向，给人朝气蓬勃的感觉。他们在各种场合都举止自然，很少感到紧张。因为在他们眼中自己没有什么秘密是大家不能知道的，甚至他会经常向别人讲述自己比较可笑的事情，来换取大家的笑声。他们没有心机，却十分会迎合别人的心理，因此在交际中出尽风头，很容易和别人打成一片。另外，语速快的人通常思维速度也很快，他们可以在许多突发情况下随机应变，所以他们大部分都会取得事业上的成功。但他们往往性情暴躁，沉不住气，容易发火，同时不喜欢听从别人的意见，有时会一意孤行。语速过快的人会给人一种十分紧迫的感觉，常常让人觉得发生的事情很重要。

（2）语速平缓的人，大多宽厚仁慈，能够体谅他人。他们思维缜密，能够听取他人的意见，但仍有独立的见解。不过他们大多思想保守，缺乏魄力，面对突发事件，往往手忙脚乱。

（3）语速缓慢的人，给人一种憨厚、老实的感觉。他们不会在别人面前表现出较大的情绪波动，而是把感情尽量地埋在心底。在处理问题时，他们不慌乱，尽量做到周全。而且他们认准了自己的目标就不会轻易放弃，颇有"不撞南墙不回头"的倔劲。

以上这些是一般情况下反映出来的一些性格特征。在不同的情境下，人的语速也会随之发生变化，也要根据不同的情境做具体的分析。

语速是影响沟通效果的一个重要因素，每个人根据性格、情绪、场景等不同语速会有快有慢，这个没有一个完全准确的标准，不同的语言文字因为语汇和单词含量不同，在语言表达的语速上会有所不同，一般认为中文表达每分钟在200字左右比较合适。在应聘面试时，语速的把控很重要，语速过快容易导致语言表达不够清晰，或者是不经大脑而出错或者卡壳，更显得不够沉着稳重，过快的语速伴随着不同的音色和声调会带给人焦躁、混乱的感觉，让人不适。而语速过慢又会显得反应不够灵敏、状态不够积极，或者性格不够阳光大方等。总之，要练就以快慢适宜的语速进行沟通交流的能力，无论面试场上出现什么情形，都要做到临阵不乱、沉着应对，体现出较高的修养与素质。

（五）无声语言

无声语言又称态势语，是有声语言（口语）的重要补充，它通过身姿、手势、表情、目光等配合有声语言来传递信息，也称体态语。在表达和交流情感时，无声语言的魅力和功能并不亚于有声语言，有时候甚至可以替代有声语言。

人的无声语言主要体现在面部和肢体的动态变化中，其中面部和手势的动态占主导地位，因为人在说话时，由于内心情绪所致，不可避免地带入面部表情和肢体动作，如果讲话时面无表情或肢体僵硬，是不可能给人带来好感的，更无法引起聆听者的兴趣，因而演员、教师、公关人员、演讲者等通常会有意识地进行无声语言的训练，从而更好地为自己的语言表达增光添彩。

无声语言按理说属于视觉形象的范畴，但由于其通常是配合有声语言表达而存在的，故将其综合在听觉形象方面进行分析讲解。运用无声语言的原则是：和谐、得体、自然、适度。应聘者要对着镜子或录像机，一遍一遍地练习有声语言表达时的体态、面部表情和手势，使之符合和谐、得体、自然、适度的要求。

无声语言的运用具体表现在以下几个方面。

（1）身姿的自然得体和表情的自然和谐。身姿指的是人身体的姿态；表情主要是指面部动作，包括微笑和眼神等。这些内容在"视觉形象装扮技巧"部分已经有较为详细的介绍了，此处不再赘述。

（2）目光的亲切关注。目光关注不是为了表现自己，更不是为了讨好他人，是用目光和他人平和友好地打招呼。目光交流一定要亲切自然，令双方都觉得舒服，营造和蔼、和谐、和善、和气的氛围。在面试环节中，当应聘者将微笑着的目光投向考官的那一瞬间，礼貌的问候、周到和尊重、积极的心态等都已经不动声色地表达出来了，这样的状态是语言表达达不到的效果，所以说目光交流是交流中的最高境界。

目光交流重点体现在倾听和说话时对对方的关注，一定要由心而发，因为目光是掺不了假的，它展现的是人最真实的内心世界。目光一定要真诚、温柔、亲切，在倾听对方说话时，将目光聚焦在对方的身上，尤其是脸和眼睛的部位，透露出内心的真诚和尊重，并辅助于微微的颔首。千万不要在关注他人时，眼球上下左右转动飘移，似乎怀有什么目的和想法，或是显得心不在焉、漠不关心；由于现场考官可能不止一位，所以在自己说话时，不要目光只关注其中的某一个人，令其他考官觉得被忽略，可以适时地将目光投向不同的考官，眼含笑意，以表示自己对每一位考官的重视和尊重，当然，切记不要频繁地将目光扫来扫去，给人以不自信的慌乱感；在自我介绍或回答问题环节，不要接过来就说，最好适当地先关注一下提问的考官，有一个简单的目光交流之后再开口，这样做一来显得认真，二来体现对对方的尊敬。

（3）手势的协调适度。人在说话时，自觉或不自觉地会有一些手势加入进来，以配合自己的语言表达和情感的流露，这些手势若加得好，能够增色，但若加得不恰当，则会起反作用。应聘者要注意说话时不要双手紧握或不停地搓动，这样会显得手足无措，增加不自信的感觉，也不能胡乱挥动，显得内心不够淡定或不够镇静。一般情况下，不要有明显的手势动作，情感或情绪到了的时候，手势自然会跟上来，而不是刻意地拿起来做表演。手势动作的范围分为上区（肩部以上）、中区（腰部至肩部）、下区（腰部以下），在进行面对面的沟通交流时，手势的活动范围一般仅限于中区，上区或下区都是不适用的，在舞台表演或者是演讲时，才有可能用得到比较大的区域和动作。总之，手势一定要简练，与语言内容协调配合，做到有感而发，准确、自然、优雅而不生硬，一定要从实际出发，使动作恰当而简明地说明问题，表达情感。

第三节　面试展示技巧

面试中的展示环节不仅包括身高、长相、坐、站、行、走等整体形象的目测，还包括自我介绍、小组讨论、回答问题等，展示应聘者的声音、语言表达能力、逻辑思维能力、反应能力以及专业知识的储备等，从各个方面体现应聘者的整体素质。下面重点介绍自我介绍和回答问题的技巧,以帮助应聘者更好地展示自己,赢得录取机会。

一、自我介绍的技巧

航空公司面试环节的第一步就是"自我介绍",该环节起着"承上启下、先声夺人"的作用。在短短的几分钟之内,应聘者要进行有效的自我呈现,进行自我推销,以树立良好印象。自我介绍是人际交往的重要手段,也是航空公司面试中十分重要的一个环节。

一般来说,自我介绍要求一分钟以内完成,这一分钟将在很大程度上决定应聘者在考官心目中的形象。自我介绍是展示考生气质、性格、谈吐等一切外在表现的重要手段,也是给考官留下第一印象的第一步。

自我介绍要掌握 3P 原则,即自信(positive)、个性(personal)、中肯(pertinent),让考官留下深刻的良好的印象,为自己加分。

(一)自我介绍的分类

自我介绍的形式主要分为以下几类。

1. 标签式

语言直白、简单明了,只要几句即可完成,例如,"评委老师好,我叫××,来自××大学,我在大学所学习的是空中乘务专业,身高是××厘米,体重××千克。"

标签式自我介绍方便评委辨认,相当于笔试中填写姓名、考号一样。这种自我介绍没有什么特别的技巧,但要注意说话时的状态和声音的使用,如音色甜美、音量适中、精神饱满等。

2. 演说式

这种自我介绍要求应聘者做一分钟以内的口头介绍,大约一两百字。面试官借此了解应聘者的基本情况,顺便考核他们的形象气质以及语言表达能力。

演说式自我介绍要比标签式的自我介绍灵活生动,具有一定的吸引力,因此也需要一定的技巧。

(二)自我介绍的内容

自我介绍的内容一般包括以下几个方面。

1. 个人基本情况

个人的基本情况可能在你与面试官打招呼时,就已经告诉了对方,而且面试官们完全可以从你的履历表、简历等材料中了解到这些情况,但仍需主动提及,这不仅是礼貌上的需要,也是加深考官对应聘者印象的机会。

请提供给考官关于个人情况的基本的、完整的信息,如姓名、年龄、学历、工作经历、兴趣爱好、理想与抱负等。这部分的陈述务必简明扼要、抓住要点,保证叙述的线索清晰。一个结构混乱、内容过长的开场白，会给考官们留下杂乱无章、个性不清晰的印象，并且让考官倦怠，削弱继续进行面试的兴趣和注意力。这部分内容应与个人简历、报名材料上的相关内容一致，不要有出入。

2. 自己的求职原因

要着重结合职业理想说明应聘这一职位的原因，这是介绍的主题内容，非常重要。可以谈对应考单位或职务的认识和了解，说明选择这个单位或职务的强烈意愿。原先有工作单位的应试者应解释清楚自己放弃原来的工作而做出新的职业选择的原因，千万不要抱怨原单位的不好，否则会带来十分不好的影响，令面试官对应试者产生疑虑。应试者还可以谈如果被录取，将怎样尽职尽责地工作，并根据需要不断完善和发展自己。当然，这些都应密切联系应试者的价值观与职业观。不过，表述一定要真诚可信，如果将自己描述为不食人间烟火的、不计较个人利益的"圣人"，那么面试官对应试者求职动机的信任就要大打折扣了。

在航空公司面试中，有很多平时非常优秀的应聘者对自我介绍认识不足，准备不充分，介绍的方式、方法不得当，往往一开始就败下阵来，给自己造成严重的打击，影响接下来求职的心态和进程。

（三）自我介绍的要点

1. 以面试的测评为导向

自我介绍也是一种说服的手段与艺术，聪明的面试者会以公务员考录的要求与测试重点组织自我介绍的内容，不仅要告诉面试官自己多么优秀，更要告诉他们自己如何适应这个工作岗位。而与面试无关的内容，即使是自己引以为傲的优点和长处，面试者也要忍痛舍弃，以突出重点。

2. 自然大方，举止适宜

除了听，面试官还通过观察面试者的表情动作等非语言表达来探究面试者的真实心理，因此，做自我介绍时要注意眼神、笑容、声音、手势、姿态等非语言技巧的运用。例如，神情自若，面带微笑，踏实稳重但不失自然轻松，适时与考官进行眼神交流，合理运用一些手势，声音抑扬顿挫，这些都能给考官留下一个自信大方的良好印象。

（四）自我介绍的注意事项

1. 面试者应充分利用个人资源

除了前面提到的面带微笑、目光交流、坐姿端正等身体语言外，还要以沉稳平静的声音、中等语速、清晰的吐字发音、开朗响亮的声调给考官以愉悦的听觉享受。声音小而不清晰、吞吞吐吐的人，一定是胆怯、紧张、不自信和缺乏活力与感染力的。

2. 情绪也是一个需要控制的重要方面

情绪作为个人的重要素养，如果在自我介绍中起伏波动，就会对面试产生负面影响。

例如，在介绍自己的基本情况时面无表情、语调生硬；在谈及自己的优点时眉飞色舞、兴奋不已；在谈论自己的缺点时无精打采、萎靡不振。

3. 不要自作主张

有的应试者谈及自己的兴趣爱好时，说自己喜欢唱歌，便自作主张，在面试考场上为面试官们唱歌，直到被面试官客气地打断后，才反应过来，意识到自己行为有些出格。

4. 自我介绍严守两条禁忌

禁忌一：不懂装懂、信口开河。

自我介绍所提供的信息可能会成为面试官追问的话题，所以，对于自己没有认真研究过或者并不了解的问题不要轻易回答，以免弄巧成拙。由于时间限制，面试者或许难以把自己的闪光点以及与应聘职位的契合点说全，此时面试者可以设法引导面试官追问，变被动为主动。

禁忌二：自吹自擂、过于夸张。

自我介绍不是自我标榜，在谈到自己优点时，要保持低调，不要把自己吹嘘得天花乱坠，否则面试官不但不会轻易相信，还有可能认为面试者的自我认知能力及职业操守有问题。因此，应该用事实和数据说话，秉持真实客观的原则。

（五）自我介绍示例（仅供参考）

1. 中文范文一

尊敬的各位评委老师，上午好。我是 01 号考生，来自美丽的山东济南，身高 170 厘米，体重 55 千克。我的爱好是游泳，特长是书法。我喜欢湛蓝的天空，喜欢在世界各地留下自己的足迹。在蓝天"飞翔"是我的梦想，希望各位评委老师给我一个机会，谢谢。

2. 中文范文二

尊敬的评委老师们，大家上午好，我是 02 号考生，来自美丽的云南大理，身高 180 厘米，体重 70 千克，我喜欢民谣、旅游、摄影，因为我的家乡风景很美，所以我最擅长的是摄影，我曾在一次全省的摄影大赛中获得一等奖。我选择空乘是源于小时候的梦想，长大后在一次乘机过程中乘务员的恪尽职守打动了我，这再一次坚定了我的选择，希望评委老师给我一个到贵公司工作的机会，谢谢。

3. 中文范文三

各位评委，你们好，我叫××，来自青岛。我的特长是声乐、钢琴。我在 2012 年参加过在北京举行的首届中国民航航空院校学员推介展示会，并且获得了航空知识问答银奖、服务技能银奖，在才艺展示中以一首钢琴弹唱《友谊地久天长》获得在场评委和观众的好评。因为我父亲是一名部队的飞行员，所以在部队里长大的我从小就有一种军人的素质和工作作风，也希望自己能像父亲那样"翱翔蓝天"。假如我能够成为贵公司的一员，我相信我会凭借自己较好的服务意识和尽职尽责的工作精神成为公司最优秀的员工之一,谢谢。

二、常见问题回答技巧

回答考官提问是一种在特定的场景,以考官对应聘者面对面的观察、交谈等为主要手段,由表及里测评考生的知识、能力、经验等有关素质的一种考查形式,是航空公司挑选员工的一种重要方式。为了更好地回答问题,应聘者可以做一些前期准备,但是要知道,在面试问答环节,考官想听到的不是背诵的标准答案,而是希望看到应聘者随机应变的能力,所以此环节的成功还有赖于应聘者持久的学习和锤炼,而不是临时抱佛脚。

每一家航空公司在选拔乘务员时都有自己的标准,可是总体上都是大同小异,面试者如果能在面试前做好准备,那么在面试时就不会因为过度紧张而表现失常了。

一般航空公司需要乘务员具备的特质有五点:① 诚实及信赖;② 热忱及信心;③ 姿态及自信;④ 聆听与沟通的技巧;⑤ 主动、自觉及活力。

在航空公司面试时,考官常会提出一些棘手的问题,如果在面试中能灵活巧妙地运用一些技巧,一定会给人留下良好的印象,面试更容易成功。

(一)空乘人员面试回答问题的技巧

(1)精神状态积极饱满,态度从容不迫,表情自然且面带微笑,合理运用眼神与手势进行沟通交流。

(2)在回答问题前要放松心情,认真倾听,并且在心里快速打好腹稿再作答,但时间要掌握好,不要拖得太久,也不要做得太明显。

(3)回答时要口齿清晰,表达流畅,观点明确,有条不紊。

(4)适当运用名言警句,吸引考官注意力,加深其印象,但要恰到好处,不要过度使用。

(5)如果在回答中主考官突然打断你,并顺着你的回答问你其他问题,你千万不要流露出讶异及慌张的神情,依然要反应迅速,从容作答。

(二)航空公司面试中常见问题及回答思路(仅供参考)

问题一:请你自我介绍一下。

思路:介绍的内容要与个人简历一致,在表述方式上尽量口语化,要切中要害,不谈无关、无用的内容。这是面试的必考题目之一,回答时条理要清晰,层次要分明,事先最好以文字的形式写好,背熟。

问题二:谈谈你的家庭情况。

思路:可以简单地罗列家庭人口以及父母的职业等,宜强调温馨和睦的家庭氛围,强调父母对自己教育的重视,强调家庭成员对自己工作的支持,更应强调自己对家庭的责任感。家庭情况对于了解应聘者的性格、观念、心态等有一定的作用,这是招聘单位问该问题的主要原因。

问题三：你的业余爱好是什么？你的兴趣是什么？

思路：最好不要说自己没有业余爱好，更不要说自己有哪些庸俗的、令人感觉不好的爱好；建议不要说自己的爱好仅限于读书、听音乐、上网，否则可能令面试官怀疑应聘者性格孤僻；可以用一些户外的业余爱好，如旅游、看电影、听音乐会、游泳、打球等来"点缀"你的形象。业余爱好能在一定程度上反映应聘者的性格、观念、心态、人际关系，这是考官问该问题的原因所在。

问题四：你最崇拜谁？

思路：不宜说自己谁都不崇拜或只崇拜自己，也不宜说崇拜一个虚幻的或是不知名的人，更不宜说崇拜一个明显具有负面影响力的人。所崇拜的人最好与自己所应聘的工作能"搭"上关系，要说出自己所崇拜的人的哪些品质、哪些思想感染着自己、鼓舞着自己。

问题五：你的座右铭是什么？

思路：不宜说那些容易引起不好的联想的座右铭或太抽象的座右铭。座右铭不宜太长且最好能反映出自己的某种优秀品质，参考答案——"只为成功找方法，不为失败找借口""少壮不努力，老大徒伤悲""把小事做好，把好事做实"等。

问题六：你的优点和缺点是什么？

思路：优点可以多说一两个，但一定要切合实际，不要浮夸；不宜说自己没缺点，更不宜把那些明显的优点说成缺点，否则显得很另类；也不能说出令人不放心、不舒服的，严重影响所应聘工作的缺点；可以说出一些对于所应聘工作无关紧要的缺点，甚至是一些表面看是缺点，从工作的角度看却是优点的缺点；说完缺点之后，关键在于表明自己对缺点的认识和改进的态度，这一点更为重要。

问题七：谈一谈你的一次失败经历。

思路：不宜说自己没有失败的经历，更不能把那些明显的成功说成是失败；不宜说严重影响所应聘工作的失败经历，否则会直接导致面试失败；重点说明经历这次失败之前自己曾信心百倍、尽心尽力，仅仅是由于某些客观原因才导致了失败，并且失败后自己能很快振作起来，以更加饱满的热情面对以后的工作。

问题八：对这项工作，你有哪些可预见的困难？

思路：不宜直接说出具体的困难，否则可能令对方怀疑应聘者能力不行；可以尝试迂回战术，说出应聘者对困难所持有的态度，如"工作中出现一些困难是正常的，也是难免的，但是只要有坚忍不拔的毅力、良好的合作精神，以及事前周密而充分的准备，任何困难都是可以克服的"。

问题九：你认为乘务员应该具备哪些素质？

思路：例如，要有良好的思想素质、业务素质、身体素质、心理素质；要有敬业乐业的精神，牢固树立自觉的纪律观念；要有良好的职业形象和服务意识；熟练掌握和运用专业的服务操作技能；了解各国文化习俗，讲究各种服务礼节；掌握文明语言运用技巧；具有健康的体魄；等等。

问题十：假如你在机舱里不小心摔倒了，当时很多旅客都在看着你，你会怎么做？

思路：利用幽默的语言缓解尴尬，例如，立刻站起来，向旅客说："刚才我做的是一个错误的示范，所以呢，请大家在机舱里走动的时候要注意安全。"

问题十一：你认为自己能力中具有竞争力的是什么？

思路：如"我的坚持度很高，事情没有做到一个令人满意的结果决不放弃，您可以从我过去的学习经历和工作表现所呈现的客观数据，看出我努力学习、全力以赴的工作态度"。

问题十二：当乘客向你要手机号时你怎么处理？

思路：不要说"对不起"这个词，最合适的用语应该是"抱歉"；另外，要用委婉的语气拒绝，例如，"您好！这是我的工作时间，很抱歉我不方便提供私人联系方式，您有任何需要或者要提出宝贵的意见和建议，可以拨打航空公司客服，欢迎您再次乘坐我们的航班"等。

问题十三：为什么报考我们公司？

思路：如"贵公司是一家××性质的航空公司，成立于××××年，有着多年的安全飞行记录，社会各界对贵公司的优质服务给予了充分肯定，并且我非常崇拜的一个学姐就是贵公司的优秀员工，我很想像她一样成为一名优秀的空乘人员，这就是我选择到贵公司工作的原因"。

问题十四：飞机起飞时间已经到了，但由于空中流量的原因，飞机无法起飞，此时机舱内温度已经很高了，有的旅客非常急躁，你怎样为这些旅客服务？

思路：首先，必须向旅客道歉，并说明晚点是由空中流量这个客观因素造成的，请大家少安毋躁，然后为每位旅客倒一杯冰水或冰饮料降温。

问题十五：假如你和你的好友都来面试，你希望谁能被录取？

思路：例如，"假如我和我的好友都能被录取，那是我最幸福的事情了，如果只有我一个人有幸入围，我会安慰她，帮助她分析失败的原因，鼓励她下一次再好好发挥；如果您只是选择了她，那么我会为她高兴，同时找出自己的不足，下次有面试机会我还会再来的"。

问题十六：你的乘务长本身对你有成见，而你的服务一直没有问题，问题在于乘务长，大家都对她有意见，有一次，在你为旅客服务时，她当众指责你，但你是冤枉的，一位乘客帮你说话，并指责乘务长的不是，这时你该怎么办？

思路：无论这位乘客有多充分的理由，因为客舱内始终是乘务员工作的区域，所以对外都要展现一个航空公司精诚团结的精神风貌。作为服务一线的乘务人员，切记不能当着旅客的面和自己的同事吵架，有什么事情可以在飞机落地后解决，如果遇到此类情况，可以对这位旅客说，"我是一名新乘，肯定有许多地方做得不好，乘务长才会批评我，批评我是为了我更好地成长，以后我会向乘务长和其他同事学习，让自己做得更好，谢谢您的好意"。

问题十七：一般机舱的最后一排座位是不能调的，一位乘客坐在最后一排，飞机平飞后前排的乘客把座位调下来，影响到这位乘客活动的空间，该乘客要求前排乘客把座位调到正常的位置却被拒绝，于是让乘务员过来调一下，如果你是乘务员，你该怎么办？

思路：首先巡视客舱是否有空座位，如果有空座位可以把这位乘客调过去，这样可以很好地避免两个人的冲突；如果航班满客，便只能帮忙调解一下，可以这样说，"先生/小姐，打扰您一下，您后面的乘客座位为最后一排，椅背不能向后靠，麻烦您支持一下我的工作，您看您能不能把座椅靠背调一下，让您后面的这位乘客舒服一点点，非常感谢您的合作"。

问题十八：飞机上一位病人突然发病，你将如何处理？

思路：首先将这一情况报告乘务长，然后广播问询机上是否有医生，可请医生帮助处理；可以利用以前学过的医疗救护常识对病人进行看护，如果情况紧急应及时将情况报告给机长，决定是否采取应急备降措施。

问题十九：成功和失败对你来说意味着什么？

思路：例如，"人的一生一定会经历无数次大大小小的成功和失败，这些都将成为我的财富，因为成功后我会告诫自己不要骄傲，失败后我也有重新站起来的勇气"。

问题二十：如果遇到不讲理的旅客怎么办？

思路：俗话说，"一样米养百样人"，每个人都是有个性的，遇到不讲理的乘客，乘务员更要态度温柔，热情和蔼；客人如有不礼貌的言语和行为都不要计较，切忌与客人争论，要耐心地倾听他的诉求，能解决就尽量帮忙解决，实在解决不了可以用语言进行安抚。

（三）空乘人员面试常见其他问题选汇

（1）你父母对你当乘务员怎么看？
（2）你是从何时起想成为一名空中乘务员的？
（3）你想拿多少月薪？
（4）如果你被录用，你会与我们共事多久？
（5）如果乘客提议结伴旅行，你会怎么做？
（6）请你说一说学分达到平均分以上的原因。
（7）你以前做过兼职吗？
（8）你在学校生活期间的特殊活动是什么？
（9）学校生活给你印象最深的是什么？
（10）请说一说本人的职业观。
（11）你决意离职的动机是什么？
（12）从小到大，你是否非常执着地追寻过一样东西？
（13）你认为自己的英语实力如何？
（14）你有资格证和特殊技能吗？
（15）这身衣服是自己选的吗？感觉怎么样？
（16）你的大学成绩如何？
（17）你在大学学习的专业是什么？
（18）你理想中的女性形象是怎样的？

（19）你认为自己的能力中具有竞争力的是什么？
（20）你最近关心什么？
（21）请说一说你所知道的鸡尾酒的种类。
（22）作为社会的一员，你的梦想是什么？
（23）今天心情如何？
（24）如果乘客晕机你该如何处理？
（25）你如何保持健康？
（26）放弃别的航空公司而要和我们一起工作的理由是什么？
（27）你是属于保守型的，还是属于自由奔放型的？
（28）迄今为止，什么事情给你留下了最深刻的印象？
（29）如果孩子打扰乘客，你该如何去做？
（30）如果旅客已熟睡，没有系好安全带，遇到忽然的颠簸时，你是否需要叫醒该旅客？为什么？
（31）旅客对餐食的口味或质量不满意，你应该如何解释？
（32）订餐期间，热食只剩下最后一种主菜，旅客没有选择，你应该如何介绍或送出？
（33）头等舱的旅客上洗手间需要排队时，你应该如何安排？
（34）如果旅客觉得餐食很好吃，想多要一份，但是当时又没有备份，你应该如何解释？
（35）旅客对娱乐系统不满，说节目都已经看过了，你应该如何解释？
（36）偶尔会有混舱位现象，头等舱的旅客对此不是很满意，你应该如何解释？
（37）乘务员与一位头等舱的旅客进行沟通，引起另外一位旅客的不满，觉得自己被冷落了。此时，你应如何协助并解围？
（38）多段飞行后，拖鞋不够用，乘务长要求不配送，但是部分旅客要求提供拖鞋，你应该如何解决？
（39）旅客穿拖鞋后，脚上异味很大，你应该做些什么？
（40）已经广播"下降前安全检查"，旅客却要求用餐，你应该如何为他服务？
（41）如何能更好地提高两舱服务？有何建议？
（42）乘务员应如何给旅客留下深刻、良好的印象，以赢得更多的回头客？
（43）两舱客人登机前，乘务员应如何布置客舱？
（44）起飞后的第一个服务程序是什么？其中有哪些具体内容？
（45）一位旅客在航班上丢失了手机，假如你就是航班上的空乘人员，你该怎么办？
（46）飞机上只剩一份牛肉饭，但两名乘客都想吃，你应该如何处理？
（47）外向与内向两种性格，哪类更适合空乘服务？
（48）如果让你设计一场空乘面试，你会提什么问题？
（49）请你评价一下自己今天的表现。

思考与训练

一、思考题
1．如何在视觉和听觉方面提升自己的形象气质？
2．中文面试回答问题时最重要的技巧有哪些？

二、训练题
1．设计最适合自己的自我介绍，以文字形式体现出来。
2．设计最适合面试的妆容、发型与服饰。
3．分小组进行中文应聘面试模拟训练。
4．撰写应聘面试后的心得体会。

三、案例分析题

案例 5-1：

小王面试时，在做自我介绍的过程中，讲到了自己名字的由来，她说："老师好！我叫王炼青，我的名字是我爷爷取的，爷爷告诉我说，炼是百炼成钢的炼，青是炉火纯青的青，这个名字告诉我，要经得起磨炼，更要尽力把每件事情做到足够好，因此，我选择空乘作为自己理想的职业，同样，我相信自己今后在工作岗位上能够对得起这个名字。"

你认为她符合3P原则中的哪几条？

案例 5-2：

小李大学毕业后在某航空公司的空乘岗位上工作了两年，后因某些原因辞职，尝试了其他几份工作之后均不太满意，于是她鼓起勇气重新应聘另一家航空公司，考官问小李："你为什么放弃别的航空公司以及其他工作，转而报考本航空公司呢？"小李表达了对之前航空公司和其他工作的种种不满。

你认为小李被录取的希望有多大？

第六章
空乘人员英文应聘技巧

章前导读

很多空乘应聘者在面试时因为有足够的面试经验，知道如何准备面试，最后都能游刃有余地完成面试，但是这样的表现仅仅局限于航空公司的前几轮中文面试，在面临国内外航空公司的英文面试或者英文笔试时，如果准备不够，再强的"面霸"都会打个折扣。对于将要面临一场英文面试的应聘者来说，最好还是在面试前做好充足的准备，也许应聘者的英文已经够流利，但面试不只是普通的交流，需要做更为充分、更完全的准备。本章将指导应聘者在英文面试过程中掌握一定的英文面试技巧，更好地展现出应有的水平。

 学习目标

1．了解英文语音、语调。
2．掌握英文面试必背单词。
3．掌握英文面试必备广播词。
4．了解英文面试自我介绍技巧。
5．熟练掌握英文面试常见问题。
6．熟练掌握英文笔试技巧。

第一节　英文语音、语调速成

长期以来，很多同学一直充满疑惑，自己学英语这么多年，为什么说出的英语不仅不好听，而且说英语很费力，非常不自然？似乎无论花多少精力来练习，都无法说出地道的英语。其实，这是因为他们不知道英语发音规则的"秘密"。如何把英语说得婉转优美，楚楚动听，像英语播音员一样呢？这就要学习英语的语调。语调是语言的"发音表情"，是使语言动听的手段。为何有些人讲出的英语那么难听，动听不起来？就是因为其不会使用英语的语调。语调是人说话的腔调，指一句话里语音高低轻重快慢的配置，表达一定的语气和情感。

一、面试英语语音

很多人普遍误认为，自己说不好英语是因为练习不够，只要练习就会更好。事实上，最大的原因是不知道英文发音的秘密。英语和中文发音最大的区别在于，中文的发音是用口腔前半部分，英语发音是用口腔后半部分。不知道英语发音秘密的人会不自觉地用汉语的发音方法去发英语音，这样就会感到用不上劲，怎么也发不好、发不准、发不顺、发不响英语音。具体原因有以下几个。

（1）英语的元音主要是靠舌头后半部分的用力来发音的，舌根不会动则用不上力，发出的音就苍白无力，没有穿透力，不响亮。

（2）由于口腔后部的空间较窄小，舌根在口腔后部不易做太大幅度的运动，造成英语发音比较细腻，许多音比较接近，有时甚至完全相似，较难区分。而汉语用口腔前部发声，口腔前部的嘴唇可以大开大合，舌尖可以大幅度自由运动，这使得汉语的韵母之间区别很大，如果用汉语的发音方法去发英语音，则会分辨不出英语发音的细小差别，发音混为一团，严重地发音不准，说出的英语令人难以听懂。

（3）英语是一种发音语速较快的语言。英语发音时，口腔一般处于较紧张的绷紧状态，这种状态有利于快速发音。汉语发音语度一般较慢，发音时口腔较放松，如果用说汉语的口腔较放松的状态去发英语音，就不能快速发音。

（4）英语是一种多音节语言，一个单词常有好多个音，并有重、轻音之分，发每个音不是平均用力。采用后部发声方法可以使口腔后部绷紧，有效控制用气、用力的大小，使发音分出大小轻重。另外，英语中有很多小音，这些小音的发音幅度不能大，必须用小气流在口腔后部发音，不能用大气。而汉语说话时可以大胆用气，发每个字音时的吐气量较大。若用汉语的发音方法发英语音，就会造成发音用气、用力过大，感觉气、力不够用。

后部发声方法所发出的声音有两大特点。

（1）低沉。低沉是指说话的声音偏低，一般来说，人说话的声音越靠近喉咙，喉咙就越打开，声音就越低、越粗。人说话的声音越高、越尖，声音就越靠近口腔外部。英语用的是后部发声方法，用力部位和声音都靠近口腔的里边，发出的声音较低，这是因为口腔后部用力发声时，会使得整个喉腔随声带一起振动，振动体加大，发出的声音频率便较低。用汉语说话时，口腔后部一般用力小，随声带一起振动的部分较少，振动体减小，发出的声音频率偏高，声音较尖。通过观察不难发现，说英语的外国人多是又低又粗的低嗓门儿，连女性都如此，"男低音""女低音"很普遍；说汉语的中国人一般说话的声音偏高、偏尖。英语是用低嗓门儿说出来的，要学会用低沉的声音说英语，不要扯着嗓子用尖尖的声音说英语。刚开始用较低的声音说英语时或许会有不自然的感觉，这不要紧，练习一段时间后，你的嗓子就会开发出这种声音，说英语时就会自动地切换到这种声音，这就好比有的人既会唱流行歌曲又会唱美声一样，唱不同的曲子用不同的声音。

（2）洪亮。英语发音虽然声音偏低，但声音的响度却不减，力量感较强，即频率虽低但振幅大，声音的功率大，传得远，就像是美声发音十分洪亮，在嘈杂的环境中也可以听清楚。后部发声方法在发声原理上类似于美声唱法，发音时，口腔内壁紧绷变硬，对声音的吸收少，发音时用得上劲，因此声音响亮。发音时声音有力地含在口腔后部，不外跑分散，好像发出的声音不是往口腔的外面走，而是要往里面走，从喉腔返回到体内。英语发音时声音黏长，音和音之间黏连成一体，过渡和缓，没有很重的爆破音。这一点和汉语的区别较大，汉语发音中声母重、韵母轻，发音时口腔前部动作较大，用气较重，如发爆破音时，有较重的喷吐气流（当关掉电视声音只看画面时，可发现讲汉语的人说话时口腔前部大幅度运动和较忙碌的特点）。汉语很重的爆破音和喷吐发音的特点造成每个音的发音用气量过大，音无法拉长，字和字之间发音隔断，说话时一个音一个音地往外蹦，音和音之间不连着。而英语发音时，元音重、辅音轻，口腔前半部分动作明显变轻（当关掉电视声音只看画面时，可发现讲英语的人口腔前部运动较缓较轻的特点），英语的爆破音一般发得较轻，喷吐发音也较少，发音时主要是口腔后方的喉咙处用力，元音饱满和拉长，因此声音听起来十分黏长。发音者最好是站立练习，或坐直坐正，使呼吸气流顺畅，头略低并向后移，食指较用力地顶在胸口上方，以提示发音时口腔后部用力，发声位置在口腔后部的小舌头后面，可以想象此处有一个弹簧片，说话时用力使这个弹簧片发声。（可用一面小镜子来查看自己口腔后部"小舌头"后方的位置，通过说"噢"来体会后部发声方法）

二、面试英语语调

任何语言都有自己的语调体系，各种语言的语调特征有所不同。汉语的语调是固定的，仅有"四声"，每个汉字在发音时有固定的语调，即第一声、第二声、第三声、第四声，说一个汉字时必须使用那个汉字的语调，语调变了，说话的意思就变了，如妈、麻、马、骂。英语的语调相对自由，每个英语单词在发音时语调可自由地上下拐动。说英语时要学会"拐弯"，拐不同的"弯"会有不同的意思，例如，人高兴时语调容易上扬，难过时语调容易下降，激动时语调容易上下抖动，心情平静时语调容易偏平。人说话时肯定要带有各种不同的心情，说话中的疑问、肯定、坚持、耐心、反感、强调、犹豫、急切等数不清的心情都会产生语调，说英语的人要根据说话的情景给英语"作曲"。然而传统语言学上不合理地把英语称为"无语调语言"，造成英语的语调秘密长期不能被揭示，还有人错误地把英语语调分为"升调"和"降调"，这导致大部分中国学生学不会优美生动的英语发音。一方面人们说英语呆板难听，另一方面又不知道原因在哪里。

仅用"升调"和"降调"难以体现出英语的语调特征，科学家用实验语音学的方法对大量英语发音材料进行了统计式的录音，记录下成千上万个英语发音所拐出来的"弯"，将这些杂乱的"弯"汇集在一起，用专业的软件分析每个"弯"的基本频率、拐向走势、音高变化、组成成分，终于提炼出了英语发音的语调，英语语调同样借用汉语的语调"四声"，在实际练习中我们用标注在单词后的阿拉伯数字（1）、（2）、（3）、（4）分别代表第一声、第二声、第三声、第四声，后面没有标注阿拉伯数字的单词一般读第一声。

下面请立刻用这种感觉朗读下面的英语句子，看看是否一下子找到了顺口的感觉。朗读时要注意黏度，一句话中的各个音节故意拉长地黏在一起念，好像念一个长单词，音和音之间不要蹦豆子似地分家。

① After dinner（2）I read（2）a newspaper（2）and made some telephone calls（4）.

② Jane（2）and Peter had been fishing for three（3）hours but they（2）had caught nothing（4）.

③ I don't（2）like（2）my new dog（4）, it won't（2）do what I tell him to do（4）.

④ Your（2）appointment will be at next（2）Thursday at 10 o'clock（4）.

⑤ If I（2）were you（3）, I would do my（2）homework now（4）.

⑥ You（2）play the piano（4）very（2）beautifully（2）, how long do you practice（4）every（3）day（4）?

⑦ What（2）do you want（2）to do（3）when you leave（2）school（4）? Have you decided（3）yet（2）?

⑧ My sister had worked（2）as a teacher before she got married（4）.

⑨ After getting（2）up, I go（2）into the bathroom（2）and take a shower（4）.

⑩ Every member（3）of my（3）family（4）will be very（2）much pleased（4）to see you（4）.

⑪ My father likes（2）to take a short nap（4）after his dinner（4）.

⑫ Computer games（4）and Chinese（3）chess（4）are two of his hobbies.

⑬ My office phone number（3）is 654（3）4（4）-647（4）4（4）.

⑭ Your（2）speech is wonderful（4）, you must（2）have prepared（4）a lot（2）for it.

⑮ How much does it cost（4）to go to Shanghai（3）by train（4）?

⑯ Where（2）do you think（4）they are going（2）to meet（2）us?

⑰ How many brothers（2）and sisters do（3）you（3）have（4）?

⑱ How much money（4）do（3）you（3）have with（2）you?

⑲ If you（2）will get angry（4）, I won't（2）do（2）it.

⑳ I was working（2）in a restaurant（2）, and my sister was too（4）.

㉑ I will stay（3）home（4）, and my sister will too（4）.

㉒ I need each one of the books（4）returned here tomorrow（4）.

㉓ There happens to be a lot（2）of people here（4）.

㉔ After that（4）we all went（2）to my teacher's home（4）for（3）a party（4）.

㉕ They（2）have lots（2）of knowledge（2）but not（2）very（2）much wisdom（4）.

㉖ He left（2）school（3）when he was 17 and took a job（4）as an office（3）member（4）.

㉗ When I（2）was shopping in a supermarket（2）, I met（2）a friend（2）of mine（3）and his wife（4）.

㉘ Would you mind not（2）speaking so fast（4）?

㉙ All right（4）, I will try to speak（4）more（3）slowly.

㉚ When he got（2）there（4）, his father asked（4）"what happened to you（4）?"

第二节　英文面试必备单词精选

表6-1列出了空乘英文面试中的常用单词。

表6-1　空乘人员英文面试常用单词

英　文　单　词	中　文　翻　译	英　文　单　词	中　文　翻　译
agricultural products	农产品	airhostess/flight hostess	空中小姐
airport transfer	机场交通车	airsick	晕机的
aisle seat	靠过道座位	aisle	过道

续表

英 文 单 词	中 文 翻 译	英 文 单 词	中 文 翻 译
attention	注意	baggage claim	行李领取
baggage compartment	行李舱	be abroad	出国
board	登机	boarding card	登机牌
boarding gate	登机口	boarding pass	登机证
boarding procedure	登机手续	boarding time	登机时间
book	预订	booking office	售票处
button	按钮	charge	费用
compartment	舱室	confirm	确认
connecting flight	转接班机	contraband	违禁品
customs section	海关区	customs	海关
declare	申报	departure time	起飞时间
departure	离开	disembarkation card	入境卡
domestic flight	国内班机	duty free	免税
duty memo	税单	earphone	耳机
economy class	经济舱	entry visa	入境签证
excess weight	超重	explosive	易爆物
first class	头等舱	health certificate	健康证明
formalities	手续	In-flight meal	机上餐饮
holding room	候机室	life vest container	救生衣存放处
International flight	国际班机	luggage allowance	行李规定重量
luggage	行李	nationality	国籍
metal	金属	non-smoking area	非吸烟区
nonstop flight	直飞航班	passenger lounge	候机厅
overweight	超重	personal belongings	个人用品
passport	护照	scalene	秤
reservation	预订	security check	安全检查
San Francisco	旧金山	steward	空中先生
seat belt/safety belt	安全带	take off	起飞
smoking area	吸烟区	transit	过境
tag	标签	visa	签证
toilet	厕所	attendant seat	乘务员座位
unfasten	松开	seat pocket	座椅后口袋
window seat	靠窗座位	floor	地板
armrest	扶手	sunshade	遮阳板
foldaway meal tray	折叠式小桌板	night stool	马桶
overhead compartment	行李架	trolley	手推餐车
bulkhead	隔板	interphone	舱内电话
tap	水龙头	channel selector	频道选择
waste container	废物箱	portable oxygen bottle	便携式氧气瓶

续表

英 文 单 词	中 文 翻 译	英 文 单 词	中 文 翻 译
reading light	阅读灯	business class	公务舱
screen	屏幕	cushion	坐垫；靠垫
life vest/jacket	救生衣	closet	储藏室
entry door	登机门	lavatory/toilet	洗手间
seat number	座位号	refrigerator	冰箱
plug-in meal tray	插座式小桌板	call system	呼叫系统
carpet	地毯	headset socket	耳机插孔
curtain	帘子	extinguisher	灭火器
toilet flush handle	冲厕手柄	oxygen mask	氧气面罩
beverage container	饮料箱	escape rope	紧急用绳
call button	呼叫铃	eye shadow	眼罩
volume control	音量控制	magazine	杂志
life raft	救生筏	escape slide	紧急滑梯
first aid kit	急救箱	pillow	枕头
blanket	毛毯	headset	耳机
garbage/litter bag	垃圾袋	passenger comments	乘客意见簿
souvenir	纪念品	paper towel	纸巾
flashlight	手电筒	dish	碟
airsickness bag	呕吐带	knife	餐刀
newspaper	报纸	pig's knuckle	猪脚
coffee pot	咖啡壶	fried pork flakes	肉松
teapot	茶壶	crispy rice	锅巴
chopsticks	筷子	fermented blank bean	豆豉
toothpick	牙签	dried turnip	萝卜干
barbecued pork	叉烧	coffee cup	咖啡杯
fried rice	炒饭	tea set	茶具
preserved bean curd	腐乳	soup spoon	汤匙
preserved egg	皮蛋	boiled salted duck	盐水鸭
today's special	今日特餐	sausage	香肠
napkin	餐巾	plain rice	白饭
plate	盘	bean curd	豆腐
cup	杯子	salted duck egg	咸鸭蛋
preserved meat	腊肉	chef's special	主厨特餐
curry rice	咖喱饭	French fries	炸薯条
porridge	粥	pastries	甜点
pickled cucumbers	酱瓜	butter	黄油
French cuisine	法国菜	ginger ale	姜汁
aperitif	饭前酒	lemon tea	柠檬茶
mashed potatoes	土豆泥	mineral water	矿泉水

续表

英文单词	中文翻译	英文单词	中文翻译
Bacon	熏肉；培根	coffee mate	奶精
soya-bean milk	豆浆	black coffee	黑咖啡
coconut milk	椰子汁	dim sum	点心
black tea	红茶	pudding	布丁
soda water	苏打水	sashimi	生鱼片
condensed milk	炼乳；炼奶	syrup of plum	酸梅汤
iced coffee	冰咖啡	grapefruit juice	葡萄柚汁
ice-cream	雪糕	jasmine tea	茉莉花茶
baked potato	烘马铃薯	ice water	冰水
braised beef	炖牛肉	cocoa	可可
beverages	饮料	white coffee	牛奶咖啡
orange juice	橘子汁	vanilla ice-cream	香草冰淇淋
green tea	绿茶	tomato ketchup	番茄酱
honey	蜂蜜	monosodium glutamate	味精
distilled water	蒸馏水	green pepper	青椒
coffee	咖啡	sugar	糖
sundae	圣代；新地	Soy Sauce	酱油
straw	吸管	buttered toast	黄油土司
salt	盐	white bread	白面包
peanut oil	花生油	potage	法国浓汤
mustard	芥末	fried chicken	炸鸡
vinegar	醋	hamburger	汉堡
paprika	红椒	red wine	红酒
muffin	松饼	champagne	香槟
green salad	蔬菜沙拉	Calvados	苹果白兰地
minestrone	蔬菜面条汤	Carlsberg	嘉士伯啤酒
steak	牛排	cocktail	鸡尾酒
stout beer	黑啤酒	curry	咖喱
whisky	威士忌	brown bread	黑面包
Bacardi	百家得	corn soup	玉米浓汤
Bailey's	比利酒	roast chicken	烤鸡
gin fizz	杜松子酒	draft beer	生啤
Pepsi cola	百事可乐	brandy	白兰地
cheese cake	酪饼	Smirnoff	斯米诺伏特加
onion soup	洋葱汤	Budweiser	百威啤酒
ox tail soup	牛尾汤	martini	马提尼酒
sandwich	三明治	sprite	雪碧
canned beer	罐装啤酒	pineapple	凤梨
vodka	伏特加	peach	水蜜桃

续表

英 文 单 词	中 文 翻 译	英 文 单 词	中 文 翻 译
Glen Fiddich	格兰菲迪	apple	苹果
Guinness	健力士啤	Sprite	雪碧
coke coca cola	可口可乐	coconut	椰子
papaya	木瓜	cherry	樱桃
carambola	杨桃	grape	葡萄
strawberry	草莓	bean sprout	豆芽
watermelon	西瓜	celery	芹菜
pear	梨子	caraway	香菜
mango	杧果	eggplant	茄子
banana	香蕉	spinach	菠菜
cabbage	卷心菜；大白菜	pumpkin	南瓜

第三节　英文面试必备广播词精选

一、登机广播

女士们、先生们，早上好（下午好/晚上好）：

欢迎乘坐_____航班，您的座位号码位于行李架下方，为了您旅途中的舒适与安全，请将您的手提行李妥善存放于座椅上方的行李架内，小件物品可存放于您前面座椅下档杆内。请保持过道和紧急出口通畅。如您有任何需要，可与客舱乘务员联系，我们会及时为您提供帮助。

谢谢您的合作！

Good morning (afternoon/evening), ladies and gentlemen,

Welcome aboard _____. Your seat number is on the overhead compartment. For your comfort and safety, please make sure your carried baggage is stored in the overhead compartment; small articles can be put under the seat in front of you. For the convenience of other passengers, please keep aisles and emergency exits clear. If you need any assistance, please contact the cabin crew.

Thank you for your cooperation.

二、关闭舱门前广播

女士们、先生们：

飞机舱门即将关闭，请确保您的移动电话电源全程处于关闭状态，同时在起飞和下降过程中请不要使用任何电子设备。

A：稍后我们将为您放映"安全须知"录像，请您留意观看。

B：稍后我们将为您进行客舱安全设备使用示范，请您留意观看。

谢谢！

Ladies and gentlemen,

The cabin door will be closed soon, please make sure you keep your mobile phones powered off during the flight. No electronic device is allowed to be used during take-off and landing.

A: Please note that we will play "Safety Instructions" later.

B: Please note that we will show you the use of the cabin safety installations.

Thank you!

三、安全设备使用示范广播

女士们、先生们：

现在我们为您进行客舱安全设备使用示范，请您注意观看。

Ladies and gentlemen,

We will now demonstrate the use of the safety equipment on this aircraft. Please give your attention to the crew member at the front of your cabin.

救生衣在您座椅下面。

Your life-vest is located under your seat.

使用时取出，经头部穿好。

To put on the life-vest, slip it over your head.

将带子扣好、系紧。

Fasten the buckle and to tighten it.

然后，打开充气阀门。

To inflate the life-vest, pull the inflation tab firmly downwards.

但在客舱内请不要充气。

You should inflate your life-vest only at the exit door.

充气不足时，可将救生衣上部的两个人工充气管拉出，用嘴向里充气。

When the inflation is insufficient, the two artificial inflation tubes on the upper part of the life-vest can be pulled out and inflated with the mouth.

氧气面罩储藏在您座椅上方。

The oxygen mask is in the compartment over your head.

发生紧急情况时，面罩会自动脱落。

In case of decompression, oxygen masks will automatically drop from the compartments above.

氧气面罩脱落后，要（立即将烟熄灭）用力向下拉面罩。

(If you are smoking, put out your cigarette immediately) Pull the mask towards you to start the flow of oxygen.

将面罩罩在口鼻处，袋子套在头上，进行正常呼吸。

Place the mask over your nose and mouth, and slip the elastic band over your head for normal breathing.

如您的周围有小旅客，请先戴好您的面罩，然后再帮助他。

Masks are available for children. Please attend to yourself first, and then assist your children.

这是您座椅上的安全带。

The seat-belt is on your seat.

使用时将连接片插入锁扣内。

To fasten your seat-belt, insert the link into the buckle.

根据您的需要，调节安全带的松紧。

To be effective, the seat-belt should be tightly fastened.

解开时，先将锁扣打开。

To unfasten the seat-belt, lift this buckle.

本架飞机除了正常出口外，在客舱的左右侧还有紧急出口，分别写有紧急出口的明显标志。

Emergency exits are located on each side of the aircraft. All exits are clearly marked.

客舱通道及出口处都设有紧急照明灯，紧急情况下请按指示灯路线撤离飞机。

In an emergency, follow the floor lights to the nearest exits.

安全说明手册在您座椅前面的口袋里，其中包含一些补充内容，请您仔细阅读。

The Safety Instruction Leaflet in your seat pocket contains additional. Please read it carefully before take-off.

谢谢！

Thank you.

四、欢迎词广播

女士们、先生们：

早上好/下午好/晚上好！

欢迎您乘坐_____航班。我是本次航班的客舱经理/乘务长_____，我谨代表机长及全体机组成员向您致以最诚挚的问候（致礼），同时也热忱欢迎（礼毕、巡视/安检）"东方万里行"俱乐部的会员再次乘坐我们的航班，感谢您一直以来对我们的支持与信赖。

谢谢！

Ladies and gentlemen,

Good morning/Good afternoon/Good evening!

Welcome aboard flight of_____. I'm the cabin manager/chief purser_____. Please allow me to give you my best wishes on behalf of the Captain and all crew members. Meanwhile, we also would like to welcome members of "Eastern Miles" club and thanks for your constant support and confidence in China Eastern Airlines.

Thank you!

五、起飞安全检查广播

女士们、先生们：

（刚才是由本次航班的机长_____为您进行的广播）本次航班的飞行距离为_____，预计空中飞行时间为_____。

现在客舱乘务员将进行安全检查，请您调直椅背，收起小桌板。确认安全带已扣好系紧，移动电话及其他电子设备的电源已关闭，靠窗的旅客请协助我们将遮光板打开。本次航班为禁烟航班，请勿吸烟。

起飞期间，我们将调暗客舱灯光，如果您需要阅读，可以打开阅读灯。

（今天由于航路天气不符合放行标准/航路交通管制/机场跑道繁忙原因，延误了航班起飞，非常抱歉给您造成不便，对于您的理解我们深表感谢，我们将通过真诚的服务来答谢您对我们工作的支持与配合。）（提示：以上为非航空公司原因）

（今天由于飞机晚到/等待旅客登机/旅客行李未装完/飞机排除故障/临时加餐/等待随机文件/旅客临时取消行程，延误了本次航班的起飞。我们为给您造成的不便深表歉意并感谢您的理解，我们将通过真诚的服务来答谢您对我们工作的支持与配合。）（提示：以上为航空公司原因）

我们将与您共同营造一个温馨的客舱氛围，祝您旅途愉快！

谢谢！

Ladies and gentlemen,

(The previous announcement was made by Captain) The distance of this flight is_____, and the estimated time is_____.

Our flight attendants will implement safety inspection. Your backs and tables should be returned to the upright position and make sure your seat belt is fastened. All mobile phones and other electronic devices should be powered off. Passengers sitting next to the window, please help us pull up the window shield. This is a non-smoking flight, so please do not smoke on board.

We will be dimming the cabin flight and passengers who would like to read may turn the reading light on.

(Our flight has been delayed due to poor weather condition/air traffic control/busy runway. We apologize for any inconvenience and your understanding is much appreciated. We will offer our sincere service to thank you for your support and cooperation.) (Prompt: reasons not due to the Airlines)

(Our flight has been delayed due to late incoming aircraft/waiting for passengers getting aboard/waiting for loading of baggage/mechanical failure/adding food/late loading documents/some passengers cancelled the trip. We apologize for any inconvenience caused and your understanding is much appreciated. We will offer our sincere service to thank you for your support and cooperation.) (Prompt: reasons due to the Airlines)

We will work with you to create a cozy cabin atmosphere, wish you a pleasant journey.

Thank you!

六、（起飞前）再次确认安全带广播

女士们、先生们：

（长时间滑行等待：感谢您的耐心等待）飞机很快就要起飞，请您再次确认安全带已扣好系紧，手机等电子设备已关闭。

谢谢！

Ladies and gentlemen,

(After long time taxiing: thank you for your patience) Our plane will take off soon, please reconfirm that you have fastened your safety belt, and keep your mobile phone and other electronic devices off.

Thank you!

七、空中服务广播

女士们、先生们：

我们已经离开_____前往_____。现在您可以使用我们机上的娱乐设施、洗手间。但是在您使用手提电脑时，请确认无线网卡功能处于关闭状态。并请全程关闭手机，包括"飞行模式"。

根据气象预测，今天的航程大致上都是好天气，但由于沿途中难免遇到一些不稳定的气流，为了您的安全，我们建议您就座时仍扣好安全带。当您使用毛毯时，请将安全带扣在毛毯外明显处，以免飞机遇到气流时乘务员打扰您。同时，还请一定注意保管好您的手提行李和贵重物品。

在今天的旅途中，我们为您准备了早餐/午餐/晚餐/点心和各种饮料/矿泉水，祝您用餐愉快/请您选用。

（餐饮服务后将开始免税品销售）

如果您还不是我们的会员，请允许我们诚邀您加入东方万里行常旅客奖励计划，您不但可以免费入会，还能享受（天合联盟全球网络）众多精英会员权益，欢迎您从我们的乘务人员处领取《入会申请表》。我们也非常乐意为持有"东方小飞人"飞行护照的小朋友提供盖章服务。

如您有任何需要，欢迎您随时联系机上任何乘务人员。

谢谢！

Ladies and gentlemen,

We have left_____ for_____. The recreational facilities and lavatories are available now. Please make sure your WLAN card is powered off when you using laptops, and keep your mobile phones switched off during the flight. "Flight mode" is not permitted either.

There will be good weather for most of our journey. In case of unstable air flow, please make sure to fasten your seat belts. When using a blanket, please fasten your seat belt outside the blanket to avoid being interrupted during air flow. Meanwhile, please take care of your carried baggage and valuables.

The breakfast/lunch/supper/snack and soft drinks/mineral water have been prepared, enjoy your meal/make your choice.

(Duty-free sales will begin after meal service.)

We sincerely invite nonmembers to join our Eastern Miles Frequent Flyer Program. You can take part in this program free of charge and enjoy rights of elite members (of Sky Team Global Network). Please ask our flight attendants for an Application for Membership. We'll provide seal service with pleasure for children with "Eastern Little Flyer" passport.

Please contact the flight attendants if you need any assistance.

Thank you！

八、预报到达时间和目的地天气广播

女士们、先生们：

现在是北京时间（出发站时间）___点___分，（到达站时间）___点___分，我们飞机预计将于___分钟后到达_____机场。地面温度为_____摄氏度，_____华氏度。据最新天气预报，当地天气为晴天/多云/阴天/小雨，由于温差较大，请您适时增减衣物。

飞机即将进入下降阶段，为了安全，从飞机下降直到机门开启前，请您关闭所有电子设备电源。机上洗手间将在十分钟后停止使用。

谢谢！

注：如果始发站和目的地时间有时差，预报到达时间时必须播报两地时间。

Ladies and gentlemen,

It is _____ Beijing time (time of depature station) and _____ (time of destination). We will be landing at_____ Airport in about _____ minutes. The ground temperature is _____ Degrees Centigrade, _____ Degrees Fahrenheit. The weather is clear/cloudy/overcast/rainy. Due to the large temperature difference, please change your clothes according.

We will be landing shortly. Please keep your electronic devices powered off while the plane is descending. The lavatories will be closed 10 minutes later.

Thank you!

Note: If there is time difference between the departure station stop and destination, the time at the two places should be announced when broadcasting the arrival time.

九、下降、致谢与收纳耳机广播

女士们、先生们：

感谢您（致礼）在这段旅途中对于我们工作的支持和配合（礼毕，安检）。

现在飞机已经开始下降，机上洗手间已关闭，请您回到座位上，调直椅背，收起小桌板，系紧安全带，关闭手提电脑等电子设备，靠窗的旅客请您协助我们将遮光板打开，机上娱乐节目即将结束，请将耳机收纳在您座椅前面的口袋内。

同时，为了避免发生意外，请一定将您的行李放置在行李架内或前面座椅下档杆内。在飞机着陆及滑行期间，请不要开启行李架。

我们稍后会调暗客舱灯光。

谢谢！

Ladies and gentlemen,

Thank you for your support and cooperation during this journey.

Our plane is descending now. The lavatories have been closed. Please be seated and put your seat and table back to the upright position, and fasten your seat belts. All laptops and electronic devices should be switched off. Passengers sitting next to the window, please help us roll up the window shield, entertainment programs will be finished, please put your headphones in the seat pocket in front of you.

For your safety, please make sure all your carry-on items are put in the overhead compartment or in the lever under the seat in front of you, and do not open the overhead compartment during landing and taxiing.

We will be dimming the cabin lights later.

Thank you!

十、落地前再次确认安全带广播

女士们、先生们：

我们的飞机马上就要降落在_____，请再次确认您的安全带已扣好、系紧，所有电子设备已关闭。

谢谢！

Ladies and gentlemen,

We will be landing at_____ shortly, please make sure your seat belts are securely fastened and keep your electronic devices switched off.

Thank you!

十一、落地滑行广播

女士们、先生们：

A：飞机还没有完全停稳，为了安全起见，请您在座位上坐好，保持安全带扣好、系紧。

B：飞机还将继续滑行，为了安全起见，请您在座位上坐好，保持安全带扣好、系紧。

C：（引擎熄火后）

根据机场规定，我们的飞机将由机场牵引车牵引到停机位，还将继续滑行，为了安全起见，请您在座位上坐好，保持安全带扣好、系紧。

谢谢！

Ladies and gentlemen,

A: Please remain seated until the plane has come to a complete stop and fasten your seat belts tightly.

B: please remain seated while the plane is taxiing and fasten your seat belts tightly.

C: (after the engine went out)

According to the provisions of airport, our plane will be dragged to the parking and it will continue taxiing. For your safety, please remain seated and fasten your seat belts tightly.

Thank you.

十二、国内航班落地广播

女士们，先生们：

欢迎来到_____，飞机将停靠在_____号候机楼，由_____机场前往市区的距离为____公里。现在是北京时间____点____分，地面温度____摄氏度，____华氏度。

现在飞机正在滑行，为了安全起见，在飞机完全停稳、舱门打开前，请您在座位上耐心等候，保持安全带扣好、系紧，并请不要打开移动电话等电子设备。

同时，在飞机停稳后打开座位上方行李架时，请特别留意，以免行李滑落。

下机时，请带好您的随身物品，交运行李请到候机楼行李提取出领取，需要转机的旅客请到转机柜台办理手续。如您需要帮助，我们的地面服务人员将为您提供服务。

感谢您搭乘_____航班，与我们共度这段旅程。祝您在____工作顺利、游览愉快，并希望能再度为您服务。

谢谢！

Ladies and gentlemen,

Welcome to _____, our flight will be landing at Terminal Building _____, and the distance between _____ Airport and downtown is _____ kilometers. It is _____ Beijing Time. The ground temperature is _____ Degrees Centigrade, _____ Degrees Fahrenheit.

The plane is taxiing. For your safety, please remain seated and fasten your seat belts until the plane has come to a complete stop and the cabin door is opened. Please keep your mobile phones and electronic devices powered off during this period.

Meanwhile, please pay special attention to the falling luggage when you open the baggage racks over the seats after the plane completely stopped.

Before you leave the aircraft, please be sure take all your belongings with you. You may claim your baggage at the baggage claim area. Transit passengers please go to the connection flight counter in the waiting hall to complete the procedures. You can contact our ground staff if you need any help.

Thanks for taking _____ and spending this journey with us. Wish you everything goes well with your work and have a good trip in ____ and we look forward to serving you again.

Thank you.

第四节　英文面试自我介绍技巧

英文面试自我介绍是以英语为沟通媒介，以考官对考生的自我介绍、观察等为主要手段，由表及里测评考试的知识、能力、经验等有关素质的一种考试活动，是公司挑选员工的一种重要方式。英文面试自我介绍是空乘专业学生求职面试过程中的重要的一环，是能否顺利完成整个面试流程、走向成功的关键。认真做好英文面试自我介绍的各项准备，是每位空乘专业的学生应该了解和必须掌握的。

一、英文口试自我介绍注意事项

想成为一名合格的空乘人员，英文口试自我介绍非常重要。其实空乘面试英语自我介绍没有大家想象中那么难，它最主要的是检测应聘人员口语表达能力。面试前可以提前准备一份面试英语自我介绍范文然后练习熟练，注意现场发挥，应聘就成功了大半。

（一）注意英语时态的变化运用

应聘者在参加英语面试前大都做过充分的语言知识的准备与练习，那么在众多的英语语法规则中为什么要单独强调时态的运用呢？其一，因为英语和汉语的表达习惯不同，常说汉语的人在英语口语中特别容易出现时态上的错误，但时态又是比较基本的语法点，一旦用错，会让面试官对面试者的英语能力产生怀疑。其二，因为在面试过程中，往往会涉及很多关于个人经历、教育背景、工作经验、职业规划等方面的问题，因此在表述某件事情或是某个想法时，一定要注意配合正确的时态，否则就会造成"失之毫厘，差之千里"的后果。

（二）要尊重个人及文化差异

任何面试都带有一定程度的主观性，也就是说面试官是否欣赏你也可能成为最后面试是否成功的决定性因素。因此，在英语面试的过程中，应当尽量避免由于对英语语言的驾驭能力不足而引发的不敬甚至冒犯。具体而言，主要有两种做法要特别注意避免：一是要避免使用过于生僻的单词，或是地方俚语之类接受群体相对比较小的表达方式，因为这种表达方式很有可能造成听者的困惑与曲解；二是要避免过多、过于主观地谈及宗教文化或时事政治方面的问题，不少面试者出于急于展示英语水平或是想给面试官留下深刻印象的目的，常常会犯这个错误。

（三）以英语为载体，展示工作才能

与英语考试的口试不同，面试人员通常是由航空公司的人事主管、空乘部门主管或公司高层组成，他们更关心和器重的是面试者的专业知识和工作能力，而英语此时只是一种交流工具，或者说是面试者要展示的众多技能中的一种，因此要切忌为说英语而说英语。有些人怕自己的英语减分，为了给面试官留下英语水平高的印象，常常会大量地使用事先准备好的花哨的词汇及句式，而真正针对面试官所提问题的、与工作有关的个人见解却很少。最后除了得到一句英语不错的夸奖之外，恐怕很难有理想的结果。

对复试英语口语的考查，各个航空公司情况各不相同。有的航空公司制定了非常详细的标准和流程，甚至规定了每个面试官发问的方式和时间；有的只是面试官的自由发挥，成绩也基本上由面试官主观判定。不管面试是否严格控制，面试者对下面几个问题一定要认真准备：一是自我介绍，如自己的家乡、毕业学校、所学专业、业余喜好、家庭基本情况等信息；二是做好用英语讲解自己专业的准备，口语测试时面试官有可能要求面试者就自己所学专业展开话题，考查面试者用英语讲解陌生概念的能力。因此，面试者对此要有所准备，先书面组织这些问题的要点，然后再以这些词组织口头语言；在平时，也要多积累一些民航专业相关的英语词汇，当然，考官提问的问题难度不可能太高。

二、英语面试具体过程

考试形式包括自我介绍和提问回答，一般是 1~2 名面试官参与口语考试，首先是面试者进行自我介绍，然后是面试官对面试者进行即兴提问。

（一）自我介绍

基本上每个航空公司每个专业的口试中都会涉及这一方面。面试官其实是要借此了解面试者的口头表达能力以及其报名表上内容之外的一些信息。自我介绍时间以 2～3 分钟为宜。思路要清楚，重点要突出，口语尽量流利（不要太流利，否则有背诵之嫌）。

（1）做自我介绍时，不要用"let me introduce myself briefly""please allow me to introduce myself to you"等句子，否则显得重复、啰唆。开头可以只用一句"Dear judges, I feel so glad to meet all of you here"引入，然后就可以进入主题，介绍姓名、年龄等。

（2）自我介绍的主体内容如下。

① 姓名。介绍自己姓名时，发音一定要准（南方考生要多加注意）。

② 年龄。年龄可以跟在姓名后带过（如 I am Jim，21 years old）。

③ 毕业的学校、专业。注意：一定要把学校的英文名称、专业的英文名称、自己应聘公司、自己所应聘职位的英文名称说准确。

④ 性格、能力。可以着重强调自己的个性对空乘这个职业有何积极的作用。如果应聘的是空乘，可以说自己细心（carefully，detail-oriented）、条理分明（logical）、踏实（steady）等；如果是安全员兼乘务员，可以说自己负责（responsible）、可靠（dependable）、有效率（efficient）等。其他的一些表示性格、能力的形容词有 active、aggressive、adaptable、amicable、analytical、cooperative、creative、disciplined、dutiful、energetic、faithful、gentle、independent、innovative、motivated、modest、objective、precise、punctual、precise、temperate 等。

⑤ 爱好。除了强调自己对学习的重视，同时也要避免给考官一种"书呆子"的感觉。一般可以从体育、音乐、电影等方面来说，同时要简单说明这些爱好对你的积极意义（build my body，relax myself，open my mind…）；注意避免提到那些可能引起考官反感的爱好，如 playing computer games，watching TV 等。

⑥ 说明自己对应聘的职业有兴趣（be interested in/be fascinated with/be obsessed with…），可适当举出一些例子，如经常看相关的空乘书籍、电视剧、文章、新闻等。

（3）结束语。可以说：That's all about me. / Well, that's who I am. Thanks for your attention.

在"自我介绍"中，面试官其实是要通过面试者的家庭、家乡或学校来了解其成长的环境，而面试者在做这三方面的介绍时，还需注意一些问题。

（1）家庭。需要注意的是，面试官并不是为了做人口调查而提出这个问题的，所以应该避免流水账式地介绍家庭成员；要尽量说明家人（尤其是父母）对你造成哪些方面（性格、职业规划、做事风格等）良好的影响。可以参考的句式结构："Just like my father, I am especially interested in history. / Though my father is an ordinary worker, his responsible attitude towards work has a great influence on me."

（2）家乡。正所谓"一方水土养育一方人"，面试官实际上是想从面试者对家乡的介绍中找出有关其性格、志向的线索。可以从历史、历史人物、著名景点、独特风俗和特产等方面来简单介绍，注意要表达热爱家乡的情感。

（3）学校。要注意的是，一定要说明自己对在学校接受教育心存感激之情（appreciation），着重强调自己在学校学的课程对空乘这份工作的帮助，表达自己希望能被录取，表达坚定的决心并展望未来。

总而言之，在空乘英语面试时要大胆自信地说，摆脱掉中国式英语的阴影。只要平时多加练习增强语感，面试是非常容易通过的。

（二）提问

第一部分：考查面试者理解并回答有关日常生活、家庭、工作、学习等问题的能力（3～5分钟）。

第二部分：考查面试者连续表达的能力，面试者从所给的问题中选择一个话题，就此话题表达自己的看法（7～10分钟）。

（三）评价成绩

（1）优秀——能用英语就指定的话题进行口头交流，基本没有困难。
（2）良好——能用英语就指定的题材进行口头交流，虽有些困难，但不影响交流。
（3）及格——能用英语就指定的话题进行简单的口头交流。
（4）不及格——不具有英语口头表达能力。

三、英文口试自我介绍模板

（一）求职原因

There are several reasons.

I have been deeply impressed by the atmosphere when I was young. In my opinion, as one of the most famous airlines in our country, it provides people with enough room to get further enrichment. This is the first reason.

It's a pleasure to be with my favorite job for lifetime. I suppose this is the most important factor in my decision.

（二）介绍家乡

I am from _____, a famous city with a long history over 2,200 years. It is called "Jiang Cheng" because there were lots of lakes even 900 years ago. The city lies in the eastern part of the province. It is the center of politics, economy and culture. Many celebrities were born here, for instance, _____ and so on. In addition, it is famous for the hot springs. They are known for high-quality. Visitors at home and abroad feel it comfortable bathing here. There is my beloved hometown.

（三）介绍家庭

There are four members in my family: my parents, my cute cat of 9 years old and me. My father is a technician in the Fujian TV station. He often goes out on business, so most of the housework is done by my industrious mum. Climbing at weekends is our common interest. The fresh air and natural beauty can help us get rid of tiredness. They can strengthen our relation, too. During my preparing for coming here, my parents' love and support have always been my power, and I hope in the future I will be able to repay them.

（四）介绍大学

_____ University is one of the oldest universities in China. It was founded in _____ and covers an area of over _____ mu. The building area is _____ square meters. It develops into a comprehensive university with efforts of generations, especially after the reform and opening up. It takes the lead among _____ universities with nice teaching and scientific research ability. The library has a storage of _____ books. Various research institutes are set up including 31 research centers. There are teaching research experimental bases, such as the computer center, analyzing-test center, modern education technical center, and so on.

（五）自我介绍范文

Good morning/afternoon, my name is Chen Shuangyan, you can call me yanzi. I like the feeling flying in the sky like a swallow.

It is really a great honor to have this opportunity for a interview, I would like to answer whatever you may raise, and I hope I can make a good performance today.

Now I will introduce myself briefly. I am 20 years old, born in Zhejiang province. I grow up in a sweet family, composed of my dad, mom, brother and myself. I am an optimistic and confident girl. I have full confidence in a bright future, and I believe I can do well in CAAC. Punctuality and diligence are crucial to most future careers, I will try my best.

Although I just graduated from school, I have confidence to venture my future. Flying in the sky as an airhostess has been a dream for me since childhood. This is why I'm longing for a job on a plane, and this is why I'm standing here for this interview. I hope my application will be granted, so that I will deliver my best services throughout the world as a airhostess member of CAAC and my dream can come true.

That's all. Nice talking to you. Thanks!

四、英语复试口语连续表达问题列举

What are the characteristics of a good flight attendant? Use reasons and examples to support your response.

面试者在回答自由发挥题目时要明确题干中要求自己讨论的是什么，可用"主题句+支持细节"进行回答。

主题句：

A good flight attendant is supposed to possess a number of characteristics.

支持细节（需要的是什么）：

knowledgeable (source of information), easy-going (get well with his passengers), a real friend to the passengers.

经过上面的分析，面试者可以从三个方面进行自己的个人陈述。这个部分中，面试者应该注意自己的语音、语调，语速不要过快，否则有背诵的嫌疑。面试者要注意自己平时训练的风格，可以在陈述中丰满上面备考中的内容，运用的例子和给出的原因越充分越好。

<u>I think a good flight attendant should have many characteristics</u>. First of all, he must be a person with <u>knowledge</u>. You know, <u>a flight attendant should be source of information to his passengers</u>. Next, a flight attendant should be <u>easy-going</u>, <u>humorous</u> so that his passengers would like to stay with him. <u>I am sure if passengers like their flight attendant very much, they will begin to enjoy the flight</u>. Finally, I hope a good flight attendant can become <u>a real friend to his passengers</u>. I mean, <u>a good flight attendant can be trusted by his passengers</u>. Well, sometime, passengers would come across problems; they don't want to ask flight attendant for help. I think a good flight attendant can play such a role. Those are the characteristics a good flight attendant should possess.

在上述的参考答案中，面试者用"主题句+支持细节"来阐述自己的观点。请注意上述参考答案中的画线部分，这些内容可以使面试者在备考中规范自己的语言和逻辑，从而使发言完整、连贯。回答时语速不必太快也可以适当地有感而发，保证将内容比较翔实地表达出来。

第五节　英文面试常见问题回答技巧

Q1：So you would like to become a stewardess, what made you decide on this type of occupation?

你想当空中小姐，是什么使你决定选择这个职业？

A1：I like travelling very much and I enjoy working with people.

我很喜欢旅行，也喜欢和人们一起工作。

或 I like travelling very much, and I also enjoy the work to communicate with others.

我十分喜欢旅行，也很喜欢同他人打交道的工作。

或 Oh, to tell you the truth, I love the sky. When I was a child, I imagined flying into the blue sky some day. Now I think the day has come. My dream can come true. I like travelling very much and I enjoy working with people.

哦，说实话，我喜欢蓝天。当我还是一个小孩的时候，我就梦想着有一天我能飞往高空。现在，我想这一天已经到来，我的梦想将会变成现实。我热爱旅游，并且喜欢跟人相处。

Q2：I see. Do you realize, Miss Lin, that being a stewardess is not an easy job? You must deal with many kinds of people and sometimes you would have to work long hours.

原来如此。林小姐，你知道做空中小姐不是个轻松的工作吗？你必须和多种类型的人接触，而且有时候得长时间工作。

A2：Yes, I know that.

是的，我知道。

Q3：What's the most important thing of being an airhostess?

作为一名空中小姐，你认为什么最重要？

A3：The most important task of being an a airhostess is helping passengers relax during their flight. Flying is a stressful thing and if an airhostess can ease that tension, it will make a favorable impression for the airline.

空姐最重要的任务就是帮助乘客在旅途中放松。飞行是一件有压力的事情，如果我们能减轻乘客的紧张感，将有利于航空公司在人们心目中留下良好的印象和声誉。

Q4：Do you know what are the responsibilities for the aircrew?

你知道空中机组人员的责任是什么吗？

A4：The main responsibility of the flight crew is to ensure the safety of the passengers in case of an emergency. Other responsibilities are providing for the comfort of the passengers and serving meals.

他们的主要任务是确保乘客的安全，以防危急情况出现。其他的责任还包括使乘客旅行舒适，为其提供膳食。

Q5：Have you had any nursing experience? Have you ever been a baby-sitter? How about taking care of children?

你有过看护他人的经验吗？你给人做过保姆吗？对于看管孩子，你是否在行？

A5：No. I have never done any nursing. I haven't had any experience as a baby-sitter either, but I love children and I can learn how to look after them. I know it's not an easy job to be airhostess, but I'm young, besides I'm in good health.

没有。我没有看护的经验，也没有给人当过保姆。但是我喜欢小孩，我可以学会怎样照看他们。我知道做空中小姐不是一份容易的工作，但我还年轻，而且我身体健康。

Q6：First Of all, I'd like to know why you have interest in this kind of occupation.

首先，我想知道你为什么对这个职业感兴趣？

A6：I wish to become a stewardess because I've always enjoyed meeting new people, and working with others. Of course, the chance to travel is also an important factor. Travelling to different places and being in new situations seems like an exciting challenge.

我之所以想当一名空中小姐，是因为我总是喜欢结识新面孔以及同别人一道工作。当然，有机会旅行也是一个重要的原因。到各种地方旅行并处于新的环境之中似乎是一种令人振奋的挑战。

Q7: What's the special features for a flight attendant?

空中乘务员应具备什么样的特点？

A7: To be a good F. A. we need to be courteous, helpful and efficient. If we have these characteristics, the passengers will feel welcomed and relaxed during the flight.

要当好空中乘务员，就必须待人有礼、乐于助人，而且办事要有效率。如果我们具备了这些特点，旅客就会在飞行过程中感觉自己被重视，感到轻松愉快。

Q8: Do you think friendly service is very important for the airline staff?

你认为热情的服务对空勤人员来说很重要吗？

A8: Definitely. I would think this is one of the most important aspects when dealing with the public in any way.

肯定很重要。我认为在任何场合同公众打交道，热情始终是一个非常重要的方面。

Q9: Do you get angry easily?

你容易生气吗？

A9: No, I know how to control my temper. I only get angry if I see someone hurting somebody else.

不，我知道怎样控制自己的脾气。我只是在看到有人伤害别人时才会生气。

Q10: If you had a passenger, who fools around with you, what would you do?

如果有旅客非礼你，你会怎么办？

A10: Firmly and politely tell him to keep his hands to himself. If he does not listen, I will tell the purser to speak with him.

我会语气坚定而又有礼貌地告诉他放规矩一点。要是他不听，我就叫乘务长来规劝他。

Q11: If someone insulted your country and people, what would you do?

如果有人侮辱你的国家和人民，那你该怎么办？

A11: I would tell this immature person that I am sorry if he feels that way, and that I would not waste time getting into a discussion with him.

那我就对这个无礼之士坦言相告，对他的想法我很遗憾。不过我不会浪费时间去和他争论。

Q12: If you can not communicate with your passengers, what will you do?

如果你无法和旅客沟通，你该怎么办？

A12: First I will see if another stewardess can speak his language. If not, I will continue to communicate by sign language or by drawing pictures.

首先我会问问其他的空姐是否会说那位旅客的语言，如果她们也不会，那我就用手语或通过画图来同他沟通。

Q13: If one of your passengers had an accident, what would you do?

如果有旅客发生意外，你该怎么办？

A13: I would give him basic first aid and call for assistance at the same time.

我将对他进行基本的急救，同时呼救。

Q14: Have you considered the difficulties that this job will cause you?

你有没有考虑到这种工作会给你带来的困难？

A14: Yes, I realize that the hours away from my home are long, and that I must deal with sorts of people .This can make a person feel lonely and homesick but I think I can overcome it.

有，我意识到这种工作离家时间长，我还得同形形色色的人打交道。这会使一个人感到寂寞和想家，但是我想我能克服。

Q15: Do you take care of your appearance?

你是否注意自己的容貌？

A15: Yes, I feel taking care of myself with sufficient rest and a good diet are important.

是的，我认为要打理好自己的容貌，很重要的一条就是要有足够的休息和良好的饮食习惯。

Q16: Do you know how to put on makeup?

你知道怎样化妆吗？

A16: Yes, I took some beauty classes a few months ago.

知道，我几个月前上过美容课。

Q17: What part of your face is the most attractive? Why?

你脸部的哪个部分最有魅力？为什么？

A17: I think a smile can be the most attractive feature for me and anybody else, because it lights up my whole face.

我认为对我和其他人都一样，微笑可以成为最引人注目的容貌，因为微笑会使一个人的整张脸看起来容光焕发。

Q18: Could you handle flying for 24 hours straight?

你能承受二十四小时不间断的飞行吗？

A18: Yes, I'm in good health and have been trained for it.

可以，我的身体非常健康并且为此进行过训练。

第六节　英文笔试技巧

一、完形填空题答题技巧

完形填空题是难点中的难点，究其原因，主要还是因为完形填空需要从整体上去把握语篇，除了语法和固定搭配，它更注重考查对整篇材料的理解。而在最初阅读整篇材料时，材料又是不完整的，很多词被空了出来让考生去选择，这无疑为考生理解全篇又增加了难度。对原文理解不透彻，就为做题增加了困难。总之，整个解题过程，似乎就是在

"雾里看花"，而拨开迷雾找到答题关键，还是有规律可循的。空乘招聘英语笔试采用的完形填空题的形式是："在一篇题材熟悉、难度适中的短文内留有 20 个空白，每个空白为一题，每题有四个选择项，要求考生在全面理解内容的基础上选择一个最佳答案，使短文的意思和结构恢复完整"。完形填空的文章内容、文章体裁等都具有鲜明的特点。所选体裁涵盖议论文、说明文和记叙文。这些文章篇幅适中、结构严谨、文笔简练，具有很高的区分度和典型性，是考查学生语言能力的较好的题目。从文章体裁上看，主要是议论文和说明文，记叙文所占的比重较小。从文章内容来看，完形填空的题材较为广泛，涉及生活的各个方面。

（一）完形填空的试题设计

完形填空的试题设计主要有以下特点。

（1）全文所设置的 20 个空白的间隔中，有的词多，有的词少。其原因是设置空白需要根据语言点和考点进行。

（2）从选项来看，每小题的 4 个选项一般都属于相同或对等的词类或结构，属于同一范畴。20 个小题的 80 个选项中所用到的词汇或结构基本不重复，以期增大考查的覆盖面。

（3）从考查能力的重点看，是以考查对文章的通篇理解和词汇意义为主，单纯从语法角度命制的题不多，一般需要考生把握上下文语境的逻辑关系，掌握一定的常识，理解词语的搭配等。

总体上讲，完形填空主要考查考生对语段的连贯性和一致性等特征的辨识能力，以及对一定语境中规范的语言成分的掌握，是对考生综合运用语言的能力的大检验。

（二）解答完形填空的步骤

解答完形填空题须遵循以下步骤。

（1）通读全文，明确主旨。做题之前，首先要快速通读全文，从语篇角度掌握文章的基本内容。切忌读一句填一句，望文生义，盲目猜测，以致判断失误。阅读时尤其要注意全文的第一句话。第一句一般不留空，它既能让考生了解文章的主题，又是对下文的重要提示。

（2）先整体，后局部。由于完形填空的题目是以语篇为基础精心设计出来的，因此应先准确把握整篇短文的含义以及上下文的逻辑关系，而不要先将注意力集中在四个选项上，这会阻碍对全句、全文的理解，延误答题时间，降低答题效率。

（3）先易后难，捕捉信息词。在阅读段落、了解基本内容的前提下，自上而下逐一选择是正确的解题思路。但有时考生会遇到很难确定的选择，这时可先跳过此题，将易选之项选出，提高文章的完整性，减少缺失信息的空格数；待阅读到下文获取更多信息时，再回过头来处理未选之项。

对某些选项把握不大时，尤其要注意捕捉信息词作为解题线索，利用已知线索推出未知信息。完形填空的题目都可或多或少地从上下文中找到或隐或现的线索。

（4）检查核对。20 个选项全部完成后，要认真仔细检查。有必要快速通读已选填好的全文，将答案带入文中，根据语汇含义、语法结构、语篇逻辑三条线索检查选项是否符合上下文含义，与作者观点是否一致，语法关系（包括人称、搭配、时态、语态、单复数等）是否正确。

以上所介绍的是完形填空的命题特点及解题技巧，只是一般的原则和方法，要想将这些方法熟练地应用于解题过程中，还要经过大量的实践和不断的总结。总体来说，空乘招聘英语笔试的完形填空所测试的内容大致分为四类：语境词汇题、固定搭配题、语法结构题、逻辑推理题。在空乘招聘英语笔试的完形填空中，语境词汇题占大多数，一般都占30%；固定搭配题与语法结构题一般都各占20%～25%；逻辑推理题占20%。空乘招聘英语笔试完形填空的命题思想是将词汇用法作为重点，以篇章理解为基础，考核学生的语法知识和其对词汇的运用能力。根据这一命题思想，我们可以有针对性地、比较系统地对考查的试题进行分类，根据各种题型的不同特点应用不同的答题技巧和方法。

（三）完形填空的答题方法

1. 语境词汇题

空乘招聘英语笔试完形填空对词汇的考查在很大程度上与上下文的语境有关，也就是填入哪个单词要依赖于试题的上文或下文，从已知信息中推论出未知信息，这是空乘招聘英语笔试完形填空考查的重点和方向，同时要注意填入的单词和周围单词的语义搭配问题。为了达到文章衔接和连贯的目的，文章中的词汇会通过不同的方式复现出来。词汇的复现关系指的是某一词以原词、同义词、近义词、上义词、下义词、概括词或其他形式重复出现在语篇中，语篇中的句子通过这种复现关系达到了相互衔接。词汇的复现关系又可分为原词复现，同义词或近义词复现，上、下义词复现和概括词复现四类。我们可以利用词汇在文章中的复现关系来解答完形填空试题。

2. 固定搭配题

在空乘招聘英语笔试完形填空中主要考查的固定搭配题包括对动词短语、名词短语、形容词短语、介词短语的考查。我们平时应积累和掌握尽可能多的固定短语，只有这样才能在这一部分得到高分。

3. 语法结构题

空乘招聘英语笔试完形填空常考的语法项目有动词的时态和语态、非谓语动词、定语从句、宾语从句、虚拟语气、倒装结构等。在近几年的考试中对各种从句的考查较多，请大家注意。做这一类题除了要有系统准确的语法知识外，还要注意上下文的逻辑关系和语篇内容，这样才能确保答案的正确性。

4. 逻辑推理题

完形填空考查的是一种综合能力，而不仅仅是对词汇和语法的考查。对句子之间逻辑关系的判断也是完形填空考查的重点。逻辑关系主要包括因果关系、列举关系、解说关系、分类关系、比较关系、对照关系等。解答逻辑推理题需要理顺要填入的逻辑关系词前后文的语义，从而判断两句话之间的关系。

二、阅读理解题答题技巧

阅读理解共四篇文章，总长度为 1 500 词左右（平均 375 词/篇）。要求考生阅读文章，并回答相应的五个题目，回答方式是从每个题目所提供的四个选项（A、B、C、D）中选出一个正确项，填涂在答题卡上。考生应能读懂不同题材和体裁的文字材料。题材包括经济、管理、社会、文化、科普等，体裁包括说明文、议论文和记叙文等。根据阅读材料，考生应能够：理解主旨要义；理解文中具体信息；理解语篇结构和上下文逻辑关系；根据上下文推断重要生词或词组含义；进行一定的判断和推理；理解作者的意图、观点或态度。

（一）详略得当解题技巧

对于阅读理解来说，根据题目的"题眼"快速在文章中找到答案是最关键的，这样我们就要在阅读时注意详略得当。克服全文精读的习惯，做到有信息处精读，无信息处略读，略读处一扫而过。题目中数字、人名等信息（题眼）在原文中对应的部分必须详读。而为了解释或证明观点做的举例或者通常有数个名词的并列项，因为它们不是完整的主谓宾结构的句子，所以无法与问题对应，可以略读。

（二）显性信息解题技巧

查读的信息通常是显性信息，只要将问题在原文中进行准确定位就能得到正确答案，一般不需要做推理。考生对于以下一些显性信息应该注意。

（1）表示因果关系的词或词组：because、reason、due to、since、so that、therefore 等。
（2）表示目的关系的词或词组：in order to、so as to、by 等。
（3）表示转折关系的词或词组：but、however、yet 等。
（4）表示对比关系的词或词组：contrary to、unlike、like 等。

（三）题文同序解题技巧

阅读部分，问题设置的顺序与所对应答案的相关信息在原文中出现的顺序一致（有时顺序不一致），这就要求考生应该按照题目的顺序依次做题。

（四）分解对应解题技巧

分解对应四分法：快速将问题分解成四个部分（主、谓、宾+其他），分别将每部分与原文进行对比。

（五）选小不选大解题技巧

阅读中，问题的范围必须小于原文范围，反之则不选。不能选的选项如下。
（1）选项的信息与原文内容相反。

（2）选项将原文的意思张冠李戴。
（3）选项将原文中的不确定因素转化为确定因素。
（4）选项改变了原文中的条件、范围等。

（六）主宾判定解题技巧

阅读中，将题干的句子进行简单分解后，问题中的主语、宾语在原文未出现或被偷换概念，则不选。不选的选项如下。
（1）选项表述无中生有。
（2）原文中作者的目的、意图、愿望等内容在选项中作为客观事实陈述。
（3）选项将原文中的特殊情况推广为普遍现象。
（4）选项将原文的内容具体化。
（5）选项随意比较原文中的两个事物。

（七）相关信息准确合并解题技巧

考生遇到问题时，不能只局限在某一段里面找答案，可以先做后面的题目，在后面的阅读中发现含有该题的答案时，将相关信息整合后再确定答案。

三、翻译题答题技巧

翻译一直以来都是考生难以突破的一道关口。考试当前，如何在短时间内快速地突破翻译题呢？以下总结了八大翻译技巧，帮助考生在短时间内突破翻译题。

（一）词类转译技巧

在翻译过程中，有些句子可以逐词对译，有些句子则由于英汉两种语言的表达方式不同，就不能逐词对译，只能将词类进行转译，方可使译文通顺、自然。对词类转译技巧的运用包含以下四个方面。

1. 转译成动词

英语中的某些名词、介词、副词，翻译时可转译成汉语中的动词。
Rockets have found application for the exploration of the universe.
火箭已经被用来探索宇宙了。（名词转译）
As he ran out, he forgot to have his shoes on.（介词转译）
他跑出去时，忘记了穿鞋子。

2. 转译成名词

英语中的某些动词、形容词，翻译时可转换成汉语中的名词。
The earth on which we live is shaped a ball.
我们居住的地球，形状像一个球。（动词转译）
The doctor did his best to cure the sick and the wounded.

医生尽了最大的努力来治疗病号和伤员。(形容词转换)

3. 转译成形容词

英语中有些作表语或宾语的抽象名词，以及某些形容词派生的名词，往往可转译成汉语中的形容词。另外，当英语动词转译成汉语名词时，原来修饰该动词的副词也往往随之转译成汉语中的形容词。

It is no use employing radar to detect objects in water.

使用雷达探测水下目标是没有用的。(作表语的名词转译)

The sun affects tremendously both the mind and body of a man.

太阳对人的身体和精神都有极大的影响。(副词转译)

4. 转译成副词

英语中的某些名词、形容词，翻译时可转译成汉语中的副词。

When he catches a glimpse of a potential antagonist, his instinct is to win him over with charm and humor.

只要一发现有可能反对他的人，他就本能地要用他的魅力和风趣将这些人争取过来。(名词转译)

(二) 词义的选择和引申技巧

英、汉两种语言都有一词多类和一词多义的现象。一词多类指一个词往往属于几个词类，具有几个不同的意义；一词多义就是同一个词在同一词类中又往往有几个不同的词义。在英译汉的过程中，我们在弄清原句结构后，就要善于运用选择和确定原句中关键词词义的技巧，使所译语句自然流畅，完全符合汉语习惯的说法。选择确定词义通常可以从以下两方面着手。

1. 根据词在句中的词类来选择和确定词义

They are as like as two peas.
他们相似极了。(形容词)

He likes mathematics more than physics.
他喜欢数学甚于喜欢物理。(动词)

Wheat, oat, and the like are cereals.
小麦、燕麦等皆系谷类。(名词)

2. 根据上下文联系以及词在句中的搭配关系来选择和确定词义

He is the last man to come.
他是最后来的。

He is the last person for such a job.
他最不适合这份工作。

He should be the last man to blame.

怎么也不该怪他。
This is the last place where I expected to meet you.
我怎么也没料到会在这个地方见到你。

词义引申是英译汉时常用的技巧之一。翻译时，可能会遇到这种情况：某些词在英语辞典上找不到适当的词义，如果任意硬套或逐词翻译，就会使译文生硬晦涩，不能确切表达原意，甚至会造成误解。这时就应根据上下文的逻辑关系，从该词的根本含义出发，加以引申，可以从以下三个方面来加以考虑。

（1）词义转译。当我们遇到一些无法直译或不宜直译的词或词组时，应根据上下文的逻辑关系，引申转译。

The energy of the sun comes to the earth mainly as light and heat.
太阳能主要以光和热的形式传到地球。

（2）词义具体化。根据汉语的表达习惯，把原文中某些词义较笼统的词引申为词义较具体的词。

The last stage went higher and took the Apollo into orbit round the earth.
最后一级火箭升得更高，把"阿波罗号"送进围绕地球运行的轨道。

（3）词义抽象化。根据汉语的表达习惯，把原文中某些词义较具体的词引申为词义较抽象的词，或把词义较形象的词引申为词义较一般的词。

Every life has its roses and thorns.
每个人的生活都有甜有苦。

（三）汉译的增词技巧

英译汉时，有时要根据意义上、修辞上或句法上的需要加一些词，这样才能使译文更加忠实通顺地表达原文的思想内容，但是，增加的内容并不是无中生有，而是要增加原文中虽无其词却有其意的一些词，这是英译汉中常用的技巧之一。增词技巧一般分为以下两种情况。

1. 根据意义上或修辞上的需要，可增加下列六类词

Flowers bloom all over the yard.
朵朵鲜花满院盛开。（增加表示名词复数的词）
After the banquets, the concerts and the table tennis exhibitor, he went home tiredly.
在参加宴会、出席音乐会、观看乒乓球表演之后，他疲倦地回到了家里。（增加动词）
He sank down with his face in his hands.
他两手蒙着脸，一屁股坐了下去。（增加副词）
I had known two great social systems.
那以前，我就经历过两大社会制度。（增加表达时态的词）
As for me, I didn't agree from the very beginning.
我呢，从一开始就不赞成。（增加语气助词）

The article summed up the new achievements made in electronic computers, artificial satellites and rockets.

本文总结了电子计算机、人造卫星和火箭这三方面的新成就。(增加概括词)

2. 根据句法上的需要增补一些词汇

Reading makes a full man; conference a ready man; writing an exact man.

读书使人充实,讨论使人机智,写作使人严谨。(增补原文句子中所省略的动词)

All bodies on the earth are known to possess weight.

大家都知道地球上的一切物质都肯定有重量。(增补被动句中泛指性的词)

(四)正反、反正汉译技巧

正反、反正汉译技巧是指翻译时突破原文的形式,采用变换语气的办法处理词句,把肯定的译成否定的,把否定的译成肯定的。运用这种技巧可以使译文更加合乎汉语规范或修辞要求,且不失原意。这种技巧主要包括以下五个方面的内容。

1. 肯定译否定

The above facts insist on the following conclusions.

上述事实使我们不能不得出以下结论。

2. 否定译肯定

She won't go away until you promise to help her.

她要等你答应帮助她以后才肯走。

3. 双重否定译肯定

There can be no sunshine without shadow.

有阳光就有阴影。(如果翻译时保留英语原来的"否定之否定"的形式并不影响中文的流畅时,则应保留,因为这样可突出原文中婉转的语气,如 He is not unequal to the duty,即他并非不称职)

4. 正反移位

I don't think he will come.

我认为他不会来了。

5. 译为部分否定

Not all minerals come from mines.

并非所有矿物都来自矿山。

(五)汉译的重复技巧

重复技巧是英译汉中的一种必不可少的翻译技巧。英译汉时往往需要重复原文中的某些词才能使译文表达明确具体,但由于英语和汉语语言结构不同,重复的手段和作用也往往不尽相同，大致可分为以下三种。

1. 为了明确

I had experienced oxygen and/or engine trouble.
我曾碰到过，不是氧气设备出了故障，就是引擎出故障，或两者都出故障。（重复名词）
Under ordinary conditions of pressure, water becomes ice at 0℃ and steam at 100℃.
在常压下，水在零摄氏度时变成冰，在一百摄氏度时变成蒸汽。（重复动词）
A locality has its own over-all interest, a nation has another and the earth get another.
一个地方有一个地方的全局利益，一个国家有一个国家的全局利益，地球有地球的全局利益。（重复宾语部分）

2. 为了强调

He wandered along the street, thinking and thinking, brooding and brooding.
他在街头游来荡去，想了又想，盘算了又盘算。

3. 为了生动

While stars and nebulae look like specks or small patches of light. They are really enormous bodies.
星星和星云看起来只是斑斑点点，或者是小片的光，但它们确实是巨大的天体。

（六）倒译技巧

英语和汉语的词句组成和排列的顺序千差万别，因此英译汉时做些调整，颠倒一下顺序是一种极为常见的翻译技巧，这种翻译技巧共分以下五种类型。

1. 复合句倒译

复合句倒译可分为部分倒译和完全倒译两种。
This university has 6 newly established faculties, namely, Electronic Computer, High Energy Physics, Laser, Geophysics, Remote Sensing and Genetic Engineering.
这所大学现在有电子计算机、高能物理、激光、地球物理学、遥感技术、遗传工程等六个新建的专业。（部分倒译）
Many laws of nature actually exist in nature though they have not yet been discovered.
虽然许多自然规律还没被发现，但是它们确实在自然界中存在。（完全倒译）

2. 被动句倒译

被动句倒译时，有时可将被动句倒译成主动句，有时可将状语倒译成主语。
The structure of an atom can be accurately described though we cannot see it.
虽然我们看不见原子结构，但能准确地描述它。（被动句倒译成主动句）
Table tennis is played all over China.
中国到处都打乒乓球。（状语倒译成主语）

3. 以否定型副词或条件副词开头的句子的部分倒译

能引起这种倒译的副词有 no、never、hardly、no longer、in no way、not until、not even、only 等。

Never before have I read such an interesting book.
我从来没有读过这样有趣的书。

4. 带有介词短语的句子的部分倒译

These data will be of some value in our research work.
这些资料对于我们的研究工作有些价值。

5. 习语的倒译

习语的倒译可分为按照汉语的固定顺序倒译和从重要性上加以区分进行倒译，以及逆时间顺序进行倒译三种技巧。

For its last 600 miles, the Yellow River flows eastwards through the flat, fertile, North China Plain, which is densely populated.
黄河最后的六百英里，向东流过平坦肥沃、人口密集的华北平原。（按照汉语的固定顺序倒译）

Heal the wounded, rescue the dying, practice revolutionary humanitarianism.
救死扶伤，实行革命的人道主义。（以重要性上区分进行倒译）

We have to be quick of eye and deft of hand.
我们必须眼疾手快。（逆时间顺序倒译）

（七）分句、合句汉译技巧

英译汉时，往往需要改变一下原句结构以适应于汉语的表达习惯。采用分句、合句进行翻译正是为了达到这种目的而运用的一种重要技巧。所谓分句，就是指把原文的一个简单句子译成两个或两个以上的句子；所谓合句，就是指把原文的两个或两个以上的简单句或一个复合句译成一个单句。运用这种分句、合句的汉译技巧可以使译文层次分明，更合乎汉语的表达习惯。分句汉译的技巧共分为以下五种类型。

1. 主语分句汉译

A man spending twelve days on the moon would find, on returning to the earth, that a year had passed by already.
一个人如果在月亮上度过了十二天，他回到地球以后就会发现一年已经过去了。

2. 谓语分句汉译

It goes without saying that oxygen is the most active element in the atmosphere.
氧气是大气中最活跃的元素，这是不言而喻的。

3. 定语分句汉译

He managed to raise a crop of 200 miracle tomatoes that weighed up to two pounds each.

他居然种出了二百个神奇的西红柿,每个重达两磅。

4. 状语分句汉译

Sun rays filtered in wherever they could, driving out darkness and choking the shadows.
阳光射入了它所能透过的地方,赶走了黑暗,驱散了幽影。

5. 同位语分句汉译

Mary normally a timid girl, argued heated with them about it.
玛丽平常是个腼腆的姑娘,现在也热烈地和他们辩论起来。

(八)句子成分的转译技巧

在英译汉时,有时往往需要转换一下原句中的成分,才能使汉语表达逻辑正确、通顺流畅、重点突出。句子成分转译作为翻译的一种技巧,其内容和形式都比较丰富,运用范围也相当广泛,主要包括以下五个方面的内容。

1. 主语转译

可以将句子的主语转译成汉语中的定语、宾语、状语等。
The wings are responsible for keeping the sir plane in the air.
机翼的用途是使飞机在空中保持不坠。(转译成定语)
To get all the stages off the ground, a first big push is needed.
为了使火箭各级全部离开地面,需要有一个巨大的首拨推力。(转译成宾语)
Machinery has made the products of manufactories very much cheaper than formerly.
因为机械生产,工厂里出的产品比起以前来价格便宜多了。(转译成状语)

2. 谓语转译

可以将谓语转译成主语。
Radar works in very much the same way as the flashlight.
雷达的工作原理和手电筒极为类似。

3. 宾语转译

可以将宾语转译成主语。
Automatic lathes perform basically similar functions but appear in a variety of forms.
各种自动车床的作用基本相同,但形式不同。

4. 定语转译

定语可以转译成谓语和状语。
Neutron has a mass slightly larger than that of proton.
中子的质量略大于质子的质量。(转译成谓语)
Scientists in that county are now supplied with necessary books, equipment and assistant, that will ensure success in their scientific research.
现在已给该县科学家提供了必要的图书、仪器和助手,以保证科研工作的成功。(转

译成状语）

5. 状语转译

状语转译一般指的是状语从句的转译。它可分作把时间状语从句转译成条件状语从句、把地点状语从句转译成条件状语从句和把原因状语从句转译成因果偏正复句中的主句等三种形式。

These three colors, red, green and violet, when combined, produced white.

红色、绿色和紫色这三种颜色如果合在一起就会变成白色。（时间状语从句转译成条件状语从句）

Where there is nothing in the path of beam of light, nothing is seen.

如果光束通道上没有东西，就什么也看不到。（地点状语从句转译成条件状语从句）

Because he was convinced of the accuracy of this fact, he stuck to his opinion.

他深信这件事正确可靠，因此坚持己见。（原因状语从句转译成因果偏正复句中的主句）

四、作文题答题技巧

作文题一般要求考生根据所规定的情景或给出的提纲写一篇 150 词以上的英语说明文或议论文。一般来说，提供情景的形式为图画、图表或文字，考生在答题卡上作答。提示信息的形式有主题句、写作提纲、规定情景、图、表等。

（一）用于作文开头的模板

（1）With the development of science and technology, more and more people believe that...

随着科技的发展，越来越多的人认为……（非常实用的句式）

（2）Many people insist that...

很多人坚持认为…… （insist 是亮点词）

（3）A lot of people seem to think that...

很多人似乎认为……（seem to 是委婉的说法）

（二）用于引出不同观点的模板

（1）People's views on...vary from person to person. Some hold that... However, others believe that...

人们对……的观点因人而异。有些人认为……然而其他人却认为……（vary from... to...是经典搭配，亮出观点时适用）

（2）Attitudes toward... vary from person to person.

人们对待……的态度因人而异。（towards 是亮点词）

（3）People may have different opinions on...

人们对……可能会有不同的见解。（may 是委婉说法）

（4）There are different opinions among people as to...

关于……人们的观点大不相同。（as to 是亮点短语）

（5）Different people hold different attitudes toward...

对于……人们的态度各不相同。（hold 是亮点词）

（三）用于得出最终结论的模板

（1）Taking all these factors into consideration, we naturally come to the conclusion that...

把所有这些因素加以考虑，我们自然会得出结论……（"take sth. into consideration" 为固定搭配）

（2）Taking into account all these factors, we may reasonably come to the conclusion that...

考虑所有这些因素，我们可能会得出合理的结论……（"take into account sth."再次将表达提升了一个层次）

（3）Hence/Therefore, we'd better come to the conclusion that...

因此，我们自然得出以下结论……（hence 是亮点词；come to the conclusion that…是万能总结句型；had better 表示水到渠成的流畅感）

（4）There is no doubt that... has its drawbacks as well as merits.

毫无疑问……有优点也有缺点。（there is no doubt that 是经典句型；drawbacks 和 merits 是亮点词）

（5）All in all, we cannot live without... But at the same time we must try to find out new ways to cope with the problems that would arise.

总之，我们没有……是无法生活的。但同时，我们必须寻求新的解决办法来应付可能出现的新问题。（一般用于结尾的经典句式；cope with 是亮点短语）

（四）用于提出最终建议的模板

（1）It is high time that we put an end to the...

该是我们停止……的时候了。（It is high time that 后跟虚拟语气，即动词的一般过去式，表示"是做……的时候了"或者"是不做……的时候了"）

（2）It is time to take the advice of ... and to put special emphasis on the improvement of ...

该是采纳……的建议，并对……的进展给予重视的时候了。（注意 it is high time 与 it is time 的区别，前者接虚拟语气，后者接 to do）

（3）There is no doubt that enough concern must be paid to the problem of ...

毫无疑问，对……问题应予以足够的重视。（"there is no doubt that+被动句"为固定搭配）

（4）Obviously, if we want to do something... it is essential that...

显然，如果我们想做……我们需要……（essential 是亮点词）

（5）Only in this way can we...

只有这样，我们才能……（"only+倒装句"是经典句式）

（五）用于预示后果的模板

（1）Obviously, if we don't control the problem, the chances are that... will lead us in danger.

很明显，如果我们不能控制这一问题，很有可能我们会陷入危险。（经典句式）

（2）No doubt, unless we take effective measures, it is very likely that...

毫无疑问，除非我们采取有效措施，否则很可能会……（unless ... it is very likely that...是亮点句式）

（3）It is urgent that immediate measures should be taken to stop the situation.

应立即采取措施阻止这一事态的发展。（"it is urgent that+被动句"是高分句式）

思考与训练

一、思考题

1. 国外航空公司和国内航空公司英文测试的侧重点有何不同？
2. 如何通过与面试官的英语交流清晰地表达自己是可以胜任空乘这份工作的？

二、训练题

1. 分小组进行英文必备单词听写。
2. 在模拟舱进行广播词播音训练。
3. 分小组进行英文面试模拟问答训练。

三、案例分析题

案例 6-1：

8月上旬某一天的上午10点，你乘坐的飞机迫降在美国亚利桑那州索纳拉大沙漠中。飞行员已经遇难，其他人均未受伤，机身严重毁坏，将要着火。你在飞机迫降前已获知，飞机迫降地点距离原定目标位置100公里左右，离飞机迫降点大约80公里附近有个村落。你所在的沙漠相当平坦，偶尔能看见一些仙人掌，可以说是一片不毛之地，日间温度约45摄氏度。你们穿着T恤、短裤和教练鞋，每个人都带有手帕。你们总共有50美元现金、一盒烟和一支圆珠笔。

炎夏，当你身陷沙漠地狱，在生与死的边缘，你会如何抉择？如何让你的团队突出重围？飞机即将燃烧，机上有15件逃生物品，性能良好，现要求你们对这些物品按重要性排序，如果只能抢救出其中的5项，你们会选择什么？首先是个人分别单独将这些物品按对自己生存的重要性排序，不得与其他人讨论，时间为5分钟；然后把你的排序情况与小组其他人员进行讨论，并得出小组一致同意的"排序"，这一步骤时间为15分钟。机上幸存者与你们组人数相同，假设大家选择共进退，不会分开行动。

附15件逃生物品：① 手电筒（4节电池大小）；② 迫降区的地图；③ 每人1升水；④ 降落伞（红白相间）；⑤ 每人一副太阳镜；⑥ 指南针；⑦ 手枪和6发子弹；⑧ 书——《沙漠里能吃的动物》；⑨ 塑料雨衣；⑩ 每人一件外套；⑪ 1升伏特加酒；⑫ 急救箱；⑬ 折刀；⑭ 一瓶盐片（1 000片）；⑮ 化妆镜。

第七章
空乘人员求职应聘后的总结

章前导读

俗话说，细节决定成败。空乘人员是民航运输业的第一线，代表公司形象，直接面对旅客。为提升服务水平、公司形象，航空公司对空乘人员各方面要求都非常严格，尤其要求注重细节。民航空乘人员求职应聘中应当注重细节，平时学习生活中也不应忽略细节，从小事着手，从细节入手，一点一滴地提升自我素养，以贴近行业要求，从而提高求职成功率。

本章主要分析空乘人员在求职应聘中需要注意的细节问题以及把握细节的方法，总结出空乘人员求职应聘的技巧和注意事项，帮助应聘者调整心态与状态，努力提升自我，取得面试的成功。

 学习目标

1．了解空乘岗位招聘关注的细节，把握细节，提升求职成功率。
2．掌握空乘人员求职应聘的经验和注意事项。
3．了解由于不注重细节出现的问题，并且掌握修正的方法，不断总结，以提升自我。

第一节　细节决定成败

古人云，"千里之堤，毁于蚁穴""泰山不拒细壤，故能成其高；江海不择细流，故能就其深"。这无疑说明了细节的重要性。

一、细节的重要性

在民航业的历史上曾经出现过这样一次事故：2000 年 7 月 24 日，法航一架协和飞机在巴黎郊外的戴高乐机场起飞后不久起火坠毁，造成 113 人丧生，随后，法航和英航旗下所有的协和飞机都被停飞，接受检查。据报道，引发这起灾难的"元凶"是另一架美国大陆航空公司所属 DC10 飞机掉落在跑道上的金属薄片，该金属薄片割破了协和飞机上的轮子，随之引发了一系列灾难性的后果。而进一步的调查表明：掉落在飞机跑道上的金属薄片并不是该 DC10 飞机的原配件，而是飞机的发动机在检修时所换上的替代零件。如果检修过程中注重细节，也许这场空难就不会发生，一百多条无辜的生命或将得以挽救。

纵观民航业发展史，每件令人刻骨铭心的事故都源于一个或者几个小小的失误，在民航业高速发展的今天，在民航业引领潮流的同时，在注重细节的时代下，只有更加注重细节，从小事做起才能保障民航业安全有序地运行，才能保证其可持续发展，才能提升其服务品质。"九层之台，起于垒土；千里之行，始于足下。"作为民航业中空乘岗位的求职人员，更应该从小事做起，从细节入手，不断地修正个人综合素质，提升专业水平，贴近行业标准。

二、面试中细节的分析

面试是整个求职过程中非常重要的阶段，所谓"工欲善其事，必先利其器"，求职面试之前一定要先了解各公司招聘的要求以及面试中容易忽略的细节。以下从三个方面分析面试当中需要注意的细节。

（一）亲切而自然的笑容

面试的时候第一印象很重要，微笑是笑容中最自然大方、最真诚友善的表情，航空公司一般不会拒绝一个有着温暖笑容的面试者，因为所有航空公司会把具有亲和力作为最重要的择人标准。求职者面露微笑，体现出他乐观向上，充满自信，同时表现出他爱岗敬业的态度。在面试中，始终保持微笑，会增加成功的概率。空乘人员最重要的要求之一就是"将完美的微笑留给乘飞机的每一位旅客"。各航空公司的面试官对每一位求职者的微笑都是非常在意的，因为微笑会给航空公司带来市场，带来顾客，带来更高的效益。

（二）得体而自信的举止

自信是面试中一个很重要的细节，自信要建立在对自身优势进行分析并且可以给出相应案例证明的基础上，包括对简历上的内容做充分准备。在各大航空公司的招聘中，面试官都会喜欢有自信的应聘者。在校学生出于对老师的尊敬，可能对面试官有一种本能的仰视心理，而在面试过程中需要改变这种心理，要平视面试官，也就是把面试官和自己放在一个平等的位置上去看待，这样你会有更多的自信，也会更自然地与之进行交流。

另外，在与面试官交谈时要掌握适当的语言技巧。谈吐大方自然，口齿清楚，音量适中，语速不要太快，用词文明，尤其不要出现口头禅。同时，注意考官的注意力，若他正集中注意力在听，说明他对你谈的内容比较感兴趣，不妨多谈几句；若观察到他有点心不在焉，则应该尽快停止。在倾听面试官的讲话时，可以不失时机地说几句"嗯""是的"，以表示自己在认真倾听，特别注意要跟面试官进行眼神交流，要正视面试官。在回答问题时，要先整理好思路，尽量做到有条不紊，尽量用简洁的语言有重点地阐述自己的看法，但要以讲清楚为原则，当然也不要一味地追求简洁而没有把问题讲清楚讲明白，这就需要应聘者自己把握分寸。

有些人面试会紧张，就会出现走路姿势别扭、肢体动作僵硬、说话结巴、眼神闪躲的现象。在进入面试室之前，一定要放松，自然而又优雅地走进去，千万不要出现驼背或者低头走路的情况。进去之后，当面试官打量你时，不妨用友好的眼神向面试官致意，记得面带笑容，回答问题时，也应该看着对方的眼睛，不要有多余的小动作，坐姿得体，举止落落大方，回答问题要有条理性，"首先""其次""然后""最后"是回答问题的基本方式，尽量将语言书面化，例如，"我觉得"这三个字就不要出现了，可以换成"依个人观点"。回答问题完毕时也应该加一个"我的回答完毕"。语速适中、音量适中，如果有播音腔最好。得体大方的行为举止能让人眼前一亮，最重要的是一定要让面试官感受到自己的真诚。

（三）平和良好的心态

保持良好稳定的情绪在面试中是很重要的，大起大落的情绪变化会影响面试者的面部表情、判断力。思考问题的方式也会分散其注意力，如果通过了第一轮面试，不要狂喜不止，应该迅速调整状态，准备第二轮面试；如果没有通过面试，也不要质疑自己，觉得沮丧或者自信心受挫，而是应该总结经验，反思不足，争取在下一次面试中取胜。每个航空公司要求不一样，同一个航空公司不同的面试官侧重点也不一样，不要太计较一时的成败。

三、面试中细节的把握

一个不注重细节的人，一定是一个专业不合格、敬业精神不足的人。"天下难事必作于易，天下大事必作于细。"不论做什么事都要重视细节，空乘人员面试时能否把握细节一定程度上决定求职能否成功。面试中有哪些细节需要把握，怎样把握呢？下面从面试前、面试中、面试后三个方面进行介绍。

（一）面试前

1. 信息准备

在面试之前，要尽可能多地收集有关招聘单位的详细资料，做到心中有数，所获得的信息应准确、真实。收集好航空公司的招聘资料，通过网络等方式了解航空公司的相关情况及面试要求，做好充分的准备，调整好状态。

2. 材料准备

准备好自荐材料（包括各种证书和成果等），充分考虑面试中可能提出的问题。提前备好简历，如招聘公司有明确模板，根据模板列明的项目进行填写，填写时注意字迹要工整，若字写得不好，可填写好表格后打印签字；如没有提供简历模板，可自行设计，设计时以两张纸为宜，个人经历、荣誉要言简意赅地写，并多备一份简历。

3. 仪表准备

（1）着装。着装要根据招聘简章中提出的要求准备，如无明确要求，则男士着正装、女士着职业装，一定要注意服装是否合体，是否干净平整，建议着白色衬衫、黑色西服裙（熨烫平整、衬衣有袖线）、黑色皮鞋。男生可以带公文包，女生可以带手袋，面试时应将其放置一旁，切勿放在自己与面试官之间。以上这些细节很重要。

（2）妆容。头发以前不遮眉、后不遮颈、侧不遮耳为宜，女士盘头整理收好碎发，男士清理好胡须、鼻毛等；女士要按招聘简章要求化妆，如无明确要求，以淡妆为宜，男士有时也可稍化妆遮瑕，但化妆痕迹不宜过于明显；眉毛要适合脸型，不可戴带框眼镜，不戴美瞳，不贴假睫毛。面试时要特别注意妆容方面，可参考面试公司的乘务形象宣传照，如参加海航、东航面试时就可直接涂抹正红色口红，这样更贴近公司对形象的要求。

4. 心理准备

择业前要客观认识自己，正确分析自我，根据自身的特长选择适当的职业；要保持积极、主动的择业心态，敢于竞争，敢于自荐；要增强心理承受能力。

（二）面试中

表述前要先思考，整理好思路，思考时间以 1 分钟内为宜，表述时要注意把握好语速，娓娓道来，如轻风抚耳般传到面试官耳中，吐字清晰，音量适中。

在面试过程中，要表现得从容、自然、大方，讲礼貌，眼睛要真诚地注视对方。当介绍各面试官的姓名和职务时，应记住以便在应对时把握轻重及取舍。尊重和谦逊是一个人职业素养的表现，在打招呼和交谈时要正确地使用敬语，这能够让面试官对你产生良好的第一印象。面试过程中要集中注意力听完对方的讲话，切勿轻易打断别人讲话。如两个面试官同时向你提出不同的问题，应逐一回答。答案不宜太长，注意语调，并留意观察面试官的反应，若对方侧耳倾听，则可能说明自己音量太小；若其皱眉、摇头，可能说明自己言语有不当之处。要根据对方的这些反应适时地调整自己说话的音量、语气、陈述内容等。

（三）面试后

面试结束后，要注意以下几点。

（1）适时告辞。在面试官结束面谈后，应适时地起身告辞。

（2）礼貌再见。在面试的全过程中应有礼貌，告辞时同面试官握手表示感谢。

（3）笔试。笔试时要仔细审题，避免理解错题意，平时注意多积累专业知识、英语知识，多了解时事政治等。

（4）体测。体测前一定要准备好需要穿的服装，体测时换好，避免因服装局限体测时的发挥，并且各环节中合理分配体力，避免一个项目消耗掉大部分体力。

（5）体检。体检前最好在本地医院按体检标准提前检查，以便及时发现问题，及时调整。体检时不要过于紧张，集中状态，明确医生要求并按要求做。也要注意细节，如摸高时，鞋子一定优雅地脱掉，整齐地把它们摆在自己的脚边，不要影响他人。

总之，在面试过程中，要特别注意细节，把握细节。有时一个细节的忽略往往让面试官感觉面试者不够专业、不够认真，从而使面试者错失良机。

第二节　如何看待面试的成功与失败

随着时代的发展进步，民航业近几年来竞争愈发激烈，由此对人才的需求越来越迫切，要求越来越苛刻，求职者面对的门槛也越来越高。在这样严峻的形势下，求职者面对的招聘内容形式越来越复杂，各公司招聘不断增设和调整环节、关卡，测试应聘者的综合素质和能力。竞争的激烈，面试难度的提升，无疑给求职者带来种种心理压力。面对这些压力、困难，一时的成败并不能决定面试者的一生，若没有好的心态，面对挫折不会调整状态，就很难应对求职路上的各种难关。因此，只有正确地认识成功与失败，才能从容地应对各种面试时的难关，最终以最佳状态脱颖而出。

一、总结经验，找出不足

正所谓"胜不骄，败不馁"，即使求职不成功也不要失去信心，应总结经验，找出不足，从而不断提升自己，不断进步。对自身的评价要客观，正确地看待自身的优缺点，准确地给自身定位，切合实际地制定短期与长期目标，针对问题提出合理有效的解决方案，学会总结经验，找不足，补短板。

例如，面试中通过初试，却在复试环节失败，失利后要学会总结：总结同样进入复试并且顺利通过复试的其他面试者身上的优势、闪光点，总结自身问题，反思自己是否可能是形体方面有点问题，又或者是问题回答得不好等，找出自身问题所在并且改正，提升实力，争取下一次顺利通过。

二、调整心态，建立信心

空乘人员面试是一个动态的过程，是一个不断发生变化的过程，是一个持续时日较长的过程，在这个过程中很多情况的发生都无法预料到，如平时各方面条件都很优秀的求职者，在面试时也有很多人失败。心态对面试者的影响非常大，会影响一个人的言行举止，因此，面试前以及面试中的心态调整非常重要，一个好的心态更有利于求职者树立信心。

求职者存在自大高傲、过于轻视、缺乏信心等不良心态是面试中的大忌。例如，面试时因自身长相、学历、能力等各方面条件较好，过于自以为是，给面试官留下自负的印象，从而使其不敢选择你；面试时由于有轻视心态，导致状态不够好、回答问题时不认真，给面试官留下不认真的印象，从而被淘汰；由于缺乏信心，面试时不知所措、慌张、害怕，以至于表现非常差。

正确、积极、乐观的心态会让求职者找准方向，克服不良心态，最终脱颖而出。例如，正确地认识自身，认真对待面试，提前做好充足准备；回答问题前认真思考，贴合职业、公司实际需求巧妙地把自己推销给面试官；树立自信心，建立积极乐观的心态，面试前做好功课，认真查阅资料，了解公司、职位、面试的细节。

求职是一个双向选择的过程，一是求职者选择职位、公司，二是公司选择求职者，求职者与公司都各自有选择权。不要妄自菲薄，更不可趾高气扬，要自信满满地去应对面试，从容不迫地面对面试官。明白了这个道理就可以进退有度，有张有弛。

面试时不要过于看重结果，更不能时刻想着成败，要洒脱地面对面试结果。面试过程也非常重要，因为面试本身就是一个学习进步的过程，多少次的失败也不过是为了那一次的成功,经历得多了才能更好地了解面试场上的情况。在学校里学习期间,可以和同学进行模拟招聘考试的相关活动,相互帮助,为更好地迎接航空公司的正规招聘考试打下坚实的基础。要不断给自己争取更多锻炼的机会,带着自信的微笑去参加每一次招聘面试。

一个自信的人不可能完全避免失败,而失败恰恰是对人自信心的挑战。一个人是否具备顽强的毅力和不言败的决心,关键在于他如何面对失败和挫折。一定要锲而不舍,多给自己寻找面试机会,更不要怕失败,大多数求职者都是失败很多次之后才成功的。每年航空公司的招聘都很多,而且招聘的公司以及岗位数量也在不断增多,机会很多,求职者要学会享受面试的过程,在面试中成长,从而获得成功。

三、提升自我,走向成功

一个人的态度非常重要,改变态度就是改变人生。美国著名哲学家罗曼·V·皮尔说过,情势是客观的,态度是主观的,处境是客观的,情绪是主观的;客观的情势可以因态度而转变,客观的处境也会因情绪而改观。神奇的是,以积极的态度面对逆境,逆境会化作机会;以正向的情绪处理障碍,障碍常常会成为助力。所以,良好的态度和积极的情绪是成功的保障,求职应聘者需要在这些方面加强培养,才能最终成为赢家。

一般来讲,空乘岗位的面试比较注重一个人的礼仪、仪态、为人处世的态度、对旅客服务的意识素养、应变能力等,其中有些是在面试中靠面试官的观察去分析,有些从面试中求职者给予面试官的感受中推断,有些通过问答环节以及试题测试所获得的数据评价去了解。这些方面都可以通过训练以及学习来完善。

俗话说"业精于勤,荒于嬉",在校期间应认真、努力学习专业课程,日常生活中乃至毕业后都要进行相应专业的学习、练习。

要时常进行形体训练,矫正错误姿态,形成良好的行为习惯、塑造正确的形体;可以通过贴墙以及对镜进行站姿训练;用前后一样粗细的筷子,对照镜子进行微笑训练;同时,要对照镜子进行眼神训练,眼睛是心灵的窗户,眼中要含笑,眼神要和善;依照教师的指导进行仪态训练,包括站、坐、行走、鞠躬等。还要学习化妆,服务人员的妆容是非常重要的,仪容仪表是一个服务人员礼仪的外在表现,按行业要求整理好自身妆容是面试时必须要做到的;平时要多保持积极乐观的心态,乐于助人,与人为善,提升自身亲和力。

保障客舱安全是民航乘务员在客舱服务中最重要的环节,工作中可能会有突发状况,面试官会在面试环节通过问答以及试题测试形式测试求职者的应变能力以及心理素质。这就要求求职者平时要掌握好专业知识,并且进行突发状况模拟,训练应变能力,学习回答问题的技巧。

面试过后一定要进行反思,如要明确自己的职业定位。某面试者在参加某国内航空公司的复试时,面试官出题:你认为一个公司人性化管理更好还是制度化管理更好?以此做辩论。面试者面试的是空中乘务员这一职位,那就需要其有耐心、温和的特质,在回答这一辩论题目时,可能面试官除了要听回答的内容,更要听面试者的语言态度。面试者要知道自己面试的不是新闻节目主持人,不需要针砭时弊,只需要温和地阐述问题,提出观点,说服他人。另外,需要从容面对,很多面试者会参加很多场航空公司的面试,往往越在意的面试结果反而并不那么理想,这主要是紧张导致的。紧张对于人的语言、面部表情、身体仪态等各方面都有着非常大的影响,导致面试者不能正常发挥,展现出自己最好的一面。

民航业是一个国际性非常强的行业,要求乘务员具备一定的语言功底,这就要求求职者至少掌握一门外语,通常来讲英语是必须掌握的,不仅是听、说、读、写这么简单,还要能够用英语进行交流和回答问题。除此以外,若能再多掌握一门外语,无疑给自己的面试增加了竞争优势。现如今各航空公司都有往各国家开设的定期航班,如韩国、日本、法国、德国、俄罗斯等,如果能掌握一个小语种,在面试中是极有优势的。有些面试成功者英语不是很好,但小语种却很好,最后也脱颖而出。有些招聘还需要求职者会一些地方方言,这些也无疑说明了语言的重要性,语言已成为如今航空公司招聘的一个标准条件了。

空乘人员的工作内容是标准化、规范化的一套程序,要形成良好的专业习惯,把习惯变成一种自然的状态。有些人在学习时是一种状态,日常生活中是另一种状态,不注重自身的形象气质,这些都不利于养成良好的习惯,更不利于将习惯变成自然,同样不利于个人成长。如果不能养成良好的习惯,面试时就很难在短时间内找到最佳状态。习惯的培养是一个循序渐进的过程,不可操之过急。

总之,要时刻关注行业动态,了解行业变化,并据此不断完善自己,让自己时刻符合行业标准和要求,同时时刻关注行业招聘信息,提前做好准备,及时参加招聘,以最佳状态求职面试。

思考与训练

一、思考题
1. 面试中哪些细节容易被忽视?
2. 请仔细分析自身的优势及不足。
3. 请谈谈自己对空乘招聘的认识。
4. 如何保持良好的面试状态?
5. 你认为空乘岗位招聘比较注重哪些?

二、训练题
1. 分别邀请有过面试经历的同学在课堂上分享他们的面试心得和体会。
2. 模拟民航空乘招聘面试过程,与同学们进行角色扮演,事后进行总结。
3. 模拟民航空乘招聘笔试测试,与同学们互相改卷,互相指出优缺点。

三、案例分析题

案例 7-1:
请观察图 7-1 中模拟招聘面试场景的各个成员的状态和表情,分析她们的表现情况和细节,指出优点和缺点,并提出注意事项,以帮助同学们更好地完善自我。

图 7-1　模拟面试场景

案例 7-2：

人类飞行史上出现过不少空难,也出现过不少奇迹。大量事实证明,飞机上设置的安全带是救生之宝,按照规定系好安全带而获救的实例很多。据记载,曾有一架波音 747 型飞机在飞行时,机舱的舱门突然脱落,坐在舱门周边的几位旅客,都被吸到了舱外,而有一位老人因为身上系着安全带没有被吸出,原来他在飞机升入高空后睡着了,而起飞时系好的安全带一直没有解开,所以很幸运地保住了自己的性命。

根据案例 7-2,进一步理解安全带的重要性,了解作为空乘人员该如何提醒乘客注意有关安全事项,由此进一步认识空乘人员的责任心以及抗压能力的重要性,对今后所从事的空乘服务相关工作有明确的认识,从而建立信心,为自己的职业生涯奠定坚实的基础。

参 考 文 献

[1] 高宏,安玉新,王化峰,等. 空乘服务概论[M]. 北京:旅游教育出版社,2007.

[2] 汪燕. 民航服务概论[M]. 北京:高等教育出版社,2011.

[3] 陈坤成,谢旻蓉. 空服地勤应语一本通:应试+工作[M]. 北京:旅游教育出版社,2016.

[4] 张号全,孙梅. 航空面试技巧[M]. 2版. 北京:化学工业出版社,2017.

[5] 张伶俐,梁秀荣. 未来空姐面试指南:轻松走向成功之路[M]. 北京:中国民航出版社,2004.

[6] 曲刚. 走出学英语的迷茫[M]. 北京:中国科学技术出版社,2004.

[7] 《新东方英语》编辑部. 2004年新东方英语学习手册[M]. 北京:世界知识出版社,2004.

[8] 李勤. 空乘人员职业形象设计与化妆[M]. 北京:清华大学出版社,2018.

[9] 朱友东. 气质是这样炼成的[M]. 北京:中国商业出版社,2008.

[10] 耿进友. 外航空乘应聘成功指南[M]. 北京:中国民航出版社,2018.

[11] 刘杨,王兴权. 从求职到谋职[M]. 北京:中国法制出版社,2010.

[12] 凤陶,梁燕. 毕业不失业:大学生实习、就业全程式指导[M]. 北京:机械工业出版社,2006.

[13] 孙云晓. 培养一个真正的人:品德培养从哪里开始[M]. 北京:同心出版社,2004.

[14] 剑屏. 旗开得胜:求职及应聘应试的技巧[M]. 北京:中国人民大学出版社,1992.

[15] 宋兆泓、石建广. 空难杂谈[M]. 北京:清华大学出版社,2005.

[16] 罗曼. 态度决定成败[M]. 沈葳,译. 北京:中国三峡出版社,2005.

案例一　国内某航空公司面试经验分享（小石）

一、面试前的准备

（一）身体健康方面

良好的精神状态是第二天顺利面试的法宝。当知道未来一周即将有航空公司面试时，至少提前一周规律生活作息，饮食规律、睡眠规律；不吃辣食防止长痘痘，不吃冷饮以免肠胃不舒服；尽量做好保暖，尽最大的努力保证面试当天以健康的状态面对面试官。

（二）形象方面

提前一天试穿好能够展现自己身材的最好的一套服装，尽量避免把自己的短板直接暴露给评委，力求第一眼的感觉是舒服、大方、简洁。高跟鞋不宜过高、也不宜过低，在四五厘米左右更合适。记得我面试国内一家航空公司时，面试官对我说：细高跟会让人显得更职业化。有些航空公司不让穿丝袜，所以要提前看清楚招聘简介，提前一天打印好身份证复印件，并准备好一寸完美证件照，定好闹钟，就万事俱备了。

二、面试过程

（一）初试

10人分为一组，进考场之前会按照顺序在胸前贴号码（1～10号）。进去以后评委面前会有圆形标签，标签上有1～10的数字，大家按照顺序依次站好，老师会让大家从1号开始做自我介绍（自报"几号+家乡"）。例如，我是10号，我来自××省××市。请注意，这个时候千万不要说自己叫什么，这样有作弊的嫌疑，会被淘汰。依次介绍完毕后，评委会让全体左转、右转，看一下每个人的形体与仪态，记住一定要微笑，转的时候也不要转错，以免留下不好的印象。转完以后，评委说"好"就可以出去了。

在初试中想要强调的细节是：进门的第一位同学进去之前要敲门，结束以后最后一位同学要记得关门。当踏进考场的那一刻就要全程微笑，我百试不厌的一招就是盯着评委老师笑，让他感受到你是认真地在听他讲话。细节是教养的体现，也是礼仪专业知识的储备。

（二）复试

复试时依旧10个人一组，在进考场前会被重新贴号，依次站好即可。进入复试场地后，首先每人会拿到一张便签，上面是英语短文，只需读出便可（注意：在这个环节中，只有当前一个人开始读的时候你才可以打开自己的便签开始熟悉短文，不可以提前打开，否则算是无效；一定不要慌张，遇到恰巧不会的单词不要停，掠过就可以）；依次读完英语短文后，面试官就会起身，挨个检查每个人的疤痕情况，主要检查面部、颈部、胳膊至肘关节、腿部至踝关节，当所有人检查完毕，就可以依次出考场了。

复试要注意的细节是：保持镇定，读英文时不要读太快，更不能因紧张导致越读越快，否则让人感觉心理素质不过关；在检查疤痕时，如果面试官问大家身上有没有疤痕，我的经验是最好不要说出来，等面试官自己去发现，因为有些疤痕不明显，不一定能看出来，所以不要自露短板，否则会被提前淘汰。

（三）终审

终审是试穿航空公司的服装，主要是看看有没有穿着制服太奇怪的问题，终审不会淘汰很多人但也要保持高度警惕。全程微笑是一定需要的，注意跟面试官的眼神交流，内容跟初试很像，包括向左转、向右转等，也会随机问几个问题，如兴趣爱好，如实回答即可，这个无须过多担心。

但是初试、复试、终审会有一个面试官一致强调的问题，那就是自我介绍。当评委问问题时，我建议千万不要说"老师您好""考官您好"之类的话，他们会认为非常浪费时间，因为面试的人很多，虽然说了会显得有礼貌，但是直接说自己的序号、陈述自己的问题，在考场中会更合面试官心意。从终审考场出去后会发放最后的合格名单，合格的面试者可以稍等片刻，会有人拍定妆照，在拍照过程中保持全程微笑即可。

三、面试后的反思与总结

面试结束后会感觉到很轻松，同时压力倍增，会因为面试过程中自己一些问题回答得不是那么完美而感到懊恼与遗憾。同时，通过面试可以现场感受到优秀的人很多，自己还有很多不足的地方。

每个人身上都有或多或少的缺点，及时找出自己的问题，研究出解决方法，多学习、多交流，才会变得更优秀，才会使成功的路更加开阔明亮。

案例二　国内某航空公司面试成功经验分享（小韩）

一、面试前的准备

（一）知己知彼

（1）了解所面试航空公司的愿景、服务理念、核心价值观等企业文化，以及其他基本信息。例如，山东航空有限公司的笔试当中就出现过相关题目：山航的标志为 SSS，这三个 S 分别代表什么含义？

（2）了解所面试航空公司近期所发生的重大事件，如开通了哪些标志性航线、引进了哪些最新机型等。

（3）了解所面试航空公司近期获奖情况及荣誉事件。例如，在参加厦门航空有限公司面试的终审时，主考官问道："哪些人是已经通过了其他航空公司面试的？那你来参加本公司面试的原因是什么？"当时我的回答中有一部分就讲道："在××年第×季度航空公司服务测评报告中，厦航连续×个季度蝉联榜首。"

（4）中肯地进行自我评价，不能妄自菲薄更不能夜郎自大。正视自己的缺点和短处，特别是对于各类等级证书方面的问题，如自己尚未取得，面试中尽量不要主动提及，但当面试官问到时更不能撒谎。对于自己的优点，要让面试官了解，但需注意自己在表达时的语气及态度，不能给人留下骄傲自满的印象。

（5）参加过哪些有代表性的社会活动？在其中有什么印象深刻的事，以及学到了什么？

（6）专业特点：自身的知识结构能够为应聘的岗位做出哪些贡献？

（7）艺术特长：能够展现自己多才多艺的优秀素质。

（二）调整心态

（1）认真对待每一场面试，但对于自己特别重视的面试应保持一颗平常心，不要过于紧张。

（2）不要过分计较面试结果，影响面试结果的原因有很多，除自身条件之外，还有面试官的个人喜好以及运气成分，面试者需要做的是从每一场面试中吸取经验，把握下次机会。

二、面试过程

（一）初试

（1）目测个人形象：具体仪态仪表不做赘述，不建议着学校制服，妆容方面可参考面试公司的乘务形象宣传照。

（2）语言：普通话良好，音量适中，给人留下自信大方的印象。

（二）复试

复试经常以多种形式出现，这里讨论几种常见情况。

（1）详细的自我介绍：面试官进一步对面试者进行了解。

（2）问答：面试官根据自我介绍内容随机提问，或问面试官感兴趣的其他问题。

（3）小组讨论：常以辩论赛形式出现。

（4）英语口试：口语问答形式，或抽签进行英语短文朗读。

（三）三试

（1）笔试：公司基础信息、逻辑思维、英语等方面。

（2）形象：部分航空公司会在三试中要求面试者换上本公司的空乘制服，评判其职业形象与预期是否相符。

（四）终审

终审的主考官多由公司一把手担任，面试官当中也会有客舱部经理等公司领导。此环节除简单的自我介绍外多为开放性问题，面试官随机提问，我们需要在面试前做好充分准备，对于可能出现的问题想好怎样回答更为稳妥。

案例三　境外航空公司面试经验分享（小倪）

我参加过较多的境外航空公司面试，这些年陆续拿到过五家航空公司的录取通知，加上面试失败的公司，应该也有近十家外航的面试经历了，在这里总结分享一下面试外航的小经验，以期帮助到有需要之人。（注：外航面试是全英文交流的过程）

一、面试前的准备

（一）英语水平

境外航空公司对英语水平的要求没有像国内航空公司那样有硬性规定，要求必须达到几级，所以即便你没有任何英语等级证书，也都是可以去参加面试的。但是，就跟你去国内企业面试一样，虽然大部分企业不会对普通话的等级证书有要求，但是你必须能够用普通话沟通良好，无障碍。同理，面试境外航空公司的英语口语必须达到无障碍进行工作上和生活上的交流的水平，毕竟所有的面试环节都是英语沟通。至于笔试，不是所有境外航空公司都需要笔试的，即使是要求笔试的外航，其笔试也基本在高中水平到大学英语六级水平之间。如果有余力，可以适当了解一下雅思或托业。

对于学习英语和准备英语面试的建议是，口语听力从自己感兴趣的领域入手，如喜欢看美剧就跟着美剧学习英语；喜欢运动就可以多看看国外的英文体育节目或者去结识一些志同道合的外国朋友，一起去运动，锻炼口语和听力，培养自己的西方思维。对于笔试，可以多做一些四六级真题和阅读感兴趣的英文材料。记住，口语一定要大胆说，慢慢克服恐惧。另外，在境外航空公司，面试基本都有小组讨论、角色扮演、辩论等团队合作的环节，因此，在准备面试前，跟同学一起练习、模拟、互动是非常重要而有必要的。

我业余时间是兼职教瑜伽的，在准备面试的那半年，我去上海国际化的瑜伽馆办卡练习，上外国教师的课锻炼听力。机缘巧合之下在瑜伽馆遇到一个教雅思的外国老师想考瑜伽老师证，我免费做他的瑜伽私教，她免费教我口语，这样锻炼自己开口讲英语的勇气，以及流利沟通、能准确表达自己想法的能力。

因此，境外航空公司没有英语等级限制的高门槛，能让更多人有机会去参与，但是在面试过程中，英语是必备的沟通工具，非常重要。

（二）皮肤与牙齿状况以及摸高准备

境外航空公司在外貌方面的审美跟国内航空公司不一样，不会只选有高颜值、高挑身材的。对身材和颜值的要求相对会比较宽松，但是对于皮肤状况和牙齿整齐度会比较看重。我牙齿状况很差，当年把门牙全部磨小做全瓷牙，我一口大概有十几颗烤瓷牙；皮肤也不是很好，去医院治疗了半年勉强没有痘痘，痘印可以在遮瑕的情况下去面试的。至于身高，国内航空公司会硬性要求不低于多少，但境外航空公司相对人性化，只要求踮脚的情况下双手摸高可以摸到多高的线（此项要求是为了可以碰到安全应急设备的摆放处），因此身高较矮的可以通过瑜伽练习和拉伸来帮助摸高。

（三）简历和照片的准备

境外航空公司是非常注重服务或者客户经验的。在面试过程中，会深入挖掘每个人的性格特点以及其在工作中的案例。因此，如果是刚毕业的，应多去做做兼职，找一些服务业或者客户关系处理维护的相关工作，旅游业、餐饮业等和人打交道的都可以。例如，我有很多刚毕业的朋友前去 Hooters（猫头鹰餐厅，一家国际的全球连锁餐厅）做兼职，国际化的服务氛围和要求非常锻炼人在服务中的主观能动性，相对符合境外航空公司的服务氛围。服务意识、国际化的思维方式、对不同文化的尊重、会聊天、性格气质好、时间观念强，以及良好的沟通协调能力（最重要）等都是境外航空公司所看重的，因此也是在"工作经验"一栏需要突出表达给面试官的重点。

在面试的谈话环节，面试官基本都会围绕面试者的个人简历提问问题，因此，在有了一定全职或者兼职工作经验之后，回顾一下工作中的关于客户关系处理的案例，做一些整理，在后面面试环节一定会用到。

照片的准备是非常重要的，面试官的第一印象也是通过简历和照片获取的。因此，照片中的微笑、表情和穿着是非常重要的。关于照片的准备，建议提前去影楼拍一套职业正装照，让化妆师给盘头发、化淡妆，护照照片和全身的正装照一般以白色或者浅蓝色为底。另外，还需要准备正面全身的日常生活照片，建议也在影楼拍好，千万不要拍艺术照。

（四）表情、语言沟通、礼仪仪态的准备

一定要注意面试交谈过程中的面部微表情，平时多观察镜子中自己在说话中的面部表情，僵硬、吐舌头、锁眉心、翻白眼等不职业的微表情都一定要避免。

境外航空公司大多都喜欢露齿笑、笑容不做作的面试者。我在练习微笑时，每天都咬筷子练习，直到面部酸胀再拿下筷子，久而久之会让肌肉产生记忆。

面试官是会留意面试者面试过程中的礼仪仪态的，尤其亚洲航空公司会特别重视。礼仪仪态包括站、坐、行走、鞠躬，以及说话沟通时是否使用礼貌用语、整个人的形体状态和精神面貌等。

（五）妆容和服饰的准备

外表的形象在国际化的"大家庭"里没那么重要，不像国内航空公司接近选美标准。

在境外航空公司，审美标准非常国际化，高、矮、胖、瘦都有。所以不必担心自己不够漂亮，综合素质是境外航空公司考查的重中之重。

在中东、欧洲、亚洲等地的航空公司有不同的审美标准，因此，在面试前最好先去网上看面试公司空乘的妆容标准，譬如日韩以淡妆、清爽为主，东南亚、中东偏向浓妆（非夜店妆容，需要的是五官轮廓明显，精神饱满），欧洲对妆容的要求比较宽松。如果自己不会化妆，可以在面试前去找化妆师化妆。我面试上第一家外航时，就是提前联系了化妆师，谈好一切，面试当天早早过去化妆。如果对自己脸型的化妆把握比较熟练，可以自己动手。专业的妆容是需要用心和下功夫去打造的。

关于服饰，绝大多数面试者都会穿白衬衫、黑色一步裙。其实，可以别出心裁地穿一套与众不同的职业正装，这可以让面试官一眼发现人群中着装不一样的你，例如，连衣裙正装等，颜色也不一定要是黑白，但注意要选一些稳重的颜色，裙子长度不宜太短，至少要到膝盖，不可以无袖等。总体来说，服装款式可以不一样但正式程度要一样，并且一定要大方得体。

（六）面试航空公司的资料准备

所谓"知己知彼，百战不殆"，在面试前，一定要去收集面试公司的基本信息资料，如企业文化、历史、航线、服务特色等。在面试过程中，这是一定会变换方式来考查的内容。

（七）良好身体素质的准备

乘务员这份工作也需要有非常好的身体素质，毕竟都是国际线，要倒的时差不是一般人所能想象的。开始飞的前三个月，一些人因为不适应甚至会捂着心脏想要辞职，所以，如果你爱运动爱健身，记得要在面试官面前说出来。平时给大家的建议是一定要运动锻炼，增强体质。

我还是非常喜欢运动的，初中开始练习瑜伽，高三毕业去系统学习瑜伽考教师证，整个大学四年都在教瑜伽，大学业余又选进了舞蹈队，跟舞蹈专业的同学一起学习，成为空乘后依旧在兼职教瑜伽、舞蹈等。因此，在面试中跟面试官分享的时候，一定要表达出自己身体非常健康，既能保持体形、增强体质，又能适应飞行强度的意思。与众不同的优势也能帮助你在众多面试者中脱颖而出。

二、面试过程

境外航空公司的面试都分为三个阶段，初试—复试—终试。

（一）初试

初试时基本上是见不到航空公司的考官的，由北京外航服务公司 Fasco 的考官对面试者进行筛选，所以建议面试者在面试前顺便了解一下 Fasco。

初试以前都是现场面试，但近几年很多航空公司改成视频面试，不论现场还是视频，初试都不难，好好准备都是可以通过的。

近几年初试问题总结如下。

（1）进行自我介绍；第几次面试我们公司？（如果超过一次，就会问你经验教训）

（2）你来自哪里？为什么要面试我们公司？你对我们公司有什么了解？

（3）你有哪些学习经历和工作经验？（并且根据你的回答问你一些衍生问题）

（4）你为什么要从上一家公司辞职？

以上问题非常重要，可以用很多方式提问，要好好准备。如果初试是现场面试，则摸高和交资料等会设置在当天。如果初试是视频面试，在视频面试通过以后，会被邀请复试，在复试的前一天会被要求去交资料和摸高。

（二）复试

第二天的复试是最累的，因为不止一个环节。复试一般有个人谈话交流、小组讨论、笔试、角色扮演、辩论、即兴演讲等这几项内容。

我总结了很多家外航的笔试内容，主要有：语文（写作）、数学、英语（完形、阅读）、逻辑推理、心理等。当然，不管什么题卷面都是全英文，题目难度根据不同的外航从初中英语到大学英语六级，有余力可看看雅思、托业，成绩会更好。

小组辩论、角色扮演、小组讨论这三个环节我没有办法进行现场还原，因为工程量太大，涉及的角色较多。此处只能给大家一些建议和注意事项：因为这些环节是极其需要团队合作意识的，所以在整个过程中要学会聆听，不要抢话，要有参与度，不能置身事外，要保持微笑和眼神交流；能在团队有困难时及时帮助，谦让有礼，要在心理上对自己在团队里的角色进行自我定位。

至于即兴演讲，抽话题以后稍作准备就要进行演讲，所以平时要多阅读一些英文材料，增加话题储备和词汇积累。

（三）终试

终试一般都是面试官与面试者个人的深入谈话。此时一般都会围绕简历上的工作经验进行挖掘，所以，在这个环节之前，一定要准备大量的工作案例，面试官可能会对某件事情深入探究地提问。通过深入谈话，面试官才可以充分了解到你的个人品质，而这个品质如何正是境外航空公司最在意的。

总结多家境外航空公司终试，典型的问题如下。

（1）为什么要来我们公司？

（2）你在工作中有没有被投诉过？请举例说明。

（3）当你和你上司或者同事有矛盾时，你是如何处理的？

（4）在工作中遇到困难和压力如何克服？请举例说明。

（5）如何平衡空乘这份工作和你的生活？

（6）遇到过什么挑战？请举例说明。

（7）我们为什么要录取你？

三、面试后的反思与总结

在面试过程中，一定要发挥主观能动性，所有回答的问题都可以设置一个合适的潜在话题引出，让面试官对你感兴趣从而继续问下去。注意：这里的主观能动性不是强势。

境外航空公司要招的空乘虽然都需要具备空乘基本的素质，但同时，大部分公司还是喜欢有自己性格的乘务员，需要你有让乘客记住你和喜欢你的能力。飞机上乘务员有一个很重要的环节就是和乘客聊天，所以能让面试官喜欢你，你就赢了。

为成功面试我在大四期间准备了整整半年，也有碰壁，也会迷茫，但是"硬件"不好（皮肤、牙齿等）就去医院，"软件"（英语、微笑等）不行就去提高。在为外航面试做准备的阶段很苦很累，坚持每天做题，做大量的英文阅读，坚持和小伙伴一起练习小组讨论、角色扮演。虽然也失败过，被怀疑过，被家人心疼劝说我放弃过，但我从未想过要半途而废，我相信只要坚持就会成功。希望我的分享可以帮助到所有有飞行梦的你们。

最后，如果你真的成功地成为一名合格的空乘，飞行服务过程的辛苦和全球各地飞行的欢乐是工作中并存的部分，不要因为辛苦就放弃当初千辛万苦努力实现的梦想，"不忘初心，方得始终，初心易得，始终难守"，让我们一起努力加油！

案例四　大韩航空公司面试经验分享（小李）

一、面试前的准备

回想起自己第一次参加大韩航空公司面试的经历，仿佛就在昨天，记忆犹新。因为这次面试是我参加的首次外航面试，所以我特别重视并做了精心的准备。首先，我对大韩航空公司基本情况做了大致的了解，得知该航空公司的服务在民航界颇受赞誉，因此在面试准备过程中，我研究了主动服务意识如何体现及如何增强亲和力等方面的内容；其次，针对全英文面试做了英文口语听力的突击练习；再次，针对该航空公司所属国的文化审美特色，选了简单气质的服装及干净素雅的妆容；还有，面试前我花了很长时间对着镜子练习笑容，并融入眼神的表达，将皮笑肉不笑的假笑转化成带有感情色彩的真诚的笑；最后，调整好心态，把面试当作人生经验的一次积累和学习，告诉自己压力不要太大，从容面对。

二、面试过程

（一）初试

面试人员排成一列进入考场，由面试官做首轮筛选打分，接着依次进行英文自我介绍，面试过程中面试官随时提问。当时我的自我介绍中对于个人性格的描述中提到了"为人热心""爱唱歌"，面试官就问我是否可以举实例说明如何热心助人，并希望我现场演唱一段歌曲。在此环节，我认为我的表现应该吸引到了面试官的注意。

（二）复试

初试通过后，通知参加复试，主要内容是英文提问及交流，包括念英文广播词。有了初试的经验，复试相对更加从容自信，清晰流利的口语表达和自信亲切的微笑在面试中尤为重要。

（三）赴韩终试

（1）体检：基础常规检查（抽血、尿检、心电图、X光、身高、体重、血压、脉搏、听力、视力等），与国内航空公司相比，外航对身高、皮肤、疤痕的要求不算严格。

（2）托业英语测试：口语、听力、阅读。

（3）体能测试：金鸡独立（平衡）、仰卧起坐、坐位体前屈、握力、跳高，还要测试灵敏度和心率。

（4）试装：自己拿衣服去试衣间试，觉得合适就把尺码写在表单上，最后拍照给面试官做留底评判。

（5）游泳测试：25米半分钟内完成，理论上脚不能挨地。

（赴韩所有费用都由航空公司承担，包括机票和食宿）

三、面试后的反思与总结

（1）了解所面试航空公司的企业文化、背景及特点，针对不同的航空公司准备相应的面试材料。

（2）熟悉该航空公司的招聘简章，找出自身的优势与劣势，在面试过程中做到扬长避短。

（3）准备好具有个人特色的英文自我介绍，切勿机械复制，千篇一律。

（4）选择适合自身气质的面试服装及妆容，忌花哨暴露，端庄大方、简单自然即可。

（5）练习如何长时间保持自然并具有亲和力的微笑，忌假笑、皮笑肉不笑。

（6）面试过程中，抓住机会，通过突出个人优质特点吸引面试官的注意，留下较好印象，但不要过于表现自己，多聆听、多思考，沉着冷静，展现较强的主动服务意识及工作执行力。

（7）尝试缓解紧张情绪，调整好心态，从容应对。

案例五　前阿联酋航空公司头等舱乘务员的面试经验（选自空乘面试百科）

如何成为面试官喜欢的类型呢？接下来同大家分享一下。

外表不仅仅是化妆和穿着，更源自你的内心，是你真心关心别人、在意他人的自尊与感受，发自内心且表现在外的待人处世方式。这也是从事服务行业的航空公司最为看重的品质。

首先，想要成为阿联酋航空公司的空姐，先要把自己当作阿联酋航空公司的空姐。我这位前阿联酋航空公司头等舱乘务员笨鸟先飞：在一个星期的时间内浏览、打印、背诵阿联酋航空公司的官网和招聘网站的内容；再用一个星期的时间在 Fasco 上读完了所有的精华帖；然后每天逼着身边的好朋友说出自己的三个优点和三个缺点，并且举例证明；最后，把阿联酋航空公司空姐的照片打印出来，天天看，天天模仿她们的妆容，在优酷上下载所有的阿联酋航空公司的宣传片，模仿阿联酋航空公司的空乘人员说话的语气、神态和方式。于是，在 2009 年金融危机、阿联酋航空公司停止招聘员工时，我仅面试一次就通过，成为当年阿联酋航空公司唯一一次面试的获胜者。

加入阿联酋航空公司以后，我有幸成为阿联酋航空的形象代表，为公司做商务推广宣传活动（Business Promotion）。培训中也常常接受这样的理念：You don't have to be beautiful, we just need you to look Emirates（我们不是选美，不需要最漂亮的，我们需要的是最符合阿联酋航空公司要求的员工）。

那么，怎么样才能符合阿联酋航空公司的要求呢？

一、需要做的准备

（1）扎头发的发卡（3个）、U型卡（2个）。
（2）梳子。
（3）橡皮筋。
（4）发网。
（5）化妆包：正红色唇膏、正红色唇线笔（如有）、粉底液、散粉、腮红、睫毛膏、眼线笔、眼影（大地色系）、眉笔（或眉粉）、遮瑕膏。
（6）配饰：珍珠耳钉（直径 7 毫米）。
（7）服饰要求：正装，裙子需及膝；黑色简单款高跟鞋；肉色丝袜；有领衬衫；同色西装外套。
（8）注意：禁止佩戴项链、鼻环、眉环、脚链、踝链，未婚女生禁止佩戴戒指，指甲必须涂（透明、法式或正红色）。

二、阿联酋航空公司乘务员的入职要求

（一）基本要求

（1）21 岁以上，男女不限。
（2）牙齿整齐洁白，无明显缝隙或变色。

（3）皮肤状态良好。

（4）踮足而立时，手指可触及 212 厘米。

（5）具备高中（或等同高中）以上学历（欢迎应届毕业生报考）。

（6）具备流利的英语听说和读写能力。

（7）能流畅书写和听讲普通话或粤语。

（8）健康状况符合空乘人员标准。

（9）有客户服务经验者优先。

（10）性格合群，具有团队精神，乐于提供优质服务。

（二）其他要求

1. 文身

（1）禁止任何穿着制服会暴露在外的文身。

（2）对于女性乘务员，文身不应出现的范围包括膝盖以下小腿部位、脚部、脸部、脖子、手臂与双手等（阿联酋航空公司制服有短袖衬衫、及膝裙）。

（3）男性乘务员，文身不应出现的部位为脸部、脖子上和双手上（阿联酋航空公司制服为长袖、长裤）。

2. 配饰

（1）禁止佩戴鼻环、舌环和眉环。

（2）女生允许佩戴一副耳环（珍珠或钻石），双耳各一只。

（3）禁止佩戴任何项链、脚链、腰链、踝链等。

（4）允许佩戴一枚订婚或结婚戒指。

（5）禁止佩戴牙套。

（6）禁止佩戴彩色隐形眼镜。

（7）禁止使用假睫毛或嫁接睫毛。

3. 妆容

（1）女性乘务员工作时间必须化妆。

（2）指甲油要完好精致——仅限透明色、正红色、法式。

（3）眼影为大地色系。

（4）必须涂眼线和睫毛膏。

（5）唇色应为正红色。

4. 发型

（1）刘海不得盖过眉毛。

（2）挑染颜色须接近自身发色（两个色调内）。

（3）发根处不得有明显染发色差。

（4）禁止接发、戴假发。

（5）四肢不得有明显毛发。

（6）发型应为盘发或法式。

5. 穿着

（1）黑色或藏蓝色正装。

（2）女生裙子长度须在膝盖。

（3）高跟鞋：黑色或藏蓝色，须与正装同色，尽量简单，不要花哨，不宜过高过细。

（4）丝袜：肉色，接近肤色为宜。

（5）手表：戴于左手手腕，金属表带，表盘简单。

另外，注意保持微笑。

以上条件，先做个自评，符合的打钩，不符合的要问自己三个问题：什么不符合（what），为什么不符合（why），怎么去改进（how）。例如，不符合入职基本要求第（6）条，不具备流利的英语听说和读写能力。what——口语不好；why——不是英文专业，工作和学习中也很少用到英语口语；how——找英语培训机构，尤其是针对面试英语的培训机构。当年因为我是在日本留学，所以英文很差，一个月的准备时间里，在家里看了20遍《狮子王》，听一句台词暂停一次，模仿语音、语调，最后把整部影片能够背下来。

面试之前，请每天以这个标准要求自己，慢慢习惯就成了自然。

三、注意你的肢体语言

洛杉矶大学的教授亚伯特·米瑞比恩（Albert Mehrabian）曾经研究过，第一印象的产生基本上受到以下三个因素影响：55%的视觉（外表及非语言的沟通）、38%的声调（语调的运用）、7%的语言（谈话内容）。

阿联酋航空公司的培训师也常常告诉我们：It does not matter what you say, it does matter how you say it（你说什么其实并不重要，关键是你如何说出来）。

下面就用阿联酋航空公司头等舱的工作经验和大家分享阿联酋航空公司的要求和喜好。

（一）目光

亲切柔和，焦点在眉，保持目光的适当接触（目光不要飘，要有神）。

（二）微笑

发自内心，自然大方（每天早上坚持对着镜子微笑，审视自己的笑容）。

（三）站姿

抬头、收颔、挺胸、压肩、收腹、提臀，两腿自然站立，脚跟并拢，脚尖分30~45度；双手虎口相交叠放于脐下三指处，手指伸直但不要外翘。

（四）基本坐姿

入座要轻，坐在椅子外侧的 2/3 处，双膝自然并拢（男士可略分开），头平正、挺胸、夹肩、立腰。离开座位时，一定要将椅子位置还原。

（五）面试礼仪

(1) 提前 10 分钟到达面试地点，整理需要上交的物品。

(2) 整理仪容仪表。

(3) 主动向其他面试者和面试官问好。

(4) 不要大声喧哗、谈论是非。

(5) 食品不带入面试地点食用。

(6) 不随便翻阅桌面资料。

(7) 离席时，将椅子推入桌子下。

(8) 面试时，对面试官及工作人员以职务头衔相称。

(9) 进入面试会场前，通信工具调至静音。

(10) 在会场不随意走动，不讲话。

（六）离开考场前

认真聆听面试官的安排，预定明天的时间；座位整理干净后才离开；与面试官和其他面试者道别。

最后要和大家强调的是"细节"。在阿联酋航空公司的商务舱培训中，服务流程的培训书籍就叫作 *simply attention*。面试中一直都强调细节，包括茶杯手柄的方位和杯垫的 Emirates logo 的朝向，错一点就会被扣分。所以，在面试时，也请一定要注意细节。